# 光明城
LUMINOCITY

看见我们的未来

# 勒·柯布西耶：为现代而生

# MODERN MAN

## THE LIFE OF LE CORBUSIER ARCHITECT OF TOMORROW

[美] 安东尼·弗林特　著
金秋野 | 王欣　译

同济大学出版社
TONGJI UNIVERSITY PRESS

年轻时代的勒·柯布西耶，在巴黎佩雷兄弟事务所学徒期间，1909 年前后。

勒·柯布西耶绘制的雅典卫城速写，收录在他的《东方之旅》中。这些草图后来成为他的设计灵感的来源，1901—1911 年。

勒·柯布西耶和朋友们聚会。左二为阿梅代·奥曾方，右一为柯布，他们共同创办了《新精神》杂志，一本宣扬现代主义精神的刊物。

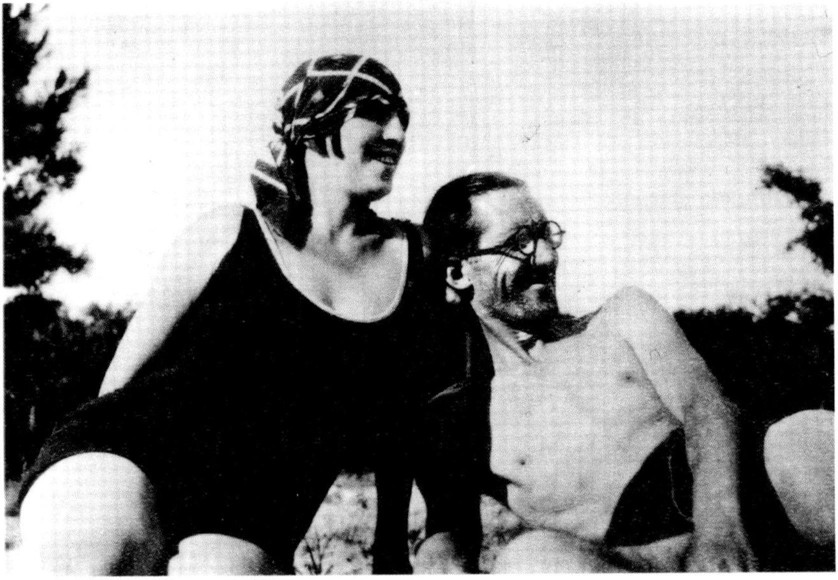

勒·柯布西耶跟时装模特伊冯娜·嘉莉的合影，后来此人成为他的妻子。勒毕垓海滨，20世纪 20 年代早期。

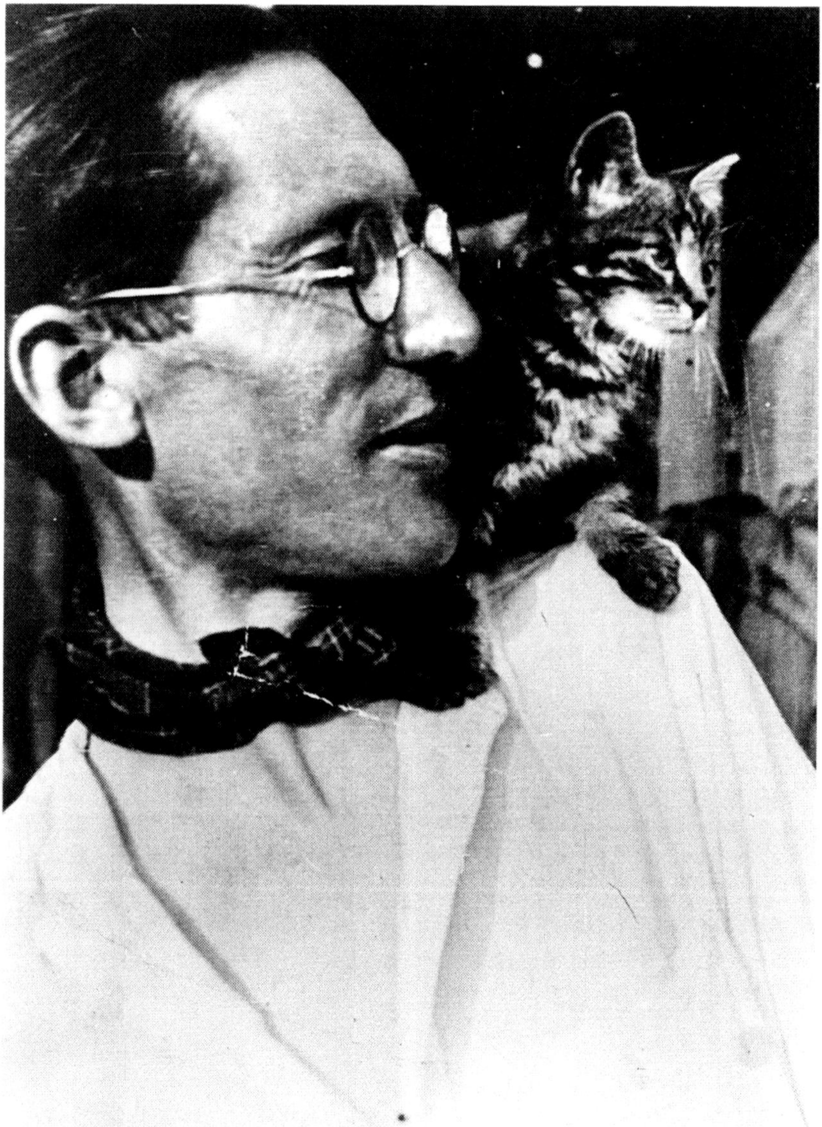

勒·柯布西耶和小花猫，摄于巴黎拉丁区雅各布街 20 号顶层阁楼，其时柯布刚刚在巴黎定居，还在使用夏尔 - 爱德华·让纳雷 - 格里斯的原名。

位于巴黎第 6 区塞夫尔大街 35 号的柯布事务所，这个地方是 1924 年从隔壁修道院僧侣手中租到的，紧邻乐篷马歇百货商店。

1925年柯布主张将玛海区的房屋铲平，替换成开放空间中的塔楼和穿城而过的高速公路。这个方案被命名为瓦赞规划。

1929 年在南美之旅中邂逅爵士女王约瑟芬·贝克，两人与其他友人在路特西亚号油轮上。



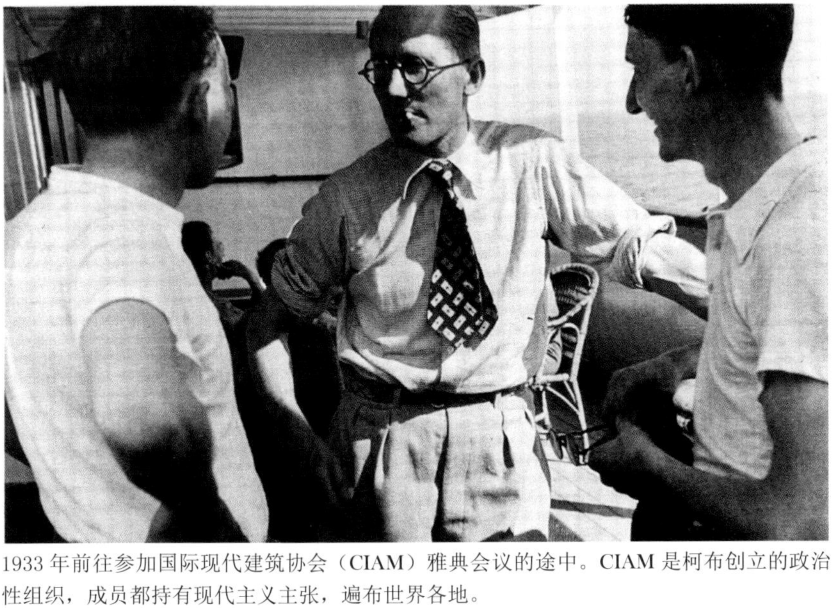

1933 年前往参加国际现代建筑协会（CIAM）雅典会议的途中。CIAM 是柯布创立的政治性组织，成员都持有现代主义主张，遍布世界各地。

勒·柯布西耶在 E-1027 墙壁上绘制壁画。这座别墅是艾琳·格蕾设计的，位于法国南部城市尼斯和意大利边境之间的小城马丁岬，整个 20 世纪 30 年代柯布曾把它当成自己的度假别墅。

勒·柯布西耶与阿尔伯特·爱因斯坦，1946 年于普林斯顿大学校园内合影。爱因斯坦赞扬柯布的模度系统能够对人体的运动作出很好的响应，从而设计出完美的建筑。

1949年陪同毕加索参观马赛公寓工地。这是勒·柯布西耶设计的一座实验性的居住大楼，当时已经接近竣工。

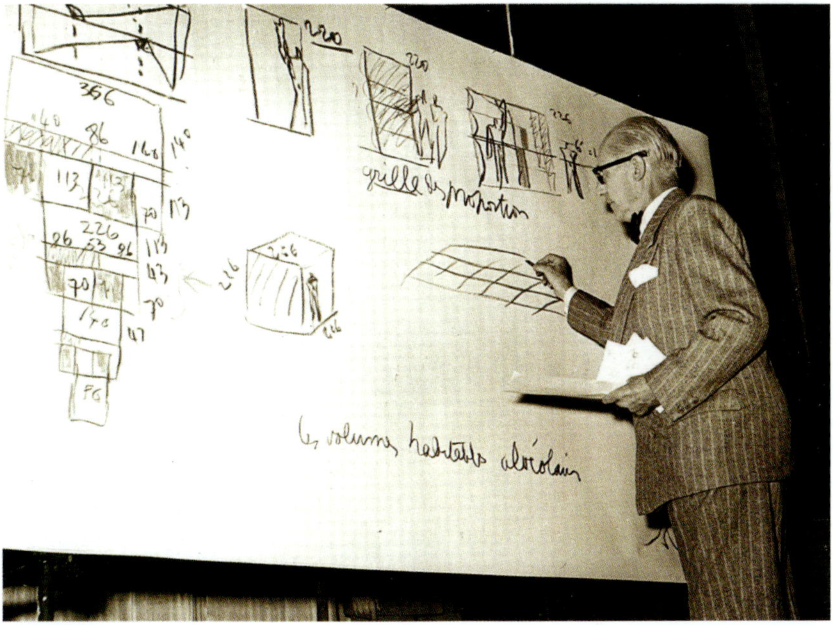

在讲座中，勒·柯布西耶从不参考事先做好的笔记，相反他会在长长的纸卷上现场绘制草图，在人群注视下即兴创作。

马丁岬海之星餐馆的望海平台，勒·柯布西耶和伊冯娜在这里品尝海胆并饮酒。

柯布创作的肉体系列，版画。程艳春拍摄。

献给梅丽莎，她也在自己的园地中辛勤耕耘

# 目录

# 序　初涉尘世

他一连几个小时凝视着她，看她的胸脯起起伏伏。在他们身下，远洋巨轮正在穿越大西洋，船身亦随着波涛起起伏伏。两个人都是在经历了漫长的旅程之后，从里约热内卢返回巴黎。在这艘名为“路特西亚号”的邮轮的头等舱中，他们依偎在舒爽洁白的床单里，舷窗之外，是滚滚的黑色波涛。大船正在逼近赤道，此时此刻，时间只是个相对概念。这是在 1929 年。喧嚣的 20 年代渐渐隐没在人们的视野里，接踵而至的将是资本市场的大崩溃。然而眼下，这一切对这两位头等舱中的乘客来说都是那么遥远。他用一只手肘撑起身体，望向身边的她，不敢相信自己竟会有这样的好运气。几天之前，在布宜诺斯艾利斯，他与这位名为约瑟芬·贝克的女子不期而遇。在里约，他们啜饮着凯匹琳纳鸡尾酒，漫步在依帕内玛海滨，她是那么迷人，他拿出为工作准备的彩色铅笔给她画像，画了一幅又一幅。在岸上，他们一起参加了一场精美绝伦的化装舞会。他扮成一位勇武的印第安战士，围着一条波尔卡圆点丝巾；而她则扮成一个陶瓷娃娃。她假作嗔怒："真遗憾，你居然是一位建筑师，勒·柯布西耶先生！要不然，你该是一位多么绝妙的伴侣哦！"[1]

他笑了，心想：你的世界和我的世界虽不尽相同，两者之间的距离也没那么遥远吧。这一点，他的头等舱室友其实清楚得很：他可不是建筑界的张三李四、某个普普通通的画图员。

在这次旅行之前，南美大陆像欢迎大明星一般期盼他的到来，而他也的确表现得像个大明星。这位来自巴黎的客人身着熨帖的西装，胸前口袋里稳稳地插着方巾，脖子下面扎着领结，站在南美洲各大城市报告厅的讲台上，下面黑压压挤满了热心的听众，他们急切渴望聆听他的教诲，接受建筑和城市规划领域的激进思想的洗礼。勒·柯布西耶（后文有时用昵称"柯布"）用他平滑的雕塑感、洁白的墙面和简洁高效的建筑形体，正在砸碎禁锢在家庭生活甚至整个人类城市上的往日生活的枷锁，就像巴勃罗·毕加索在绘画领域、厄内斯特·海明威在文学领域中所做的那样。这样的建筑人们闻所未闻、见所未见，而柯布告诉他们，有了混凝土，人可以把木头、砖头和石头统统都扔掉。他用旋转楼梯和坡道代替了原来的楼梯间，将建筑立面用水平带状的黑框玻璃窗环绕起来，在屋顶平台上营造花园。他的建筑处处与众不同。他把他的建筑置于坚固又不失优雅的混凝土立柱之上，他管它叫"pilotis"，这项发明解放了建筑的底层，使之成为开放空间，也可当作车库来用。自从有了底层架空柱，坚固的建筑形体看上去就像漂浮在半空中一样。而且，他的建筑原则容易模仿、方便复制——

不管是三层高的独栋别墅，还是以宽阔的高速路连接的、未来还可以通过飞机和直升机到达的、散布在公园中的巨型塔楼，都可以通过低造价的施工方法完成，成为城市中的高效居住区。20世纪伴随着机械时代一同到来——汽车、火车、飞机、大规模批量制造着商品的工厂，而人类生活的基础功能，也就是家庭居住环境和城市环境，也同样需要经历类似的现代化改造。在人们心中，这位衣着体面、头发油光可鉴、带着圆圆黑框眼镜的远方来客，正是一位全新生活方式的代言人。

成为勒·柯布西耶，不仅意味着塑造一个人物，同时也要成为一股席卷一切的力量，这件事背后的自我营销绝非等闲可以想象。1920年启用这个笔名的同时，柯布抛弃了他的本名夏尔－爱德华·让纳雷－格里斯。给自己取一个简单响亮的名头，在当时的巴黎文化人和艺术家群体当中是一个流行的做法。但对于柯布来说，这样做却别有深意。一来，它与一位名为“布鲁塞尔的勒柯贝西耶先生”的祖先有关，也让人联想到柯布在巴黎租住的公寓里曾经的房客、18世纪法国女明星阿德利娜·勒库弗勒；二来，改名这件事本身对他而言意味着与过去时代，尤其是与陈腐的维多利亚传统和布尔乔亚生活方式的决裂，继而代表着对现代时代的全心拥抱。而这也是一次品牌创新的尝试。从此，这位充满原创精神的明星建筑师将与设计领域其他领军人物判然有别，包括他的美国对手弗兰克·劳埃德·赖特。同时，这个名字也让人想起凯尔特传说中的一种神鸟——精明的猎手和食腐者“乌鸦”（le corbeau）。他的确曾将自己的形象以漫画的形式描绘成一只羽毛光洁的黑鸟，双脚紧抓树枝，眼睛朝下斜睨，估量着周遭的地形，打算俯身而下，来一次逍遥的滑翔。

所有的巴黎人，不管是富裕的主顾还是文化人，都晓得去哪里能找到全新的设计观念，那就是塞夫尔大街35号，勒·柯布西耶繁忙的事务所所在地，紧邻着巴黎著名的百货商店乐蓬马歇。事务所的条件跟地下车库里的创业公司差不多是一个水平，占据着巴黎第六区一座名不见经传的楼房的顶层。事务所的室内比一条普通的走廊好不到哪儿去，绘图桌一个挨一个排得密密麻麻，每张桌子上架着一盏黑色的可调节绘图灯。从地面到顶棚，图纸和方案卷成图卷，一捆一捆地堆叠起来，像是一个疯狂的丛林。学徒们每天早早到来，为能与这位富于远见卓识的大师共事而兴高采烈。事务所里也有跟柯布志趣相投的合作者：他的堂弟皮埃尔·让纳雷和室内设计师夏洛特·佩里昂。事务所似乎日复一日地刷新着设计的疆域。每一个新的建筑方案，都意味着一种全新的生活组织方式：生活空间、工作空间、政府机构、娱乐设施和文化设施，都在这里获得全新的面貌。

事务所也是天下新鲜事物的源泉，各色创新在这里喷薄而出。他们设计了一辆汽车，可以看作是大众甲壳虫的前身；他们设计的家具，使用铝管、黑色皮革和斑点马鬃皮；甚至于，他们还设计了整套的女士时装，包括V领上衣、百褶裙和便装凉鞋，投给美国顶级潮流杂志《时尚芭莎》。晚上，事务所会到拉丁区的小餐馆里聚餐，餐桌上会有酒和香槟；上午时分，柯布要做徒手操，要打一会儿篮球，还要完成他坚持了一生的追求——画画；之后，事务所成员会集合起来，回到绘图桌前，完成日复一日的例行工作。

听闻远在半个地球之外的拉丁美洲都知悉自己的大名，柯布非常愉快。这件事的确可以称得上是具有国际性的影响，作为新秩序的传教士，柯布屡次不远万里，踏入文明教化的边缘，来到地球上遥远的角落，南美之行也是其中之一。巴西和阿根廷的大城市发展迅猛，需要在他的帮助之下变得更有序、更整洁。在他们眼里，勒·柯布西耶永远都有自己的一套。演讲大厅里已没有座位，人们挤挤挨挨地站着，看柯布在棕褐色的新闻纸上用粉笔勾画着未来城市的蓝图。他的演讲没有提前列好的提纲，只是在现场画出一幅幅图片，作为演讲内容的说明。他大笔一挥，画出开敞空间中一长串的公寓建筑，沐浴在阳光和新鲜空气当中，旁边环绕着活动场地和交通运输系统，指出这一切都是人类社会自然进化的结果。为了证明城市不能罔顾时代发展而故步自封，他先是画出了巴黎圣母院，接着又画了埃菲尔铁塔，最后画了一座公园中的塔楼，这是他自己的设计。三幅画摆在一起，既对过去时代表达了充分的尊重，又不拘泥于此，因为人口增长是如此剧烈，人们必须为城市设想未来的形态。但他随即指出，学术专家和政府官僚对这一切变化都全盘拒绝，认为脱离了传统去寻求新的形式是无稽之谈。像这样的抵制只能使柯布更加兴致勃勃，因为它营造了合适的氛围，使反叛行为像一场真正的革命。柯布的演讲让阿根廷人和巴西人感觉自己真的成为历史洪流的一部分，手中被赋予开启未来之门的钥匙。只要拥抱了现代，他们就可能创造出比巴黎、甚至比纽约更了不起的城市。

有一幅演讲插图，画的是从海面向陆地上望过去，地平线上远远出现了里约热内卢三座巨大的公寓大楼。柯布使用柔和的黄色来绘制建筑，笼罩在周围淡紫色的雾霭里，仿佛新住区在美好未来的许诺中闪烁着光芒。

在这幅让人欢呼尖叫的未来图景中，勒·柯布西耶扮演着弥赛亚的角色。他早年在欧洲出版的著作《走向新建筑》被翻译成西班牙文，硕大的海报上醒目的一行大写字母："新建筑学的先知"，以及"完美住居的圣经"，诸如此类。[2]

八月，在布宜诺斯艾利斯赛马会举办的宴会上，就餐者都在窃窃私语，谈论这位来自巴黎的著名建筑师。走在大街上，他会被人拦住索要签名。某个晚上在酒吧，一群人给他买了数不清的啤酒，轮番恭维他，把他捧上了天，就是不放他走。白天他按计划出现在大学、会议现场，和政府官员见面，与社会名流共进午餐，其中就有文学刊物 *Sur* 的编辑、著名女作家维多利亚·欧坎珀，这本杂志刊登豪尔赫路易斯·博尔赫斯的文章。柯布觉得欧坎珀独具慧眼且活力无限；欧坎珀投桃报李，帮柯布把讲座安排得妥妥帖帖。[3] 尽管城市规划方案对人们有着广泛的吸引力，达官贵人们却都各怀私心，想请柯布给自己做一个小别墅，让自己的房子成为现代建筑史中光辉耀眼的杰作。

两人相识没多久，约瑟芬·贝克的脑海中也蹦出了这个念头。那晚，她在布宜诺斯艾利斯的演出刚刚谢幕，这位巴黎同乡就向她做了自我介绍，而她立刻就意识到此人不同于那些跑到后台专为了见她一面的路人甲。她感觉自己有些着迷，又有些好奇。在这座城市，有那么几天他们经常能见到彼此，她顺便向他提出为自己设计一座房子，地点就在塞纳河的右岸，离蒙马特高地不远，毗邻助她一举成名的著名夜店——“莫德的森林”。

他对这位忙于事业的艺术家深表欣赏，她像他一样周游世界，到处掀起波澜。在1929年，这位年仅23岁的女星不仅是一位歌手和舞者，更是一个现象，一阵旋风。这位被人们呼为女野人或黑色维纳斯的魔女，身着稀疏的粉红色火烈鸟羽毛装在香榭丽舍剧院的舞台上抖动着自己的身体，身着向上翻起的香蕉服在巴黎赌场的舞台上转个不停。[4]

贝克生于美国圣路易斯，是个混血儿。她天生就是性感的化身、异国情调的集大成者，她会把一条蛇缠绕在脖颈上引吭高歌，也会在香榭丽舍大街遛她的宠物豹。关于她的每一件事，从她微垂在前额的小发卷到她的金色指甲，从她那量身定做的晚礼服到那焦糖色的皮肤，都被人欢呼，被人效仿。她的肤色在蔚蓝海岸掀起了一股棕色的浪潮，甚至她那带有美国腔调的法语，都在法国乃至整个世界变成流行。她是这个世界上的新鲜宝贝，能把人们从座位上拉起来振臂高呼，随着时代的潮汐起起伏伏。

无巧不成书，从布宜诺斯艾利斯前往圣保罗的路上，他们居然乘坐同一艘轮船——朱利奥·切萨雷号。他穿着白色便裤和白色休闲鞋，上身穿着休闲西服，打着领结。她则穿着白色的裙子和衬衫，头上戴着药盒帽，帽子上插着一枝花。建筑师和爵士歌手不断找机会碰见对方。“我能给你的只有我的爱”，她在这座当时巴西的第二大城市的一次公演中唱道。尽管她有这么大的名气，在建筑师眼里，她却依然是个举手投足大大方方的女子，丝毫没有矫揉造作之气。她也觉得他难以抗拒，非常讨人喜欢。当他们在里约市重逢的时候，彼此都坠入爱河。

他开始给她画像。一幅画中，她像个婴儿般蜷缩在温暖的被窝里，另一幅她站在里约市的舒格洛夫山脚下，穿着一件长及膝盖的宽大衬衫，身边站着一位戴浅顶软呢帽、嘴里衔着烟袋的男人——正是勒·柯布西耶本人。两个人都昂起下巴，满怀希望地眺望地平线。

但凡什么事情能吸引他的注意，柯布一般都会把它画下来。他无所不画，如果一个念头在他的脑海里闪现，他会趁着它还没有消失之际，赶紧抓起铅笔或水彩，把它涂在本子上。随着数码相机和智能手机的出现，这项技术已经慢慢被人遗忘，柯布却显然是个中高手。片刻之间，他就能把线条安排妥当，勾勒出形体，对光影作出分析，拉出简要的透视关系，确定比例和尺度。

他的双手沉着稳定，在很早以前就被人注意到了。柯布的家乡在瑞士北部讲法语的小镇拉夏德芳。他就读于当地的艺术学校，在导师的督促之下，他画了好多水彩画，画面上布满了棕色和绿色，描绘的是本地V形山谷里一望无际的冷杉林和起伏的山峦。这位导师叫夏尔·莱普拉特涅，他对户外生活深感着迷，经常把他的学生拉到山里，去记录大自然的力量。他看着勒·柯布西耶如此熟练地记录着他身边的一切，把那些高山草坡和花草树木描绘在本子上，再把它们编织在一起，就像织毯，彼此叠合，连绵不绝。

在艺术学校修课，柯布尽心尽力地抄绘着充满装饰的室内图案和建筑构件。在世纪之交的设计领域，这些都是造型训练的基本内容，属于工艺美术运动所提倡的装饰艺术范畴。莱普拉特涅是个情感炽烈的大块头，黑色的眼睛，留着长长的山羊胡子。他被柯布显而易见的天分所震惊，认定他假以时日必能撼动世界。约翰·拉斯金是那个时代高雅艺术的精神导师，他说：“这个世界上，人类灵魂所能完成的最了不起的事就是看见事物，然后用平实的语言对所见之物加以描述。人皆能言，可会思考的十不足一；能思考的人里面，能有所发现的人又十不足一。能清楚地看见事物就是诗歌，也是预言，更是信仰，万物备于其中。”[5]

柯布对自己的导师莱普拉特涅的训练方式充满感激之

情，那是一位带给人灵感、同时也让人感觉到魅力的导师，可身边的同学却都是些游手好闲的公子哥。家乡留给他的记忆和带给他的影响都是双面的。拉夏德芳是他的出生地，这里不仅有瑞士人的精确和秩序性，也笼罩在加尔文教派的规矩之下。柯布的第一座建筑作品在这里完成，但他却一心想要逃离这个小城。

拉夏德芳仅有 35 000 人口，早年作为中世纪宗教迫害的避难所，收留了来自内陆城市纳沙泰尔的新教徒，他们希望在此安宁度日。城中的房屋都是用汝拉山区林场中砍伐的木材建成，在 1794 年的一场大火中全部化为乌有。面对城市的重建问题，执政者决定采用一个有着严整网格的规划方案：在城中从东到西修了一条长而直的林荫大道，以此为基准确定网格系统，建筑的尺寸、高度和色彩都是统一的，全部沿着街道平行或垂直布置。每栋建筑的屋顶上都预先装好了春夏排水和冬季除雪的设施，每户大门口都安装了倒置的金属马镫，以备雪天刮去靴子底下的污泥。秩序无处不在。几乎所有的建筑都安装了水平带状的窗子，为顶层的工作室提供良好的采光和通风。这些工作室里，容纳的就是支撑本地财政的基础行业——钟表制造。当年，异教徒们逃到这里不久，来了一位旅行者，他的随身怀表坏掉了，一位居民替他修好了它。这件事触动了居民们，一夜之间，全城都经营起钟表制造业，直到它扩展开去，成了瑞士的国家象征。

曾几何时，全世界一半以上使用中的钟表皆产自该地，包括那些历史悠久、光芒炫目的品牌：百年灵、泰格豪雅、欧米茄、摩凡陀、卡地亚，还有芝柏。大火，以及火后的重建工作，让这门生意有机会借助空间规划演变成席卷城市的全民狂热。多数手艺人都以店为家，工作生活在一起，他们就在顶层工作室的长条凳上干活儿。大火扫除了这座城市里密密麻麻的混乱房屋，新建的房子宽敞明亮，马路更宽，使积雪清理变得容易，也使钟表的部件可以从一个作坊方便地输送到另一个作坊。这是物质环境系统和经济运行模式的一次绝妙的联姻，以“钟表社经营制”为基础发展起来，这种管理制度要求钟表的不同部件由不同的工厂生产拼装。每个人各司其职：有人专门负责原材料的供给，有人专门负责二手钟表的修复，有人专门负责怀表壳花纹的雕刻。学徒们根据市场需要分门别类地学习专门的技术，然后被安置在对应的生产部门。卡尔·马克思曾被这里的生产模式惊呆了，他把它看作完全参与、协同制造的绝佳范例：整个城市就是一个大工厂。面对此一创举，让－雅克·卢梭和弗拉基米尔·列宁都曾专程来这里参观。

这真是台了不起的全民大机器，而勒·柯布西耶正是这台机器上的一颗螺丝钉，至少他是按照这样的计划被培养和期待的。柯布的爸爸是个表壳雕刻师，他全心希望儿子能继承自己的事业，成为本地钟表制造业中的一分子。

乔治－爱德华·让纳雷－格里斯性情古板、一丝不苟、讲求实际，但对孩子却温柔慈爱，从各方面来看，都是一位典型的瑞士绅士。在他的日记里，我们不仅能看到日常生活中的大事小情，也能查看当年家庭开支的详细记录，甚至包括食品杂货价格的每一个细小波动。[6] 1883 年，他与一位本地工匠的女儿玛丽-夏洛特-艾米莉·佩雷结婚，三年后生下长子阿尔伯特。又过了一年零八个月，1887 年的 10 月 6 日，次子夏尔-爱德华·让纳雷-格里斯出生了。33 年之后，夏尔自己弃用了父母取的名字，但给家里写信时仍然署名爱德华，或者简写为 Ed，有时候也会用带着亲密爱意的小名“豆豆”。

城里的房子都长得一模一样。一家人住在城中心一座楼房的二层，后来，到爱德华六岁时，又搬到中央大道旁边一座楼房的五层，那个房子也同样面目全无。似乎是一个约定俗成的规矩，当地人从来不去装饰建筑的外立面，哪怕早已脱贫入富，也不肯对外炫耀。而在冷冰冰的立面遮掩之下，让纳雷一家的小房间还是温馨舒适、其乐融融的。家里摆满了维多利亚风格的家具和小摆设，最贵重的家当就是一架钢琴，这是玛丽的私人物品，她在音乐方面显然很有天分。这座城市的生活弥漫着严肃克己的气氛，娱乐活动少之又少，钢琴就成了打破日常沉闷的唯一调剂。

家庭成员主要就这四人，父母双亲和两个孩子，偶尔宝莲阿姨也会来住一段时日。那时，妈妈是柯布生活中最重要的女性角色，她的这个地位在柯布的一生中一直没有动摇过。他给她写了成百上千的信件，从世界上各个角落，在他职业生涯的每一个时期，从未间断。可是，父母双亲似乎一直更加青睐长子阿尔伯特。与纤弱敏感的爱德华相比，阿尔伯特粗壮结实，更像爸爸乔治。乔治是当地登山俱乐部的资深会员，他登山远足，把两个儿子都带在身边，很快就能看出差别。阿尔伯特似乎也很喜欢音乐，尽管他稍微有点结巴。[7] 在学校里，爱德华从来也不像阿尔伯特那么刻苦认真。不过他的父母确实注意到爱德华非常喜欢玩积木。

艺术学校离家不远，爱德华要在那里学习设计、雕刻和装饰构成，然后按照爸爸的意思，制作精工细作的钟表部件，卖给浪琴这样的大厂。爱德华在这项手艺上有着过人的天赋，他风卷残云般学完了课程，设计了一台座钟、一个首饰盒、一根项链，又为爸爸设计了一个鹰头犬身的银烛台。他用雕刻刀和凿子精心制作的怀表外罩使用银嵌钢和黄铜，下面雕刻着精密叠合的几何形体，上面是自然世界的一角，整个物件可以放在掌心，非常精巧。他模仿时兴的新艺术风格设计的作品获了奖，但在他眼里却跟学校课堂上无聊的装饰图案一样乏善可陈。这些工作也伤了他的眼。因为一只眼睛视网膜脱落，导致他要戴又大又厚的眼镜，后来越发严重导致失明，他才躲过了成为熟练表壳雕刻工的命运。终于不用眯着眼睛，聚精会神地往金属表壳上雕刻头发丝般的细线了。

幸运的是，他在艺术学校的老师莱普拉特涅，这位站在绘图桌边观察着他的一举一动的长者，已经在心里酝酿着另一种可能性。勒·柯布西耶的手头功夫如此高明，理解空间和形体的能力又如此卓越，该去学建筑啊！

钟表行业的精确性与自豪感，还有劫后复生的拉夏德芳城市规划上高度功能性的秩序感，已经融入他的血液，将会伴随他一生。但是这座镇子太小了，留不住他。这座城市的另外一个大人物，路易－约瑟夫·雪弗兰，这位美国汽车行业的大明星，为了实现自己的雄心壮志，当年也只能远走他乡。

如果爱德华真的听从老师的劝告想要成为建筑师，他必须做两件事：第一，要到世界上最著名的建筑师手底下当学徒；第二，周游世界，增广见闻。任何一件都非得离开家乡不可。

如今在路特西亚号的甲板上，他已经像个资深的旅行家一样四处溜达。旅行正在成为越来越迷人的事情，而他充分地挖掘了这种现代手段的种种潜能。他不仅经常搭乘远洋巨轮，也坐过齐柏林号，1936 年他重返巴西就是搭乘这个充满氢气的飞艇。后来，他又成了第一架载客喷气机的首批乘客，人们为他拍照留念，照片中的他仍然衣着光鲜，胸口插着方巾，扶着舷梯拾级而下，在他背后，银色的机身闪闪发光。他在空中飞来飞去，好像一位国家元首，向国家政府或其他类型的客户提出最高级别的接待要求——必须是头等舱、一流的旅馆，不容商量。但在 1907 年秋天，19 岁的爱德华只身离开拉夏德芳，他扛着行李住进便宜的小旅馆，在火车狭窄的隔间里一次又一次地麻烦同行的乘客让一让，好站起身来去洗掉从车窗扑到脸上脖子上的黑煤灰。他给家里写信，抱怨消化不良，要家人寄去换洗衣服，有时候想家想得太厉害，就把家人的照片一张接一张地摊开在小旅馆的床头柜上陪伴自己入眠。就这样，柯布在欧洲大陆旅行了四年之久，这段艰苦的日子是终生难忘的，因为它将成就一段发现之旅。

他先是去了意大利，经卢加诺、米兰、热那亚和比萨去往佛罗伦萨，随身带着一本拉斯金的《佛罗伦萨之晨》作为旅行手册。在那里，他跟朋友里昂·佩兰会合，此人是他在艺术学校的同学。两人在这座带有文艺复兴气息的古城中游荡，一个挨一个地看博物馆、大教堂和著名建筑。眼里所见，无不是人类精神所能缔造的最崇高的卓绝之美，柯布被深深震撼，他在笔记本上记下他所能捕捉到的一切细节，像百科全书一般包罗万象。他一页一页地记录拜占庭建筑的辉煌，用钢笔、铅笔和水彩笔做精细的渲染：柱子、柱头和拱券，坟墓和巴西利卡，螺旋线形成漩涡，神秘的怪兽时隐时现。壁龛中的一座小雕像让他看得入神，它的比例是如此完美，就好像要从那个凹陷的大理石小室中徐徐走出一般。他伫立在教堂的穹顶之下呆呆地望着细部出神，午饭时间到了，他却浑然不觉，思绪仿佛飘到九霄云外。这一切都被小偷看在眼里，轻而易举就顺走了他的钱包。

米开朗琪罗和鲁本斯，提香和波提切利，伟大的艺术家向他无私地敞开心扉，让他渴望艺术的心灵得到抚慰。他在广场漫无目的地漫游，看着美女在身边经过，跟一只流浪猫分享午餐。中途无意中去了一趟位于艾玛山谷的卡尔特修道院，让他欣喜若狂。这座修道院沿坡而建，是有很多很多小房间的建筑群，每个房间都有高高的屋顶和一个独立的小花园，从窗口也都能看到托斯卡纳乡村的风景。这些单元容纳了私人的信仰生活，又与公共的部分紧密地联系在一起，方便修士们参加集体祷告或共进晚餐。这分明是一座建于15世纪的现代城市，“自然风景中最高贵的剪影……我从未见到对居住如此令人愉快的定义”，他日后回忆道。[8] 修道院和它“光芒四射的景观”将成为他后来理想的居住环境构思的灵感之源。

旅途继续延伸，从威尼斯一路来到了维也纳。在那里，他给自己买了一顶毡帽，换掉了穿坏了的鞋子。他开始拜访这座城市里最著名的建筑师事务所，希望能找到一个学徒的机会。他四处碰壁，惨痛的教训让他意识到，在这座奥地利的首都城市里，人人都是一副冷脸，不能打入他们的关系网则寸步难行。稍有闲暇他就去听音乐，想方设法弄到了瓦格纳歌剧《齐格弗里德》的歌剧院站票，这出戏长达五个小时，由古斯塔夫·马勒指挥。[9] 当夜色低垂，他会蹩到史蒂芬广场，往风尘女子的怀抱中寻求慰藉。

看起来，在维也纳是找不到什么机会了。但在巴黎，却有无穷无尽的机会等着呢。况且，巴黎还有混凝土。

世纪之交，这种建筑材料已经出现在人们的视线里，但还没有大规模应用在行业中。日后，柯布将娴熟地用它来雕刻他的建筑作品，此时却仍有待世人发现。一对兄弟在巴黎开了一家设计机构，关于混凝土应用的大量的早期实验都由他们来完成。这两个人就是奥古斯特·佩雷和古斯塔夫·佩雷，他们是比利时移民，属于当时的建筑和艺术领域先锋运动的活跃分子。他们的专长是应用全新的建筑材料和全新的建造方法来实现全新的建筑——不仅外观见所未见，功能上也让人耳目一新。佩雷兄弟公司由一家建筑公司和一家建筑师事务所组成，特别擅长使用预应力混凝土，方法是往普通的混凝土中预埋钢筋（béton armé），这让他们的建筑比通常的方法更高、更大，接缝和节点减少了，室内空间更宽敞。混凝土的强度非常大，这意味着室内的墙体可以大幅减少。尽管如此，混凝土依旧可以被装饰起来，做出曼妙的曲线，甚至做成跟木头一样的效果。佩雷兄弟给事务所选择了一个很有风头的位置，隔着塞纳河与埃菲尔铁塔遥遥相望，与特罗卡德罗广场紧挨着。柯布从维也纳来到巴黎，招呼也不打就去拜访古斯塔夫·佩雷，并把自己的画给他过目，结果当场就被雇用，成了事务所里一名兼职学徒。

父母告诉他不要去巴黎。导师莱普拉特涅也持同样的观点。他们的看法大同小异：那是座堕落之都，就像昔日的巴比伦，年轻人到了那里注定会迷失自己，走上不归路。他刚刚踏上巴黎的土地，不禁担心他们的告诫不无道理。当时天昏地暗、大雨倾盆，城里那些著名的建筑都隐藏在雨幕之中无缘得见，等他进了旅馆一看，房间昏暗又逼仄，根本就是个窝棚。但14个月之后，当他回顾这段日子，将感到无比欣慰，经历之前的种种混乱，他终于回到正轨。上午他在佩雷兄弟事务所工作，周旋在集合住宅和打猎小木屋方案之间，混凝土创造了可能性，让空间幻化为数学和几何，柯布则沉浸其中。下午，他继续着他的城市探索旅程。他在拉丁区租了一个顶层的小阁楼作为临时的住所，从那里可以遥望巴黎圣母院，他曾无数次前去参观这座建筑，里里外外、前前后后，看得巨细靡遗。他画了一幅水彩画来记录窗外的景色。越过一望无际的双坡屋顶，可以看见西岱岛上的哥特式教堂的尖塔。他站在阳台门边上，头戴学生帽，身披斗篷，让人给自己拍了一张照片。

在那些日子里，他基本上都是孤身一个人，手边唯有书本相伴。他的自我教育读本中包括《堂吉诃德》，作者塞万提斯也是一个痛苦的修行者，他从他的身上看到自己的影子，这种深刻的认同感一生都陪伴着他。还有厄内斯特·勒南的《耶稣的一生》，以及大学课程中必读的一系列经典著作：荷马、尼采、卢梭、福楼拜、波德莱尔。[10] 他的父母对此帮不上什么忙，但当他们去巴黎看他的时候，却不由得印象深刻。长子阿尔伯特也来了，他变得越来越没有人生目标，为了庆祝兄弟重逢，他在阁楼里一瓶接一瓶地喝酒，直到夜阑人静。

就这样，勒·柯布西耶在巴黎待了一段时日。诚如他所言，他来这里的目的是“了解”。可他对这个世界上其他很多地方也怀有同样的期待。于是，结束了在佩雷事务所的学徒生涯，又短暂地回到拉夏德芳待了一段时间之后，他就踏上了前往德国的旅途。这要感谢他的母校艺术学校，他们委托他撰写一份关于德国建筑发展的研究报告。[11] 目的地包括法兰克福、德累斯顿、汉堡，以及慕尼黑。在那里，他认识了身兼记者、画家、艺术与音乐评论家等多重角色的威廉·瑞特，柯布在他身上看到了一种逆时代的天分；分开之后，两人保持着亲密的通信，直到很多年之后。在柏林，柯布进入彼得·贝伦斯事务所当学徒，此人也是现代建筑的一位先驱人物，其最著名的建筑作品是通用电气公司透平机车间，材料上使用了混凝土和玻璃，结构强健有力但又不失优雅。贝伦斯事务所里其他的员工包括路德维希·密斯·凡·德·罗和沃尔特·格罗庇乌斯，后者是享誉世界的包豪斯现代设计学院的创始人。柯布很快发现，贝伦斯纯粹是一个不可救药的暴君，他压榨员工不遗余力，几乎分文不付。他在绘图桌前忍受苦役一般的差使，劳动所得仅够支付房租。因为手头拮据，他的晚餐全靠寓婆提供的简餐，每餐一马克，就这样他也是狼吞虎咽地吃完。

跟从前一样，他只能从音乐里寻求安慰，这一次，他被一场柴可夫斯基的音乐会深深迷住。但是他主要的爱好仍然是速写和绘画，画满了一个方格纸的口袋笔记本，它的皮革封面像猎人的手套一样破旧开裂了。他画建筑、小广场、街心花园，以及大教堂。一页又一页，正反面都画满了，涂着棕色和深紫，边角处密密麻麻地记着笔记。这时候，他开始试着去分析人在城市中活动的方式，这些观点受到卡米洛·西特的影响，此人是现代城市规划和设计理论的奠基人之一。他开始生出这样的念头：城市就像一个器官，它一定要给城里的居民提供两样东西，一个是良好的功能组织和秩序感，另一个是快乐，非如此不足以维系活力与幸福感。关于城市新秩序的第一幅蓝图正在他脑海中出现，他开始以一些观念去打破那些密不透风的、迷宫般的中世纪古城。

就像在巴黎一样，他对柏林的实习经历相当满意。现在是时候去结束这次漫长的游历了，不过他还要踏上最后的旅程，前往土耳其和希腊，完成所谓的“东方之旅”——他后来用这个名字来命名这次旅行的笔记，很多年后才正式出版。柯布坐火车返回维也纳，从那里乘船沿多瑙河顺流而下抵达贝尔格莱德，取陆路前往伊斯坦布尔。在心里，他把这次长达五个月的漫游看作是对贝伦斯事务所时期所受苦役的补偿。此时他还不知道这一路的观感将极大地激发他的创造力，让他在接下来的几十年间受益无穷。

他这次的旅伴是在德国遇见的奥古斯特·克利珀斯坦因，两人都想一路上找点乐子。他们从伊斯坦布尔出发，骑驴前往遥远的圣山，那里的修道院中只有男人。他们饮希腊葡萄酒，吃章鱼，到巴扎购物，在爱琴海里裸泳。[12] 可是，当旅途延伸到雅典，气氛开始变得肃穆，柯布从海上就看见了卫城。神庙废墟上漫漶的柱础和断壁，白色的大理石映照在碧海蓝天之下，对他来说无疑是人类在地球上最杰出的建造。

他忍住不去看卫城，他在心里，深知这次拜访非同小可。这一天，他终于下决心前往。整个下午他都待在街边小馆，慢慢地啜饮一杯咖啡，直到日落之前——这是进入古代遗迹的最佳时机。接下来的两个星期他天天流连于帕提侬神庙之前，像虔诚的信徒一般绕着它转来转去，把那些横倒竖卧的石头画在本子上，也在心中复原神庙建筑群的组织方式。如此强烈的印象，让他震惊复困扰。“艺术思想的真髓蕴藏于此”，他总结道。[13] 他在知觉中邂逅了那些了不起的数学公式，它们曾在伟大建筑的构思过程中发生作用。返回瑞士途中，他又游历了一些地方，参观了一些建筑：那不勒斯、庞贝城和罗马；但只有在雅典，他的思绪密集旋转，片刻不曾停歇。朦胧间，他无意之中瞥见了自己的潜能和未来之路。

东方之旅途中，还有一件事在他内心翻搅，让他不得安宁。此时他开始认真地察觉到内心对异性的炽热感情，在他的一生中熊熊燃烧的情欲之火，像对建筑一样没有止息。他在巴黎调情，在维也纳偷香，但在一路往南的旅途中，他对丰乳肥臀的女性的幻想越来越强烈。瑞特是个公开的同性恋，故而柯布给他写信毫无掩饰。他向他坦白自己在小旅馆房间深夜悸动的勃起。可是，尽管异性如此让他着迷，他却觉得她们遥不可及。他想不出该同她们说点什么。1917 年他重返巴黎之时，发现自己的狂热似乎唯有面对妓女的时候才能毫无保留地释放出来。性是如此孤独，却让他体味到一种贯注于生命之中的活力之源。“女人如此美丽，她们穿着漂亮的衣裳，新鲜又活泼，巴黎仍是这样一个粉红色的性感之都。身体自行其是，心灵依旧孤独，没有时间去体味爱情，”他向瑞特倾诉道，“当一个男人克服了自卑、对自己的身体感到满意，他就会裸露自己的身体。此时他是由确定的矩形平面所组成的复杂结构。对我而言，裸露的男人就是建筑学本身。当我不做建筑的时候，我的眼里只有女人。”[14]

柯布活在一个想象的世界里，他的思维总是保持高速运转。巨大的工作压力之下，性让他心旌摇荡，得到片刻的欢愉，就像午休时候的一杯啤酒或一场大汗淋漓的篮球赛。而他想方设法延续这种欢愉。本来他就在本子上无所不画，如今妓女也成了他的模特——床上的裸女，相互打闹取乐，到处充斥着肉体的曲线，屁股翘得老高，销魂的回眸。“我笔下的女人们无情、放荡又下流，个个欲火中烧”，他在笔记中写道。[15] 某天早晨，他把一幅水彩送给一位女伴，她大大方方地收下，报以一个微笑。

醉生梦死日复一日，终于在 1922 年的一天，他遇到了一位可以交流的异性。他们携手走完了漫长的人生旅程。

伊冯娜·嘉莉是一位时尚模特，也在一家服装店里卖衣服，柯布曾在那里展出他的画作。她跟他个子差不多高，肉感又迷人，涂着鲜艳的唇膏和浓重的眼影，是一位体态丰盈的摩纳哥吉卜赛女郎。他们一见钟情。在智识上，他们可以说是毫不相配，也没什么共同的兴趣爱好。婚后，她禁止在家中或晚餐会上讨论建筑问题。他们约会时只谈建筑之外的事情，一起喝酒，到郊外野餐。她身上有一种优雅的异国情调，紧身裙、钟形帽和环状大耳饰，会做远近闻名的麻辣蛋黄酱，喜欢恶作剧。这些都让他着迷。有一次，她让一位来访的宗教界的权威人士坐到了放屁垫上；别的客人想把勺子送入汤碗，却发现碗上面覆盖着一层捅不开的塑料薄膜；他们把方糖放进咖啡杯，却发现怎么都不溶解，原来方糖是假的；他们取些黄芥末，却发现一个小小的假阳具从里面探出头来。她通常会问每一位客人，不管是同行建筑师还是邮递员——“你没看见吗？”等对方迷惑地问看见了什么的时候，她会神秘兮兮地说“Mon cul（我的屁股）”。[16]

尽管伊冯娜疯疯癫癫的，有时候甚至“轻佻得像头瞪羚”，但柯布很喜欢她。

在给妈妈的信中他写道：“有了她，我做事更加轻松愉快了。”[17] 他们的婚礼在巴黎郊外的达姆皮埃尔－伊夫林举行，没有很大的排场，来的都是些亲朋好友。他们本来打算到瑞士去度蜜月，但伊冯娜的签证出了问题，结果夫妻俩的第一个圣诞节是分开过的。之后，在几十年的婚姻生涯中，两个人不断地分隔两地。他给她写信用去的时间甚至比跟她在一起的时间还要长。信里，他不断跟她保证很快就回去陪她，语气温柔亲密，像对小孩子讲话一样。他称她为“亲爱的冯冯”，她则管他叫“豆豆”。漫长的等待中，她通常会把带着遥远不知名地方邮戳的信件随手一放，赶紧忙那些日常琐事，缝被单啦，为了他下次回来一起外出做衣服啦，往罐子里塞腌黄瓜和腌菜啦，或者，她会尝试新的化妆和发型，乐此不疲。[18] 她吸烟，喝茴香酒。那是一种浑浊、烈性、甘草味道的酒，当时法国禁止售卖苦艾酒，导致了这种酒在南部流行。开始是晚上才喝，后来越来越早。

这一天，伊冯娜就一心期待着柯布乘坐路特西亚号返回法国。此时他们还未结婚。而他正在船上与约瑟芬·贝克郎情妾意。这成了日后的某种常态，在他们的整个婚姻期间，他屡有各种各样的不忠行为。他是今朝有酒今朝醉，分手的时候也不怎么牵挂。爵士歌手约瑟芬比他还看得开。她当时的男友佩比托·阿巴提诺当时就在路特西亚号上，此人本是西西里的一个石匠，把自己打扮成贵族模样，为约瑟芬担任经纪人。勒·柯布西耶在船上也跟他见过面。约瑟芬和佩比托似乎达成了某种默契，让她自行其是，保持自由。只要她乐意，不管是跟男人还是跟女人过夜都无所谓。

大船一路前行，不舍昼夜。晚餐时间一到，人们聚到餐厅，桌布浆洗得一尘不染，人们三三两两围坐在一起，开始享用鸡尾酒和巴西烤肉，然后又三三两两地返回自己的房间。她为他举办了一场私人的音乐会，弹着尤克里里琴引吭高歌：“我是一只小黑鸟，寻觅着我的小蓝鸟。”

一切都那么美好，但终将过去。也正因为此，才格外值得珍惜。他对时光的流逝特别敏感，好像拉夏德芳怀表的分针一直在他的脑海深处滴答滴答走个不停。有太多太多的事情等着他去完成：新的竞标，新的图纸，他从未停止过思考如何让人们生活得更好。这艘大船本身就激发了他的想象：这里，所有的便利设施都组织得简洁高效，就像漂浮在水面上的一座公寓大楼。那么，是否可以在陆地上建造一座远洋巨轮呢？

她的胸脯起起伏伏，大船也在海面上起起伏伏。他似乎能够感觉到船身之下螺旋桨剧烈的转动，搅动水浪，把他们送往法兰西的海岸。等一登陆，他就要返回他改造世界的事业中去了。一种感觉在他的胸中满满酝酿，他感到自己正驶向某个重大历史时刻的边缘。此时大船正在汹涌广阔的黑色海面上穿越时区，破浪而行。

# 壹　小试啼声

圣日耳曼大道路边店的小老板每天接近中午时分都有个例行的小游戏，就是猜猜今天雅各布街20号大门口走出来的那位先生身上是什么行头。此时，新鲜出炉的羊角面包和法国长棍都已经卖光了。猜猜看，丝绸三件套呢，还是粗花呢三件套？纯色领带呢，还是带横条纹的窄领结？礼帽、软呢帽、鸭舌帽呢，还是硬草帽？只有两样东西是不用猜的：胸口一定妥帖地插着平平整整的方巾，高高的鼻梁上架着黑色圆眼镜。这位先生不是旁人，正是建筑师勒·柯布西耶。

衣着如此挺括，谁也想不到其实他刚刚走出那间乱七八糟的阁楼出租屋。想到这点总是不免让人失笑，他为别人设计纯白的、简洁无装饰的、机器一般的现代别墅，而雅各布街20号的这间阁楼依然是巴黎街道缝隙里那间凌乱不堪的单身汉房间。通往阁楼是一架深色木头旋转楼梯，在16世纪伏尔泰时代，这里被用为仆人的房间。18世纪，这座公寓的主人曾是著名女演员阿德利娜·勒库弗勒，后来被竞争对手鸩死。自从柯布搬到这里，这个双斜坡屋顶下面只有一间卧室的小阁楼就既是他的书房，又充当派对场所，夜里他们聚在一起抽烟，喝苹果白兰地和宝石红葡萄酒。正是在这里，他画了很多水彩画，完成了他新近创办的杂志《新精神》的早期出版工作。这份杂志意在推介现代设计。起初这里除了一张床和他的绘图桌之外什么都没有。一个光秃秃的灯泡从屋顶上倒悬下来，连灯罩也告阙如。没多久，信件、明信片、书籍和草稿就堆积如山，把每个角落都占满了。一只脏兮兮的大灰猫从古董花瓶和一堆雕塑中间信步而过，这些东西都码在一排排的书本上面。房间里凌乱不堪，正是他努力从客户的家庭中清除掉的那副模样，但他实在没时间实践一下自己极力鼓吹的那种生活方式。

一跨出门槛，他就直奔塞夫尔街35号，那里离他的住所有半英里左右，穿过塞纳河左岸最核心的城市区域，这是他每天的例行公事。在他上班的这个时段，太阳已经升得老高了。雅各布街是一条狭窄的老街，两边都是六层高的公寓楼，底层密密麻麻都是店铺，道路整个儿藏在阴影里。他忙着赶往事务所的同时，邻居们也在忙着自己的事情，不亦乐乎。格特鲁德·斯泰因和男子气的女作家柯莱特经常来隔壁，主人是美国人娜塔丽·巴尼，她经常召集一大堆女伴在她的后花园里组织裸体聚会，柯布内心对此相当欢迎。[1] 巴勃罗·毕加索和F. 司各特·菲茨杰拉德很可能正坐在花神咖啡馆，可可·香奈儿也许正在那儿的吧台附近欣赏模特儿穿着她刚刚设计的衣服。厄内斯特·海明威也许正在双叟咖啡馆痛饮，尽管他口口声声说自己到小馆子里去其实是为了进行严肃的交谈。[2] 勒·柯布西耶最喜欢的小酒馆是圣伯努瓦，离百货商店只有三个街区远，他有时会跑过去喝上一杯。沿着波拿巴大街往前走，路过那个俯瞰鹅卵石广场的富丽堂皇的教堂，就全都是咖啡馆和小酒吧，提醒人们这里就是所谓的拉丁区，一路向北直到蒙马特高地，多少艺术家和混混浪迹在此，把这块地方变成了知识分子与艺术生活的世界中心。搁在文艺复兴时期，这里就是佛罗伦萨；搁在 20 世纪 60 年代，这里就是格林威治村；搁在 21 世纪初，这里就是硅谷。而这一切如今就在柯布的眼皮底下。

为什么非要来巴黎，还用问吗？

这座城就像一块巨大的磁石吸引着他。自打他租下这座可以看见圣母院的房子，自打他进入佩雷兄弟工作室，他就彻底成为这座城市的俘虏。他说："巴黎就像是一个实验室，所有神奇的东西都在这里得到检验。"[3]

他去柏林贝伦斯事务所当学徒之前，曾对自己许诺说无论如何都要回来。这个时刻在 1917 年到来，但要想开始在巴黎的新生活，这个时机怎么看都不大对劲，因为德国的炸弹正雨点般地落到这座城市里。他自愿参军，但鉴于一只眼睛接近失明，得以豁免，不必奔赴瑞士去服兵役。于是他以平民身份搭上火车，行李中打包了他全部的家当，口袋里装着从拉夏德芳电影院设计中赚到的钱，永远地离开了他的家乡小镇。身边所有人都一片惊惶失措。在这个时间点重返巴黎，非有超人的自律精神和决心不可。他的解决之道就是假装无所畏惧，嘲笑他的邻居都是胆小鬼，只会躲在防空洞里，在毯子下面蜷作一团，一小块一小块地咬着压缩饼干。在去自愿服兵役的路上听说一个友人在战争中死去，他仍然义无反顾，街对面的房子在爆炸声中成为碎片他也充耳不闻。他甚至跑去观看德军轰炸塞纳河上的一座桥，在战争中做这样一位旁观者，离毁灭只有一步之遥。[4]

但是，哪里有大破坏，哪里就有大重建。与战争相伴随的是人们对美好生活的期待，利用时代的技术去改善人类的生活条件，而不是去浪费它。勒·柯布西耶把这次战争看成是一次机会，一个许诺，充满了新的观念，迎来了新的起点。

在巴黎永久定居之后，柯布的第一项收入来源说起来一点都不浪漫：设计并经营一家砖厂和一家屠宰场。他又成了孤家寡人，靠读书画画打发日子，不断写信，时常买春。他心中一直挂念着还没有成型的现代建筑理想，可是，他需要一个事业上的同路人。正当此时，阿梅代·奥曾方出现在他的视野里。此人是一家建筑公司的继承人，也是一位画家和一家服装设计沙龙的经理。奥古斯特·佩雷介绍他们认识。“那小子是个怪物，”佩雷对奥曾方说，“但可能对你的胃口。”[5]

两个人聊了聊，居然一拍即合，都认为必须与往昔来个彻底的决裂。奥曾方发誓要放弃自己全部的财产，同布尔乔亚生活方式做个彻底了断。柯布则抛弃了夏尔-爱德华·让纳雷的名字。他们开始将这件事命名为“纯粹主义”，一次大扫除，把多余的部分毫不留情地干掉，无论是建筑上的装饰物还是绘画上华丽的细节。他们也为这次运动撰写了宣言，题目就叫“立体主义之后”，旁敲侧击地宣告了他们前进的路线：科学与艺术，向前进，手拉手。一本新的刊物，也就是前面提到过的《新精神》，成为这个二人小团体向现代转变的记录，封面上的名称采用简单的工业字体，内容则关于如何拥抱战后工业时代的最重要和最大胆的思想观念。作为联合编者，他们在创刊号上这样写道：“新精神已经近在眼前，这是重建的精神，是统一的精神，它的指导思想是关于事物的清晰观念，一个新纪元就要开始了。”[6] 他们用滚筒印刷机印小广告给杂志做宣传，又用自己和其他人的文章、绘画与诗歌填充了版面。

柯布内心热情似火，奥曾方也毫不逊色，两人的友谊一时变得如胶似漆。奥曾方与他的俄国妻子离婚后如释重负，说这样他就可以跟同胞多多待在一起了。勒·柯布西耶投桃报李，挥洒着他对于这段友谊的热情。在拉夏德芳，柯布连个土豆都没煮过，有一天在巴黎寓所，他却为奥曾方准备了一次丰盛的晚餐，餐桌上有烤牡蛎、带骨猪排和圣艾米利翁红葡萄酒，菜肴都是柯布亲手烹制。[7] 他们一起去罗马，他们一起到一家照相馆，站在热气球布景的道具筐子里拍合影。但正像人们都知道的那样，这种友谊维持不了多久。第一道裂痕出现在绘画方面。柯布到了巴黎之后希望在这个领域有所突破，热切地投身其中，他的绘画也从那种事无巨细的描绘现实的水彩，转向了描绘最基本几何形体的抽象风格。柯布和奥曾方肩并肩坐在画室中，集中精力描绘诸如壁炉上的书本、花瓶、玻璃水罐或吉他这类简单的物体，希望借此表达纯粹主义的价值追求。但当这些作品公开展出的时候，人们普遍认为他俩资质平庸，根本无法与毕加索、马蒂斯、塞尚等人相提并论。他们在一位赞助人的画廊里为了如何摆放这些绘画恶语相加，后来又为了到底谁是纯粹主义和《新精神》的创始人争论不休，闹得很不愉快。友谊的纽带松弛了。他们从最亲密的友人，变成在报刊上画漫画攻击彼此的敌人。

柯布一生都没有停止绘画。他设计的房子里到处都是绘画，他后来用矩形的挂毯和复杂的雕塑来装饰房间。但是，与奥曾方的决裂让他回想起当初是为了什么来巴黎的：不是画画，而是建筑和城市规划呀。当年莱普拉特涅曾经说过，那才是他的天分所在。而那其实也是他的天命所存。柯布把画作留在了自己的房间里，不再跟毕加索和其他大师们较量。海明威、菲茨杰拉德和斯坦贝克重新定义了小说，T. S. 艾略特重新发明了诗歌。在这个大破坏、大混乱伴随着大创造的年代，柯布的角色是什么呢？他想，我的使命在于重新定义人们的生活——那就从每天置身其间的这座城市开始吧。

他说：家庭就是居住的机器。他设计的别墅个个都是杰作。但是，他从来都没有满足于为个别人设计住所。他的理想是为普通人设计买得起的房子，建造最有秩序、最有效率的城市。为了实现这些，必须把原来的思路全部推翻，重新来过。

柯布最早期的突破性创造说起来简单得让人吃惊。他计算了第一次世界大战造成的破坏及需要重建的建筑量。为了快速高效地给无家可归者提供住房，他提出了一个建造方案，是一个正交长方体框架，细细的柱子位于周边，支撑起三层混凝土楼板。这个设计排除了承重墙，给使用者提供了充分的自由，可以随便布置内部的使用空间。这其实是世界上第一个真正的自由平面方案。他给它取了个名字叫作“多米诺住宅”（Maison Dom-ino），这是个双关语，让人联想到拉丁词“domus”（意思是“房子”），以及那个一推就顺次倒掉的骨牌游戏。他是不是想起小时候用积木搭房子的游戏了？[8]

他的下一个原型仍然是简洁到极致。雪铁龙住宅是个三层高、上下错接的预应力混凝土方盒子，外表刷成白色。勒·柯布西耶故意给它取了这个名字，让人联想起著名的法国汽车大王雪铁龙，希望引起他的注意，好加入这个家族汽车企业的房地产开发业务。他的目标是像福特开发的T型汽车一样，在生产线上批量制造房屋。房子和汽车都能被批量制造出来，这将大大地节约成本，而且通过设计，可以在功能上相得益彰，就像舞台上的双人舞演员。雪铁龙住宅的底层本身就是一项新发明：由底层架空形成的车库。建筑室内为最高的使用效率而进行组织，功能上流动无碍，但感觉上仍然充满了家庭氛围，且足够宽敞。

此设计灵感来自戈多街上一家他经常前去午餐的小酒馆，空间又深、又窄、又长，但给人的主观感受并不拥挤，大概是因为空间很高，大概有普通餐馆的两倍高。厨房被藏在空间的尽端，是个带顶的小盒子，上面仍然安排了一个包间。[9] 雪铁龙住宅同时具有紧凑和宽敞的优点，可以让那些并不富裕的家庭享用时髦画廊一般的室内空间，还有一个全景大阳台和一个屋顶花园。屋子里干干净净，除了现代式家具之外一样都没有，衣帽间、大衣柜和书架都被内嵌式固定家具取代了。[10]

接着，他又把这个想法推进一步，设计了别墅大楼，在一个尺度巨大的公寓大楼中容纳了 120 个超级紧凑的雪铁龙住宅，一个挨一个排成行，再顺序叠砌在一起。他把这个构思画在午餐菜谱的背面，让人想起艾玛修道院简洁又高明的组织方式。旅行中的那次意外发现，已经压过了其他见闻，真是让他终生难忘。他说，一个人要么对城市的状况感到恐惧忧虑，要么想办法去改变它。对此他持积极的态度，认为现代城市急需彻底改变居住模式。[11]

他并没有止步于此。他要做的就是设计更多更多的房子，容纳更多更多的人口。他为企业家亨利·弗吕日设计了一座工业城镇，这位企业家急需为方糖厂的工人提供集合住宅，地点在波尔多附近的佩萨克。这 53 栋住宅按行列式排布，组成一个兼顾了统一与多样的系统。所有住宅都按照同样的框架建造，使用低造价的混凝土建筑法和集中供暖制冷系统，但是，因为采用了预制建筑砌块作为基本单元，可以实现个别房屋独特的空间组织。比方说，户主可以不要那个露天的大阳台，把它改成一个房间，诸如此类。三层高的房子沿着林荫道优美地组织在一起。[12]

他意识到，这座城市对房屋的需求如此迫切，应该采用更加大胆的办法去解决。每年都有成千上万的人涌入法兰西的首都，在20世纪的上半段就使人口激增到600万。城市化的步伐紧锣密鼓，要彻底颠覆人们原有的居住模式。房子需要更大、更高、更密。城市的未来必然发展到在公园一样的环境中建造塔楼。

柯布为当代城市设计的方案“三百万人口的城市”，在1922年的秋季沙龙上引起了争论。这个方案无异于新城市形态的罗夏墨迹测验，把塔楼按照一定间距均匀地排布在无垠广阔的开放空间中，用比现存街道宽得多且长得多的街道贯穿起来。作为尺度跃升的自然进化过程，从多米诺住宅到别墅大楼到佩萨克住宅区再到这里，发展顺序一目了然。混凝土、钢和玻璃的建筑一路膨胀，占地越来越广，向上直冲云霄，在各个维度拓展自己。而且，一旦确定了形式，就能作为城市形态的基本规则，不断重复下去。柯布在这里首次将生活功能进行区域分隔：在规则划分的地块上，一块用作办公，一块用作零售业，一块留作住宅区，剩下的部分都留给休闲娱乐。他也对步行道和机动车道进行了区分，设计了三维立体的道路交通系统，设有高架桥、架空平台和垂直交通。城市太拥挤了，必须在尺度上扩而大之，使其由壅塞变为舒缓。在纽约，规划师们设定了街区网格和正交道路体系，从曼哈顿下城一路延伸到哈勒姆区。柯布却认为这样的网格太小了，它必须被放大，从街区到道路再到公园，所有的部分都要在更大尺度上去考虑，作为急剧膨胀的城市人口的现实对策。

勒·柯布西耶在高级绘图纸上用精细的墨线绘制了三百万人口的城市的图纸，整洁漂亮，秩序井然。十字形的塔楼从宽敞的广场和成排的树木中拔地而起，广阔的晴空中飘浮着几个胖乎乎的云朵。地平线清晰可见，毫无遮挡。但这只是个概念方案，在有些人的眼里不过是科幻小说。三年以后，他又拿出了一个更加具体的方案，向人们展示这个想法可以完善到什么程度——这个新的方案如此生猛，无所畏惧，他的余生将以此为人所知。

跟雪铁龙住宅一样，瓦赞方案也跟一位汽车制造商有关。在此之前，柯布也曾考虑过标致和米其林公司，但是都不如这一位来得直接。加布里埃尔·瓦赞，柯布的朋友兼赞助人，曾为《新精神》杂志撰写文章，是个最合适的合作者。瓦赞工厂生产的汽车是巴黎的明星，新时代的象征。大明星鲁道夫·瓦伦蒂诺开着一辆瓦赞，墨利斯·雪佛莱和约瑟芬·贝克也都开瓦赞。柯布自己有一辆 C7-10 Lumineuse 型，他把这辆车停在他新建好的设计作品前面拍照，用它来充当配景。汽车与城市应该携手前进——但是城市必须首先进行更新，以容纳更加机动的交通方式。

瓦赞方案中有18座十字形办公塔楼，由玻璃和钢制成，每座60层高，建在严格的矩形网格之上，下面是个开阔的花园，人行步道高于地面，而机动车道架空在更高的水平面上，从东到西、从南到北连接着不同的城市区域。住宅区、行政办公区和文化建筑区彼此毗邻，也都是底层架空的巨型结构，占据着各自的街区。作为商业和居住的新城，瓦赞规划不仅能够容纳现有的全部人口，也为接下来更高的人口密度预留了空间。规划的人口密度是每英亩1200人，是当时巴黎人口密度最高地区的三倍。新城将同时设置高速公路、铁路和地铁，三管齐下解决公共交通问题，一座全新的机场成为城市与外部世界的出入口。在描述这个新方案的时候，柯布使用了诗一般的语言：

> 纤细的水平线在巨大的垂直玻璃体的缝隙中时断时连，以近乎透明的网络将它们紧密地结合在一起。看吧，雄浑的柱列向远处延伸，慢慢消失在地平线上，它托举着单向行驶的高速公路，汽车在其上以光速穿过巴黎。这些高速公路支撑在纤细的立柱之上，以对角线方向严格排列，每一条都有20公里长。
>
> 新的中心商务区，日常工作将在完全不一样的环境中展开。再也没有阴森灰暗、枯燥乏味的街道，到处充满了阳光和无穷无尽的新鲜空气。
>
> 请不要报以怀疑的讪笑。在这里，40万员工都将有

机会俯瞰辽阔的远景，好像置身于鲁昂附近高高的山脊之上俯瞰着塞纳河两岸。在他们下方，一望无际的树林随微风轻轻摇动枝条，一切都是那么静谧宜人……

当夜幕降临，高速公路上的汽车飞速行驶，留下一条条光亮的轨迹，仿佛流星划过夏夜的碧空。

在其上 200 米高的地方是办公大楼恢宏的屋顶花园，种植着卫矛、金钟柏、月桂和常春藤。植物欣欣向荣，下面开满了郁金香或天竺葵，弯曲的石子小路边上则是小灌木和各种让人眼前一亮的花朵。头顶上，电灯发出柔和静谧的光芒。夜色渐沉，无边的安逸弥漫在四周的空气中。身边散布着扶手椅，人们三三两两低声交谈，乐队演奏着轻柔的乐曲，情侣们翩翩起舞。整个城市的夜空中到处漂浮着这样金色的花园。[13]

弯弯曲曲的小街巷、纵横交错的窄马路和沿街店铺，以及那些密集的咖啡馆，都会从城市中消失不见。“我们习以为常的街道将不复存在”，他宣布。[14]

这充满未来色彩的景象绝非异想天开。一个全新的巴黎必将在严重的现实问题压迫下成为现实。在埃菲尔铁塔和凯旋门浪漫的外表之下，20 世纪 20 年代的巴黎正在以常人无法想象的速度扩张，那些破旧的低标准住宅和棚户区让它步履沉重、身心俱疲。大都市已经到了成熟的极限，随时都可能溃烂。这样的征兆无所不在，在他上班的路上就历历可见，城里其他地方也是如此。这么多人挤在一起，那些房子以前是为了较少人口准备的，如今人口翻了两倍、甚至三倍。人们在街头推推搡搡往前走，那些马路都是当年为了马车通行修建的，如今双层电车的数量比那时候的马车还多，而且私人汽车数量也在飞速增长。每年秋天，八月份外出度假的巴黎人蜂拥返回之时，会发现路上的小汽车比任何时候都要多。车灯照亮了香榭丽舍大街。无论在何处，街道上都是刺耳的喧哗，建筑立面上糊满了广告招贴，人行道上密密麻麻都是垃圾桶，所有的东西都蒙着一层油烟污垢。

科学技术的发展已经极大地推动了工业和交通的进步，比如汽车、火车、远洋巨轮，却丝毫没有惠及人们基本的生活方式和居住方式。对柯布来说，人类在这样基本的问题上被锁固在19世纪，简直是对尊严的一种漠视，是无法接受的缺点。城市配不上这个时代，也配不上人类了！[15] 城市的中心区必须得到疏解，要有更多的开放空间和更精心配置的绿化，让交通流动起来，同时又能容纳更高的密度。[16] 柯布又想，城市建筑的限高要求是早已死去的前代国王制定的，必须被废除。密不透风的城市街区必须全部重新设计，原有的建筑必须被清理干净，用更简单的方式重新加以考虑，全部街区结合在一起考虑。街道对行人如此有害，绝不能再以现有的方式继续存在下去。城市的未来必将洁净、严谨又强大，大都会中充满了阳光和新鲜空气。

既然有这样美好的未来值得憧憬，就必须重新来过——

将旧的扫荡一空，为新的让路。为了让方案的展示更加有力，柯布选择巴黎城市核心地带的两平方英里土地作为瓦赞项目的基地。这块地在塞纳河右岸，位于西岱岛和圣母院的北边，属于巴黎的第三和第四大区，其中心部分就是巴黎著名的贫民窟玛海区。

玛海这个地名的本来意思就是“沼泽”，当时是一片七扭八歪的迷宫一般的房屋。在历史上，这里曾是贵族的城堡，由国王亨利四世在孚日广场公园的中心地带兴建而成。王室迁往凡尔赛之后，那些独栋的贵族豪华宅第就被分割成很多小房间，用做工人宿舍。工人大量涌入此地，公共卫生也马马虎虎，结果环境开始不断恶化，大量人口聚集也带来了疾病。实际上一个教区内的所有住宅都被评定为不适合居住，因为肺结核病在这里大肆传播，好不容易扑灭了，很快又会死灰复燃。[17]

柯布承诺保留重要的教堂和地标建筑，包括孚日广场。其他所有东西都要拔掉——这不啻为一项系统工程，一个必要行动，来取代之前那种“东拼西凑的小把戏，我们一直用来自欺欺人的东西”[18]。他说，“城市正在分崩离析。它维持不了多久了，属于它的时代已经过去。它太破旧了……平衡正在日复一日地销蚀。”他接着又说，“必须从城市中心开始动手术……我们必须操起手术刀。”[19]

事情再清楚不过了。为了拯救巴黎，必先亲手毁了它。

这样的想法，看似野蛮粗暴，其实并不是柯布的独创。雷恩街是通往柯布事务所最便捷的道路，它会提醒我们，巴黎就在不久之前刚刚被这么大刀阔斧地收拾过。这条宽阔的林荫道只是24条新开辟的林荫大道之一，它们都是从中世纪的老城区里硬生生开辟出来的，主持这项工程的人就是乔治-欧仁·奥斯曼。

19世纪中叶，城市的状况还不如勒·柯布西耶那个年代，简直就是污秽的泥沼、混乱的迷宫。成千上万的人居住在破败不堪的房子里，没有地主乐意稍作努力去改变这种状况，因为人们想找个栖身之所已经很不容易了。拥挤就像毒瘤，让商业活动无法进行，连基本的生活功能都保证不了。马车在弯弯曲曲的巷道里狭路相逢，彼此都寸步难行。迷宫般的道路像八爪鱼一般摊开，到处都是拐角、Z字路、死胡同，一转弯就进入黑漆漆的所在，即便是老住户也经常分不清东南西北。一群群毛贼在这迷宫里伺机而动，昏黄的油灯下，他们神不知鬼不觉地接近自己的猎物。

随着楼上一声大喊：“小心，要倒水啦！”一桶脏水从天而降，直接倾泻到街道上。路中央是露天的排污渠，脏水从这里流到公共卫生间的污水池。每天都有工人用铁锹把污物从那里装进大桶，再用垃圾车运往郊外的树林中倾倒。[20]饮用水则直接取自塞纳河，水质恶劣不堪，外国人经常因为饮用了巴黎的水而不治身亡，莫扎特的妈妈就是这么死的。[21]瘟疫经常在邻近地区突然爆发，霍乱一旦流行，通常要夺去好几千条性命。

1853年，奥斯曼受路易－拿破仑·波拿巴的委任，决心要把这颗毒瘤彻底铲除。他端坐在市政厅里的总指挥办公室，命令14 000名劳工肩扛铁镐、手持铲刀，夜以继日奋战在拆迁第一线，夜里，使用新能源瓦斯点燃的探照灯照亮了拆迁现场。就这样干了22年，整个改变了这座城市的命运。笔直宽阔的林荫大道呈放射状切开城市，起点是巴黎圣母院所在的西岱岛，向塞纳河两岸延伸开去，全新的大型纪念建筑和其他公共建筑点缀在道路节点和马路两侧的重要位置；平均宽度为80英尺的新辟道路总长度达到了85英里，马路两旁设有宽阔的人行道，交叉路口设有转盘，沿途穿过很多公共广场。他把路灯和行道树的数量翻番，翻新了塞纳河上行将腐朽的桥梁，建设了一套被全世界争相效仿的供水排污系统，又把市中心用开阔的景观花园包裹起来，这两个花园就是万森纳林园和布洛涅林园。新的居住建筑统一为七层高的集合住宅，占据了整个街区，成千上万的新建筑都采用一致的立面、大门、檐口和铁艺阳台。圣母院被整饬一新，卢浮宫得到了扩建，新的大型公共建筑兴建起来，其中最重要的是巴黎歌剧院，现在的名字叫作加尼叶歌剧院，设计师是夏尔·加尼叶，他那目空一切的野心配得上这样的大工程。他曾经说过这样的话：“一个人要么成为上帝，要么做个建筑师。”[22]

这项伟大工程系由佩雷尔家族的私有银行赞助。工程完成之后，全世界为之喝彩：这真是一项不朽的壮举，独一无二的城市更新。卡米耶·毕沙罗把新的街道景观画了下来，从那以后，这些绘画一直都被当作巴黎的标志性风貌为人所知。马克·吐温在文章中说“巴黎被驯服了”，他其实是指奥斯曼的城市改造收获了一个意想不到的公共成效——之前巴黎经常爆发周期性的暴动，反叛者们会借助迷宫般的城市藏匿得无影无踪，奥斯曼则彻底让巷战成为历史。即使仍有反叛行动，政府军也可以在无处藏身的笔直大道上开枪击毙暴徒。但是，为了完成这一切，奥斯曼推行的是巨大的破坏活动。超过27 000栋建筑被拆掉，约35万人被依法驱逐，大约占当时巴黎人口总数的20%。来自民间的反抗势不可免，维克多·雨果和夏尔·波德莱尔是其中的骨干，他们哀悼旧城的消逝，为那些被赶出城市的人感到愤怒，例如卢森堡公园附近的居民，因而两人都不遗余力地反对新的城市建设计划。一位大胆的记者揭露整个计划中严重的资金短缺，实际花费要比初始公布的数字高出15倍之多。事情败露，佩雷尔兄弟公司名下的银行因此关门大吉，奥斯曼被驱逐出城，不久之后，拿破仑三世也流亡到英国去了。

城市改造者的下场如此，勒·柯布西耶怎能不引以为戒？为了将巴黎带入现代化的更高层次，必须采用全新的游说手段。

核心任务就是说服政府，让他们相信这样一个宏大的发展规划不仅在财政上可行，且能带来巨大的经济回报。为了实现这个目的，他援引亨利·乔治的例子来说明问题。乔治是 19 世纪美国政治经济学家，曾参与竞选纽约市长但并未成功，他的观念引发了后来的垄断游戏，他相信政府可以进行综合规划并投资兴建基础设施，以这种方式为私人地产发展提供保障，极大增进土地和资产价值，然后政府可以通过征税来获利——真是一个双赢模式，能给社会带来无尽的财富。勒·柯布西耶向地产大亨、汽车制造商与商界精英兜售这一理念，他当时需要的是借助一个大事件来展示他的想法，作为他一连串通往现代的策略的一部分来唤起人们的关注。可喜的是，机会很快出现了，那就是 1925 年的现代工业与装饰艺术国际博览会。

在世人眼里，这次盛会向未来发出了强烈召唤，它提出的口号是："你必须现代，并以此为人所知"。这次博览会所倡导的主张，促成设计风格上的一个重要转变，就是从新艺术运动转向了装饰艺术风格。前者是对新的工业美学的初次拥抱，代表作品是埃菲尔铁塔抛物线形的巨拱和巴黎地铁站那些华丽的入口；后者则是机器时代的新风尚，在其影响下出现了那些光洁流畅的家用轿车和纽约的克莱斯勒大厦。

勒·柯布西耶对新艺术运动和装饰艺术风格都不感兴趣，认为二者无一例外都是华而不实，且与商业资本有着千丝万缕的联系。这不是他心目中的现代应该具有的形象。既然柯布这样想，展会的组织者也不会把他请上台面，于是给他分配了一块很偏的展场，位于整个园区的边角，场地中央还有一棵树。柯布并没有厌弃这块场地，他认真完成了他的展馆设计，给它取名叫“新精神馆”，在屋顶上留了个精巧的圆形洞口，让树冠从那里向天空伸展开去。组委会一计不成，再生一计，居然建了一道高高的篱笆来遮挡柯布的设计。他们到底害怕人们看到什么？人们反而都跑过来了，大家都想看看篱笆后面藏着的这堆东西到底是什么。柯布这次胜利了，他成功粉碎了他们的小把戏。

其他展馆都是花哨华丽的堆砌，而新精神馆则去掉了一切装饰，简单到了极致。它是一个白盒子，正立面有很大的黑色窗框形成的格构。无论从哪个方面来看，它都是作为一个理想住宅来设计的，向人们展示如何通过在建筑的里里外外使用工业材料，通过剥离装饰的简化方法来建造干净整洁的标准化现代住宅。居住空间是双层的，二层是一个阁楼卧室，从那里可以俯瞰两层通高的客厅，室内只有一些基本的现代家具——木头椅子、皮革沙发，还有一个优美的嵌入式壁橱和一部金属楼梯，让人联想起远洋巨轮舷舱里面的情景。工业风格——几十年后被宜家和奎恩佰瑞推而广之的时代潮流——在这里延伸到咖啡罐这样的小东西上，灵感来自于化学家使用的烧瓶。在展馆的侧壁上，紧挨着柯布的朋友费尔南·莱热的绘画，是关于瓦赞方案的大幅展板，告诉人们这种新的居住模式可以通过何种方式不断地复制下去。

如今柯布已经可以娴熟地操纵媒体，向大众发言。尽管巴黎是新思想的荟萃之地，他的观点仍然产生了振聋发聩的效果：传统的街道被宣判死刑，将巴黎的中心区清空，这些想法都太震撼了。而建筑师似乎已经做好了被人们大肆攻击的准备——要做反叛者，就不能不面对这样的危险。也许人们要花一点时间来理解，但此时人们都已经在谈论，这是好事。有时候，似乎柯布自己非常醉心于下这么高的赌注，恨不得争议更大。他瞧准了机会，当城市环境进一步恶化的时候，人们会逐渐聚拢到他的身边来。他写道：多亏有建筑，否则非革命不可。

柯布步行上班，走到巴比伦街、拉斯帕伊林荫道和塞夫尔大街交叉口的地铁站那里就快到地方了。那里有一个大花园，左边是路特西亚饭店和圣日耳曼老夫人咖啡馆，它的咖啡座蔓延到人行道上，从早到晚都人头攒动。直接往前走，穿过花园，就到了乐蓬马歇百货，巴黎最古老的百货公司。位于大草坪南侧的耶稣会建筑就是塞夫尔大街 35 号，勒·柯布西耶日益壮大的事务所所在地。跟里沃利街和杜乐丽花园以北、位于阿斯托街 29 号的阁楼单身汉房间比，的确是已经有所进步了，但是事务所的环境仍然跟一个废弃修道院的走廊差不多，是一个只有 36 米长、4.5 米宽的狭小空间。事务所的二层俯瞰一个小小内院，整个刷成了干净的白色，四面都是窗户，光照还算充足。在窗子的对侧，靠着墙壁是一张接一张的绘图桌，每张桌子的桌角都有一盏配有黑色弹簧的可移动绘图灯，给制图员提供更多照明。到处都是图纸，有的铺展在倾斜的桌面上，有的卷起来摆在架子上，还有一些堆在地面的大箱子里，箱子堆得满满的，已经要溢出来了。20世纪的现代建筑诞生于此，就在这个不起眼的新文艺复兴风格的建筑立面背后，旁边就是圣伊格内斯教堂。很多时候，事务所的员工正趴在图板上画图，窗口飘来了格列高利圣咏的歌声。[23]

柯布一般最后一个到办公室，他一进门，员工们从图板上齐刷刷抬起头来，揣摩今天老板心情如何。他几乎从来不进那间留给自己的没有窗子的办公室；相反，他会在工作间里走来走去，检查每个项目的进度。这里是他的事务所，这些人都是他麾下的士兵。整整三代建筑师将在这里接受培训，其中有两位对他的团队来说具有特别的重要性。

皮埃尔·让纳雷，柯布的堂弟，有一副瑞士山区人轮廓分明的好模样，几乎从来没改变过装束，脏兮兮的金发总是整整齐齐地从中间分开，前端扫过宽大的额头。他比柯布小九岁，身材也矮三分，肩膀粗壮结实。他出生于日内瓦，在日内瓦美术学院接受建筑教育，擅长画画，手头功夫很不一般。1920年他到巴黎深造，与堂兄勒·柯布西耶相遇。柯布觉得这位老弟即便说不上精通人情世故，看上去也是心思周到，应该是个人才，于是推荐他进入佩雷兄弟事务所实习，把自己当年走过的路又重复了一遍。等实习期结束，就跟他合伙开业，两个人的合作关系可以说维持了一生，巴黎事务所也以二人共同的姓氏为名：让纳雷建筑师事务所。两人取长补短，配合得天衣无缝。一个项目来了，皮埃尔总是首当其冲完成绘图任务，他一方面对表兄的奇思妙想心领神会，一方面又能让想法落到实处，时时注意场地限制、材料、建造技术，以及各种各样的实际细节。他也是事务所管理方面的一把好手，保证财务不出纰漏，在柯布和事务所其他成员之间充当协调人，在事务所和客户关系紧张时充当灭火筒。事务所创办初期，两人经常熬夜到子夜一点甚至更晚，皮埃尔从来不曾先行告退。假如柯布把自己看成是堂吉诃德，那皮埃尔毫无疑问就是桑丘·潘沙：在他心里，他那擅长社交的表兄"永远正确"，在共同事业中的领导地位不可动摇。[24]

两人通力合作数年，事务所渡过了磨合期，开始呈现出良好的运转状态，这时候，另外一位关键人物出现了。勒·柯布西耶清清楚楚地记得夏洛特·佩里昂走进事务所的那一天。

那时她 24 岁，是个深肤色、娃娃脸的白人姑娘，刚刚从艺术学校毕业，留着男孩子一样的短发，脖子上挂着一串项链，是亮晶晶的滚珠轴承。她读了柯布的《走向新建筑》，对他谈论建筑的方式深表震惊——"形体在光线下汇聚到一起，表演熟练的、正确的、伟大的戏剧"——也去看了博览会的新精神馆。于是，她锁上她位于圣叙尔比斯教堂附近的摄影工作室的大门，来到塞夫尔大街 35 号拜访勒·柯布西耶。柯布见她第一面是怎么想的，我们无从得知。一般来说，男人见了女人，在最初的几秒钟，都会在内心中盘算跟她上床的机会有几成。不知柯布心里是否也打着这样的小算盘，至少脸上没有流露出来。

“你想干什么？”柯布问道，稍稍抬起头，从眼镜上方盯着她。

“跟你一起工作，”她答道。

他扫了一眼她带来的画作，带着讥讽的语气说：“我们这里不做绣花枕头。”说罢站起身来，替她拉开了大门。她留下了名片和一张邀请函，是正在城中某处展出的她的室内设计作品。她舒了一口气，心想大概不会再见到这个人了，觉得有一点点释然。这次冷冰冰的会面，肯定不会给他留下什么好印象。[25]

可就在第二天一早，柯布和皮埃尔一起来到了秋季沙龙上她的小展示间。秋季沙龙是一年一度的绘画和装饰艺术展，曾造就了罗丹、塞尚、马蒂斯和很多别的大艺术家，当然也包括勒·柯布西耶自己，他的“三百万人口的城市”首展就是在秋季沙龙。佩里昂把她的小小展厅布置成一个时髦的客厅，吧台的边缘镶着亮晶晶的镀镍勒脚，还有一把小凳子，四条腿都是铝管，上面包着三根依次缩小的金属圈，好像卡通画里的无线电波。还有一个玻璃面的咖啡桌——在那个年代，这种材料用做桌面还是非常罕见的——底下是十字交叉形状的桌腿。一半属于太空时代，一半属于爵士时代，或者按照她的说法：“家里的小酒吧”，在展会上相当耀眼。人们聚集在这里，好像他们就要在此时此地开始享用一杯马天尼了。让纳雷兄弟看到这里，彼此交换了个眼神，佩里昂就被录用了。

佩里昂带着她的青春和才华来到事务所，给这里增添了无穷的欢声笑语。最要紧的是，她的家具设计很快被全世界所赏识，要不了多久，从郊区农场的住家到牙医的接待室都争相模仿她的风格。亮晶晶且尺寸适度的桌椅与柯布极少主义的室内空间开始配套出现。尽管人们会觉得家具不过是建筑的附属品，柯布却认为它们是强有力的宣言：家具必须摆脱从埃及、希腊和罗马延续而来的腐朽形象，不再表现为贵重的躺椅或描龙画凤的梳妆台，重新从功能出发，在形式上得到净化。从寺庙到城堡再到维多利亚时代的客厅，家具逐步沦为价值不菲的私人财产，成为财富与权力的象征，不再只是承载摆放书本、共进晚餐、让人坐卧依靠这些基本的功能。针对这个问题，据说柯布曾说过这样的话：沙发是小资产阶级情调的代表——椅子才是建筑学。柯布同时代的现代主义建筑师们也了解这件事的重要性。查尔斯·伊姆斯和蕾·伊姆斯夫妇、马歇尔·布劳耶、路德维希·密斯·凡·德·罗，还有很多其他人，都设计了不少功能得宜、体感舒适，看起来又非常现代、非常迷人的家具作品。

为了完成家具设计，佩里昂到五金商店大肆搜罗，成捆采购制作自行车骨架的钢管，又跑到朋友的店里去选择上好的英国皮革。结果让人目瞪口呆：方方正正的扶手椅上放着鼓鼓囊囊的皮垫子，椅子腿用直角的银色金属管充当，让晚会上健谈的客人坐得舒舒服服的；LC4 号躺椅放在黑色漆木基座上的弯月形钢管，能很好地承托躺下的身体。佩里昂自己充当拍摄“休息的机器”的模特，穿着高跟鞋的脚高高翘起，枕着皮头枕，身体自在地卧在这把椅子那紧绷绷的马驹皮垫子上。勒·柯布西耶希望通过在家具生产中引入工业材料来实现批量制造，为同样批量生产的现代住房提供便宜可靠的室内装饰。

高效、便宜、舒适、好用，带着这样的目的，事务所涉足了另外一项新的业务——紧凑型汽车的开发。像家具一样，汽车是新生活方式的一部分，是柯布设想的新式房屋与集合住宅中一项不可或缺的要素。20 世纪 20 年代欧洲的汽车工业风头正劲，但焦点集中于豪华轿车和跑车，领头羊是保时捷和布加迪，到处都是关于空气动力学的讨论，展示肌肉和力量。柯布本人对此还是非常感兴趣的，他喜欢他的瓦赞牌，曾迫不及待地跑到菲亚特工厂屋顶的椭圆形跑道上去测试他的新宠。但是，假如希望汽车能像许诺的那样通过改变人们的运动方式而成为自由的推手，它就必须变得更加紧凑、更加廉价才行。亨利·福特通过他的 T 型汽车引领着这股潮流，雪铁龙、雷诺和标致也都在跟进。但很显然还存在一个缺口，让柯布可以涉足其中，自行设计，以便与他的住宅设计相配套。一旦把设计延伸到这个领域，他那关于现代生活的想象就没有盲区了。

柯布和皮埃尔把他们的设计叫作“最小化汽车”：四个轮子上架着一个半月形的车身。长方形的前挡风玻璃角度很陡，下面是一对硕大的头灯；后半部的坡度相对柔和，发动机置于车尾。两扇单薄的车门向外向前打开，驾驶员和乘客钻进车体，会发现内饰极其简朴，跟事务所的室内不相上下。[26] 没有挡泥板，没有进气隔栅；仅供代步之用。

接下来的几年，柯布和皮埃尔不断改进原型设计的各种细节，最后达到了批量生产的技术要求。但他们一直没能和哪家制造商谈成。结果，紧凑型车的开发制造最终被其他公司占了先机：斐迪南·保时捷的大众甲壳虫先一步造出来了，成就了真正的“人民的汽车”。勒·柯布西耶有理由认为是他率先想到这个主意。

私人住宅、城市规划、汽车和家具设计——甚至有一个时期竟想涉入女装设计领域：塞夫尔大街 35 号的创造力源源不绝，数不清的年轻设计师希望成为其中的一分子。他们从世界各地汇聚到这里：乔治·坎迪利斯来自希腊，纳达尔·阿方索来自葡萄牙，坂仓准三来自日本，而何塞·路易斯·塞尔特，未来哈佛大学设计学院的院长，则来自西班牙。事务所中的气氛一直是激动人心的，充满了员工们的个人风格。他们来到此地，并不是为了赚钱；事实上老板非常吝啬，薪水少得可怜。而且，他对待员工的态度可以用恶劣来形容。

当年柯布在柏林贝伦斯事务所里受训的时候，目睹贝伦斯的颐指气使，就萌生了当老板应该不近人情的念头。现在终于轮到他当老板了。事务所里的员工每天早早到绘图间等着老板上班。柯布一出现，他们就打起精神，拿出昨晚熬夜画成的方案，等待老板过来查看。结果等到的几乎可以肯定是一顿痛批，很少例外。极个别情况下会有表扬。如果做得不够好，柯布会像训斥小孩子一样训斥他们。一旦柯布大发雷霆，结果很可能是就地解雇。这种时候皮埃尔常常会出面干预，把这个不幸的家伙给迎回来，但至少有一次柯布换了门锁，就是为了不让一个被赶走的年轻建筑师回头。有时候伊冯娜会下令让柯布早早回家，他在五点半之前就离开事务所。每当此时，事务所员工就会跑到路特西亚饭店狂欢，互致安慰，掬一把心酸的同情之泪。[27]

多少会有一两个激动人心的时刻，让他们选择留下。比方说，某个别墅室内设计的图纸到了最后关头，柯布会在大家忙于画图的当口，把一张巴赫的康塔塔放进留声机。[28]乐声响起，他们都觉得自己正在融入轰轰烈烈的伟大时代。在柯布事务所中工作的机会，就是他们每天能够赢得的最佳报偿。

话虽如此，尽管有美好的明天值得期待，眼前的苦役依然让人不敢直视。

位于普瓦西的萨伏伊别墅，1929 年建成，奠定了勒·柯布西耶明星建筑师的地位，成为建筑界国际式风格的引领者。金秋野拍摄，2015 年 4 月。

# 贰　技惊四座

国际式风格的经典名作，起因竟是一位不情不愿但无论如何抗不过高尔夫吸引的保险代理商。

皮埃尔·萨伏伊是一位兢兢业业的实业家。靠为纺织业、矿业和化工企业提供保险，他在世纪之交淘到了第一桶金。萨伏伊跟古斯塔夫·格拉斯一起创办了格拉斯－萨伏伊保险公司，在生意上成为伦敦劳合社保险公司的竞争对手。他最擅长的事莫过于评估风险，计算投资收益，规避重大损失。萨伏伊认为再次发生与第一次世界大战类似规模的战争将是不可避免的事，假使如此，所有人和所有形式的组织都需要得到保护。他实事求是地分析世界的黑暗面，以及拥有资产、土地、房产和生意的种种害处，因为他不断地游说，不少人开始相信起他的理论来。他摆事实、讲道理，这一手做得高明无比，后来的保险代理人都向他学习。1929年前后，他达到了事业的顶峰。尽管这项事业是建立在来日大难的基础之上，可是目力所及，连卢浮宫和《蒙娜丽莎》都投保了。他口袋里的钱多得花也花不完，这可如何是好？

到了他这样的财富和地位，自然就会有添置一所郊区别墅，为家庭购置第二处产业的想法。可是皮埃尔·萨伏伊是个给有钱人服务的保险代理商，他自己可不想购置产业，特别是地产和房产。对这些东西，他有一种职业性的恐惧感。他对第一次世界大战造成的集体性破坏了解得越多，就越相信这样的投资最后将血本无归。他家住在巴黎第 17 大区，房子是从自己的家族产业中租来的一所公寓，这样他已经感到相当满足了。可是，他的夫人并没有这方面的顾虑。欧仁尼·萨伏伊出身于里尔的一个贵族家庭，是一位枢密主教的侄女。萨伏伊先生的保险事业开始起步就是在里尔市，他们也是在那里认识的。萨伏伊夫人皮肤光滑、脾气刻板，她的嘴唇很薄，鼻梁很挺，跟人互致问候的时候，鼻尖会戳到对方的脸颊，左右各戳一下。欧仁尼是夫妻二人社交生活的指挥者，她组织派对、参加晚宴，介绍朋友、被朋友介绍，乐趣就是认识更多更重要的人——夏尔·戴高乐在他们的婚礼上担任伴郎——她也对嫁作商人妇的贵族夫人的角色乐此不疲。她想要一座周末别墅，但有一点与自己的丈夫不一样：她可不需要一大片地产，她头脑中从来都没有出现过城堡或庄园一类的东西，就像皮埃尔的姐姐在巴黎郊区搞的那种。对她来说，只要距离巴黎市区不远，有一所可供放松消遣的简单的房子就够了。[1]

她的想法里有一点让她的丈夫觉得不可抗拒：房子可以选个好地方，临近乡村俱乐部，这是刚刚出现的新鲜事物，平时打打高尔夫挺方便的，这也是当时刚刚兴起的休闲活动。打高尔夫紧张激烈，需要清醒的头脑和精准的动作，本来并不容易，但新近的装备技术革新让它变得容易了一点点。威尔士王子最近在圣威尔士打了一轮，用的就是钢制的球杆，这种器材正在取代早前的木质球杆。萨伏伊先生喜欢在平整的球道上挥杆，在青翠的草坪上踱步，他喜欢圣日耳曼高尔夫俱乐部或凡尔赛的拉保利俱乐部开阔的场地和新鲜的空气。想想都让人觉得开心：从巴黎市中心驱车半小时来到郊区的住宅，脱掉束手束脚的深色西服套装，换上柔软舒适的针织运动衫，挥杆打上一轮高尔夫，然后跟朋友们畅饮鸡尾酒，送走这快乐的一天。这样的生活后来对康涅狄格州费尔菲尔德县的居民来说司空见惯，而在萨伏伊那个时代，这是富人们刚刚开始学着去尝试的高雅游戏。在寻欢作乐方面，萨伏伊一家是领时代风气之先的。

为了实现这个梦想，必须先找到一块合适的基地。这块地出现在巴黎西郊的一个小镇，在凡尔赛以北不远的地方，名叫普瓦西，在星形广场正西 15 英里远，伊夫林地区塞纳河的河道变得弯弯曲曲的，就在此地经过。这里早先是一个军事观察站，以生产一种杏仁甜烈酒著名，本杰明·富兰克林当年出使法国时曾选择此处作为临时居住地。这里起伏的山丘让它看起来野趣盎然，实际上又离城市不远，是房地产开发和郊外置地的绝佳地段。不远的地方，罗伯特·马莱-斯蒂文斯刚刚为保罗·波烈设计了一所住宅，后者是著名的女装设计师，将妇女从紧身胸衣中解放了出来。尽人皆知，巴黎西郊正在日益成为时尚居住区。本来萨伏伊还有些犹豫，不料一位煤老板朋友在普瓦西的维利尔斯城堡买到了一块128英亩的土地，他答应将其中17英亩转让给萨伏伊，这块地中间是小丘和草坡，外面围绕着树林和果园。条件如此诱人，萨伏伊动心了。

土地产权到手之后，接下来的事转交到萨伏伊夫人手中。对她来说，最要紧的就是寻找一位合适的建筑师来设计这座房子。关于未来的别墅，她脑海中生出了许许多多的想法，其中，一个精良的现代式厨房是首当其冲的条件。她早就看好了一户人家的厨房，想要把它复制到新房子里来。这户人家位于凡尔赛附近的阿弗莱市，业主是一对美国夫妇亨利·丘奇和芭芭拉·丘奇。室内干干净净，瓷砖地面上摆着几把躺椅和折叠椅，墙上只有寥寥几扇取景窗。屋子里有三层高的嵌入式书橱，铝制的面板反射着窗口射进来的天光。[2] 欧仁尼顺藤摸瓜，找到了这所房子的设计师勒·柯布西耶。[3]

1928年秋天，一封介绍函送抵塞夫尔大街35号的柯布事务所。信中，萨伏伊夫人提出了她的设计请求，并附上了一份精心列示的任务清单：一间够大的食品储藏室；为全部新式家用电器预留插头，包括一台洗衣机；一间宽敞的起居室，以供休闲娱乐之用，要有一个大壁炉；一间宽敞的主卧室，以及一间小卧室，留给他们的孩子罗杰；一间客卧；佣人有单独的生活区，保姆和司机都有单独的房间；剪草机和其他工具的储藏室；一间酒窖；一个能容下三辆车的车库，包括夫妻俩自己的瓦赞牌小汽车。她措辞强硬地要求项目必须在预算内完成，但是也暗示随着房子的建造她可能会增加些投入。[4]

皮埃尔向柯布做了简要的汇报。但柯布似乎只听见了一句话：在完成业主提出的郊区别墅各项任务要求的基础上，设计师可以根据自己的意愿决定房子的模样。萨伏伊夫妇赋予他完全的设计自主权。这句话让他心里一动。

柯布和皮埃尔交换了一个眼神。现在，两个人之间的口头交流越来越少，默契越来越深。心照不宣地，这个项目进入了他们的进度计划，档案上用大写字母写着“萨伏伊夫人”，他们都知道日后在图纸右下角签字的人将会是她。按照常规步骤，接下来是去现场调研。萨伏伊夫妇的理想是拥有一所靠近高尔夫俱乐部的乡村别墅，勒·柯布西耶的理想则是完成一件艺术品。

事务所同时进行各种各样的项目，从家居设计到大型的城市规划方案，从住宅到公寓，还有其他的一些类型，以及不少贴着“未实施”标签的夭折方案。在这些项目中，唯有私人别墅赚钱，是事务所的经济来源。20 世纪 20 年代末，柯布已经完成了 15 个别墅设计——每个都是混凝土结构，刷成醒目的白色，矩形体量，纤细的黑色金属窗框的带状窗子，又美观、又朴素、又优雅。他把自己推到了令所有零售商都妒忌的位置：他的东西，人人都想拥有。

建筑师设计一座房子，既能让使用者满意，又能推动设计领域向前发展，这绝对要靠过人的天赋。柯布设计的这些小别墅，每一栋都别出机杼，整体上看，又有一个不间断的发展过程，让人一目了然。早期的作品还带着些许过去的痕迹，随着项目的增加越来越轻松自如，灵光迸现。

他 17 岁时在家乡设计完成了第一座别墅，时间是 1905 年到 1907 年。接到萨伏伊别墅设计任务的时候，拉夏德芳时期的往事对他来说就如同上辈子那么远。但正是在家乡，他开始从事建筑设计并完成了最早期的作品。委托来自于几个不同的家庭，业主多数从事钟表制造业，越到后来越是本地的豪商巨贾，正是这些人把他推到了后来的设计道路上。但是，为他打开这扇门的人依然是夏尔·莱普拉特涅。当时艺术学校的校长打电话给一位曾为他设计私人住所的本地建筑师勒内·沙帕雷，问他是否乐意跟本校最优秀的学生合作设计一座房子，业主是知名珠宝商和表盘珐琅师路易斯·法莱。柯布兴高采烈地投入到法莱别墅的设计中，这是他最早的一栋别墅设计，后来他又设计了好几栋私宅，都坐落在小城西北边缘的坡地上，这里正在慢慢形成一个新的住宅区。法莱别墅是一座典型的瑞士山区坡屋顶小住宅，基础墙身采用汝拉地区的石材，上面覆盖着三角形的大斜坡屋顶。它的外观设计比较特别。立面有两个露台，其中一个跟同侧的立面一样宽，另一个大概有同侧立面的一半宽。露台周围和屋顶托架边缘都围绕着铁艺栏杆，上边镶嵌着以圆锥形小枞树为母题的装饰。这些细节以一种微妙的方式呼应着乡土，在瑞士西北部，还没有其他住宅以同样的几何形态来关照自然。这位正在接受训练的建筑师表现出他在自我宣传方面的天赋，他安排人给这里拍了照片，冲洗出来却不甚合意，觉得如果初雪刚落，屋顶闪闪发光，那照片就更完美了。[5]

面对这第一个设计作品，勒·柯布西耶小心翼翼，对细节格外留心，但最大的快乐莫过于将传统的边界向外推延。关于法莱别墅，他这样写道：“这个建筑可一点都不寻常。它让我明白了，房屋的建造是跟材料和工匠打交道，而成功和失败系于平面和剖面。这让我对制度化的教育、建筑学的条条框框和那些被奉为神圣信条的偏见倍感恐惧，我开始意识到……凡事以自己的判断为准是多么重要。”[6]

人们开始注意到坡地上那座好看的房子，最初是法莱家的亲戚在议论，后来消息不胫而走。阿尔伯特·斯托策，一位本地钟表制造学校机械系的教授，以及尤利斯－朱尔·雅克梅，一位钟表抛光师，很快来找柯布设计类似的住宅。这两座房子也都采用了具有本地特征的斜坡屋顶，但是侧墙上的装饰被彻底去掉了。[7]

这几个项目的报酬成为他未来建筑事业的基础；他用这些钱来支付欧洲游学的旅费。漫长的游学过程不仅填满了他的笔记本，也让他的头脑中充满了新观念。接下来，他接受了一个“足不出户”的委托，业主就是他的父母。他降低了设计费但没有给父母免费设计，尽管如此，他设法给父母设计了一座大房子，让他们住到了跟法莱家、斯托策家和雅克梅家同样的街区。这块地在拉夏德芳城市边缘，再远就是瑞法边境的森林了。这座房子也因此成了本城最靠边的一座住宅。玛丽和乔治夫妇早先住在市中心，也就是柯布出生的那座公寓，如今被儿子安置在田园牧歌般的环境里，屋子底下就是风景如画的台地花园，往南是一望无际的风景。因为外墙是没有任何装饰的白色，这座房子被命名为“白色别墅”。这个设计也标志着柯布个人风格的转折点，那时候他 25 岁。外观上只有坡屋顶会让人联想到汝拉山区的民居；整个设计是他到那时为止最现代的一个，从里到外都是如此，不论是起居室、厨房、餐厅、书房还是卧室，都极尽简洁之能事。通往花园的入口处的凉廊来自于庞贝城的记忆，整个房屋形式则是伊斯坦布尔与赖特的奇妙组合。[8] 白色别墅是为了漫步的体验而设计的，这种体验从通往建筑的道路就开始了，等人进入室内，会时时刻刻发现自己仍然与外部的世界关联在一起。书房俯瞰着花园，里面摆放着特别定制的书桌。玛丽的钢琴摆放在房间一角，看起来就像是一个隐居所。主卧室的床被柯布特意抬高，这样父母在床上就可以看到窗外的乡间的地平线。正门把手是一只新艺术风格的火蜥蜴，柯布刻意留下了这个痕迹，代表着新时代的来临。门口设有衣帽架，以供乔治挂他的硬草帽和手杖。

白色别墅是柯布第一次独立完成整套建筑的设计工作，

只用了六个月就建成了，在他的家乡甚至家乡以外的地区引来了更多关注。找上门来的业主越来越富有，包括一些有上百员工的钟表制造厂的老板。乔治·法夫尔－雅科，真力时钟表的创始人，希望柯布为他在邻近的城市勒洛克勒设计一座私人住宅，基地也是一块坡地。接下来是西瓦和大万表厂的老板安纳托·施沃布，他的基地选址也为柯布带来了第一个位于拉夏德芳市中心的项目。施沃布住宅有着黄灰色的平滑外表，体形上是直线和曲线交替出现，立面四周点缀着许多长方形、圆形和椭圆形的窗子。这是一座城中心的别墅，也代表着柯布所谓的“控制线”（regulating lines）及东方之旅的影响。他表达得如此充分，以至于人们给这座房子取了个外号叫作“土耳其屋”。[9] 在这个项目里，柯布第一次跟业主发生了严重的摩擦，起因是不满施沃布先生提出的修改方案。不过，最终的结果还是不错，房子堂而皇之地矗立在热闹的街角，让周边那些沉闷的传统建筑相形见绌。

不久，柯布又在附近盖了一座漂亮的电影院，在家乡又一次留下了自己的手笔。夏尔－爱德华·让纳雷－格里斯事务所的业务纷至沓来，他的项目清单中包括别墅、乡村住宅、公寓；工业建筑；改造和重建；店面设计和室内设计，甚至还有景观设计。[10] 如果他继续这么干下去，家乡会因为他的工作而改头换面。但就在此时，巴黎发出了召唤。

巴黎的第一个项目是阿梅代·奥曾方介绍的。奥曾方虽然与资产阶级背景的家庭决裂了，但并没有像他许诺的那样放弃所有财产。现在他委托柯布为他在巴黎第 14 大区设计一座住宅兼工作室，地点是雷耶大道，俯瞰巨大的蒙索利斯仓库。从雷耶大道分出去一条略微上坡的小岔路，街边一侧就是柯布为奥曾方设计的房子。它仍然是白色的公寓建筑，黑色的金属窗框，夹在一群四层高的、表情严肃的传统建筑中间，看上去既像一个咖啡馆，又像一个厂房。最下层是个车库，这在当时是非常时髦的配置，还给看门人留了一个很大的房间。外墙很大一部分都是巨大的玻璃窗，覆盖了一个完整的转角并延伸到屋顶，形成一个玻璃的直角体量。因为有这么大的玻璃窗，室内的光线自然相当充足。人们从门厅通过一个旋转楼梯来到主要楼层，然后穿过一扇活动板门进入屋顶花园。

下一个重大的突破来自一位衣冠楚楚的银行家拉乌尔·阿尔伯特·拉罗歇，此人来自巴塞尔，早就对柯布的作品发生了兴趣，作为一家主要金融机构的负责人，他委托柯布为他收集现代艺术作品。柯布以很好的价格为他购得六幅毕加索的画作，但也把自己的画卖给了他，而且收费更高。拉罗歇的收藏日益增加，不仅有毕加索、勒·柯布西耶、奥曾方的画，也有莱热、里普希兹和波洛克的作品。现在，他需要一所更大的房子来妥善保管这些收藏。拉罗歇喜欢柯布正在形成的干干净净的现代样式，希望柯布以这种风格为他设计一座住宅兼画廊。场地位于第 16 大区的奥特尔，当时看起来比乡下好不到哪儿去。1923 年到 1925 年间设计完成的拉罗歇住宅是柯布到此时为止最重要的建筑作品，混凝土柱支撑的白色盒子，而在室内，首次出现了他那标志性的坡道，目的是为了让主人更好地观看挂在墙壁上的绘画藏品。这一手法很多年以后出现在弗兰克·劳埃德·赖特的古根海姆博物馆中。

室内简洁纯净，空无一物，通过嵌入式书架和一体式储藏区使空间得到了最充分的利用。每面墙都有独一无二的颜色，这是柯布自创的“建筑配色系统”的第一次系统应用。一间挑空的藏书室，像鸟巢一样浮在客厅里，通过天窗来采光，室内布置着钢管椅、皮垫子小方沙发和金属书桌，都是柯布事务所最新的家具设计产品。在房间中行走，人们能够意识到自己在运动，同时又沉入空间的漩涡，这就是柯布刻意营造的“漫步建筑”的效果。在顶层，树枝从窗口探进头来，让整个房子更显静谧安详。

尽管在巴黎的房子越来越重要，但他也没把瑞士的项目彻底抛诸脑后。虽然离开了，还有项目需要收尾，有恼火的甲方需要安抚。白色别墅尽管设计出彩，但对两位老人来说实在是有点太大了，单是那笔银行贷款就让身为表壳雕刻师的爸爸和身为兼职钢琴教师的妈妈不堪承受。第一次世界大战严重地损害了钟表制造业的生意，爸爸的表壳雕刻业务大大萎缩。而且，父母二人都快到退休年龄，身体大不如前，尽管身为吃苦耐劳的瑞士人，仍觉得往返于市区和郊外太过辛苦，特别是在大雪封门的冬天，乔治甚至因此得了关节炎。1919年，让纳雷一家决定离开拉夏德芳，举家迁往雷沙布雷，后来又搬到蒙特勒附近、日内瓦湖畔的科尔索。柯布死不悔改，跟房产中介软磨硬泡，让他们提高售价，结果徒劳无功。白色别墅赔钱卖掉了。“我恨死这个地方了，”柯布在给一位朋友的信中这样写道。虽然这么说，柯布他给房子的新主人写了一份长达 11 页的说明书，告诉人家该如何进行布置，以及无论如何都要尊重设计师的心血。[11]

不管是出于歉疚还是一意孤行的决心，柯布努力让父母按照喜欢的方式来安排退休生活，赶紧把那个钟表制造城忘诸脑后。1923 年，父母还在租房子住的时候，他就出去到处寻找，终于在科尔索找到了一块湖边空地。此处地处瑞士里维埃拉刚刚兴起的工业区域，城里主要的居民是工人阶层，后来这里成了牛奶巧克力和雀巢的生产基地。不过也有很多大人物到这里隐居，如哲学家让－雅克·卢梭、作家格雷厄姆·格林、演员查理·卓别林等。海岸线紧挨着陡峭的山坡，坡上是葡萄园，索道火车在 Z 字形的轨道上蜿蜒，一路通达这个山脚下的小城。柯布此时已经颇通人情世故，他与当地农民进行了老练的谈判，买到了这块紧邻湖边的土地，保证了湖面景观的优美和完整。他为父母设计的这座房子被称为湖滨别墅或“小房子”，很像后来美国遍地都是的郊区拖车屋，但是柯布设计的这一座显然是所有此类房子中最优美的一个。在这个设计里，如何获得合适的尺度成为最重要的问题。他的设计是一个 36 英尺长的方盒子，外立面覆盖着波纹铝板，看上去好像喷气机的机身。室内的每一寸空间都得到了充分使用。比如，客厅的一端隔起来兼作客房，柜子底下隐藏着一张推拉床，厨房里的水盆和炉子缩进突出于墙体的壁龛里，让操作流程紧凑高效。跟在奥曾方住宅中一样，他把墙壁涂成了宝石蓝、钴蓝和红褐色。在屋顶上，柯布种植了草坪和植物，这大概是世界上最早的绿色屋盖。他还在特定的地方使用了天窗采光，这些地点的选择让人匪夷所思，比如小小的洗浴间和壁橱。这座小小的房子就像水边的一座古代庙宇。[12] 房子非常适合居住，他后来加建了一个小阁楼，作为自己和伊冯娜短暂逗留时的卧房。

房子盖好以后，几乎要把小小的基地占满了，东端仅剩的一点空间被围成了一个小庭院，尽管这么小，柯布却在其中做出了平和又有力的场所感：他在湖边竖起一道孤零零的墙壁，中央开了一个长方形的洞口，好像凭空画出了一个景框；一张造型简单的桌子从洞口朝内院一侧悬挑出来，形成了一个奇怪的结构。柯布说："为了有效地欣赏景色，必须加以限定。可以使用戏剧化的手段对其进行剪裁，用实墙遮住地平线，仅在特殊的方位打破视线的遮挡，让风景有选择地为人所见。"[13] 在房子里面看见的风景，也是以同样的方式进行过选择和框定。日内瓦湖是一个大舞台，玛丽的厨房窗口就是观众席的前排。青色的山峰漂浮在一望无际的水面上，长长的轮船朝各个方向缓缓地移动，天气变幻无穷，一会是山岚雾霭，一会是浓云欲雨，一会又云开雾散，阳光普照。大自然的这出戏剧时时上演，不舍昼夜。玛丽站在窗口，不经意间目睹这一切，然后转身去做她的家务活，刷盘子或给小狗洗澡。

柯布的爸爸在这所房子里只度过了一年的时光，妈妈玛丽则在这里一直活到了 100 岁，之后哥哥阿尔伯特接管了这所房子。柯布为父母设计的两座房子在他的全部作品中的意义非同寻常，特别是湖滨别墅。但是，他也许不会想到，无论是白色住宅还是湖滨别墅眼下都成了博物馆，受到当地政府不遗余力的保护，每年有成百上千的人专程前去参观。

回头再说巴黎。因为奥曾方别墅、特别是拉罗歇别墅的良好口碑，柯布很快成为本城和周边地区富人们追逐的重要目标，他们想为自己造一座与众不同的房子时就会来找他。这种情况不是第一次出现了，柯布也逐渐习以为常。他也开始考虑如何利用名气带来的便利，就像当年在拉夏德芳曾经做过的那样，不过，这次的规模和程度都不能同日而语。在所有的业主中，那些知识分子和前卫艺术家的青睐尤其能给柯布带来满足感，与巴黎精英阶层的交往有时候也确实能够开花结果，他给迈克尔·斯泰因设计的房子就是成果之一。迈克尔的姐姐格特鲁德·斯泰因像个预言家，正是她发现了马蒂斯、毕加索、菲茨杰拉德和海明威这些人的天才。迈克尔和夫人莎拉是艺术收藏家，他俩与加布丽埃勒·德蒙齐是朋友，这位德蒙奇夫人的前夫是法国公共事业部的部长，1925 年曾为挽救柯布的新精神馆方案出过力。斯泰因夫妇如今和德蒙奇夫人一起来找柯布，请他为他们在巴黎西郊的加歇设计一栋双拼别墅。[14] 这座建筑是一个有水平带状长窗的白盒子，也有边缘锋利的洞口和悬挑的雨棚。勒·柯布西耶把他的瓦赞汽车停在水平开启的金属大门和独立设计的车库旁，跟这座房子拍了张合影。尽管使用的材料一点都不轻盈，斯泰因别墅看起来却像漂浮在周边的景物上一般。

这座房子的业主，也就是后来被人们呼作“斯泰因老爹”的迈克尔被建造的过程迷住了，他经常来工地上兜圈子，看着建筑一点一点从地面上生长出来。但是当一切准备停当，准备搬进去的时候，他的倔脾气显现出来了。他坚持要把那些陈旧的意大利文艺复兴式家具搬进新居，不肯用柯布推荐的那些现代式桌椅。合作开始出现裂痕。最后，就像和柯布的父母一样，他们卖掉了这所房子。[15]

除此之外，也还有其他纠纷和不愉快的结局。雕塑家雅克·里普希兹曾委托柯布设计位于第 16 大区布洛涅苏塞纳镇的住宅，后来又推荐他为美国艺术家威廉·爱德华兹·库克设计一栋白色方盒子住宅。库克的基地没什么文章好做，但是柯布完成了一个简洁又挺括的建筑，有水平窗带，并把卧室放到了一层，把起居室和书房放到了上面。库克新近得到了一大笔遗产，在每个设计环节都提出很多修改意见，面对面地与柯布对着干，就像棒球队的经理对裁判那样百般刁难。然后是柯布最和善、最慷慨的甲方拉乌尔·拉罗歇：他不得不向柯布提出拉罗歇别墅的严重问题——上下水系统崩溃、供暖严重不足、采光不够、卧室不能满足居住要求，等等。最严重的是墙壁泛潮，不仅影响到日常生活，还危及那些艺术品。柯布无话可说，只好把能修补的都修补了，拉罗歇不置一词地支付了所有费用。

这些都是不足挂齿的细节问题和小错误，属于与项目相伴相随的遗留工作，无论对哪位建筑师来说都是在所难免的。有些业主目光短浅，无论如何也不能把心思集中到大方向上，勒·柯布西耶是想把建筑学整个推倒了重来，一面偶尔泛潮的墙壁算得了什么？现代建筑的基本原则需要清晰地表述出来。于是，他再次用写作来证明自己，发表了“新建筑五点”，这是通往伟大之路的蓝图，是独一无二的“勒·柯布西耶方法”。

他写道，能够与现代运动相配的当代建筑，首先需要的是底层架空，也就是说，用钢筋混凝土柱子将结构撑起至少一层，将地面留给花园或公共交通，这样可以让空气流动起来。第二个原则是水平屋面，这也是出于类似的空间最大化利用的考虑，能为房屋提供一个额外的花园或室外聚会场所；抛弃斜坡屋顶也是一个艺术宣言，这样才能使房子看起来像个干干净净的盒子或立方体，只保留最基本的线条，去掉所有的装饰。

第三个原则，自由平面，从专业上看是最重要的一条。在传统建筑里，用以划分室内房间的墙体都是承重墙；它们一个也不能少，否则建筑就会垮掉。按照传统原则，起居室、卧室、餐厅和厨房必须各就各位，彼此隔绝、不能变通，柯布把这种平面叫作“瘫痪的平面”（le plan paralysé）。如果按他的建议采用钢筋混凝土柱，建筑的承重结构将位于周边的一圈，内部空间会因此解放出来，业主和建筑师爱怎么分隔就怎么分隔。厨房可以朝着餐厅敞开，进而与起居室连成一体。所有的内部隔墙都可以取消，因为已经没有必要了。

第四个原则是自由立面，也是因为承重柱可以藏在墙体中间或外墙后面而成为可能。在传统建筑中，建筑的外围部分，包括门和窗这样的构件，都承担着某种结构功能。它们必须在那个位置，不能随便改动。从地面往上，支撑关系和立面形式息息相关，从建筑外部可以看得一清二楚。底层架空柱和钢筋混凝土框架把立面解放出来，让它可以变得平整又光滑，也让门窗洞口和其他要素可以根据使用功能与美学要求灵活布置。有了自由立面，也就可以相应地导出第五个、也是最后一个原则——水平带状长窗，也就是横贯立面的水平开窗法，让室外的光线无阻碍地倾泻到室内，也为使用者提供全景式的视野。

1927年，勒·柯布西耶发表了这篇现代建筑的宣言，正是在欧仁尼·萨伏伊的项目委托信函送到他的书桌上之前。这座位于普瓦西的周末别墅将完完整整地呈现他的新建筑五点，它将史无前例地成为当代设计美学的集大成之作。

柯布在巴黎和拉夏德芳设计的别墅加起来已经不少了，这些别墅的基地条件各有不同：像奥曾方住宅和施沃布住宅那样挤在城市环境里的也有，像白色住宅和湖畔别墅那样面对辽阔的自然景观的也有。但是，没有任何基地跟萨伏伊别墅的基地类似，柯布第一次面对这样的建造条件。

皮埃尔·萨伏伊买的这块地，中央部分是一个土丘，一圈树木环绕着草地，在微风中飒飒作响。这里是坡顶的绿洲，阳光充沛之地。在缓坡下面，往北走，塞纳河的河床在这里轻柔地转了一个弯，继续向巴黎逶迤而去。只有一条道路从城镇中心一路通往这里，它孤零零地穿过树林，直达坡顶。勒·柯布西耶第一次见到它就认定这条路绝不能改动。“风景非常美好，草地美好，树木也美好。我们必须把这一切保留下来。房子应该像个物品一样摆在场地中央，对周边的一切，丝毫也不要去打扰，”他这样写道。[16]

建筑应该与周边的自然景色发生关联，反之亦然。室内和室外，应该发生密切的互动。柯布画了一个白色的方盒子，漂浮在绿色草坪的上空，立于 15 根混凝土柱之上，这正呼应了他的“新建筑五点”中的第一条原则，而它奠定了基础，让自由平面成为可能。[17] 它应该是个抽象的物体，一个谜一般的存在，既宣示它的明晰的外在形态，又引诱人们去探寻内在的秘密：一个白色的长方体，漂浮在半空中，被黑色的水平带状长窗环绕着。空间与形体在这里上演了一出建筑的戏剧，没有任何怀疑和犹豫。[18] 传统的乡村别墅通常会强加于周边的自然环境当中，一条长长的车行道通往堂皇的入口。萨伏伊别墅则没有显而易见的正门；四个面都是正面，都是平等的，只是分别朝向东、西、南、北四个方向。

来这里基本上只能靠开车。白色的砾石车道一路延伸到场地中，绕着建筑转了一圈，正好是1927年产雪铁龙汽车的转弯半径。车库门轻轻开启，通往萨伏伊夫人当年要求的车库，正好能停三辆车。

从一开始，柯布就以一种展演性的体验来构思这座建筑。来访者乘坐汽车，穿过一条两旁都是蔷薇丛的小路向场地驶去，此时他并不知道将要看到什么。一切将按部就班地展开——他首先会看到正门，一个黑色金属框内镶嵌着透明玻璃的简单入口，中间有一个落地的核，里面容纳着储藏间和供佣人使用的服务性房间。接着，他可以通过中央一条缓缓上升的坡道，或者一部旋转楼梯，进入漂浮在空中的盒子体量。女主人正站在一尘不染的楼梯间里，身着维多利亚式的长裙，矜持又不失体面地欢迎客人到来；客人则穿着潇洒又简单的香奈儿风格服装加入派对，此时耳边悠然地奏响了乔治·格什温的乐曲。

每次转身都伴随着惊喜；古典法则在此没有容身之地，一切都跟印象中的家庭一点都不一样。厨房、餐厅和起居室都向彼此敞开，从外到内，这些房间完美地贯穿在一起，迈出几步，你就会从室内来到室外平台上。水平带状的窗体框定了外面的树木和草地，观赏窗外的景色就像看电影，或到美术馆去欣赏名画。浴室里有一个固定的躺椅，上面镶着蓝色马赛克，是一间土耳其浴室。所有的栏杆扶手都是白色的管子，让人联想起远洋轮船，建筑师对它情有独钟。

尽管从外面看是个黑色窗框的白色方盒子，在室内，勒·柯布西耶使用了他新近发明的、曾在拉罗歇别墅和湖畔住宅中使用过的建筑配色系统。所使用的色卡，是他最近跟一家壁纸公司萨鲁巴共同推敲的结果，他从中选择了流动的血液和大草原的鲜活色彩。这些色彩被有选择地使用在墙壁、门和各处的镶板上，相邻的表面绝不使用相同的色彩。他深信颜色会改变空间，激活室内。起居室使用粉红色和蓝灰色；孩子的卧室使用明亮的赭石色；主卧使用亮灰色和车匠蓝。铺地的石材是浅黄色的，而裸露的木地板则是橡树的天然色泽。最后，他为这些房间配上了泛光照明系统，让光线柔和地充满室内，这是轨道照明的先声，日后成为室内设计师的常用手段。

建筑殊非易事。萨伏伊别墅的设计与实施，与其说是在盖房子，不如说是在苦海中艰难跋涉。就像作家的写作过程一样，设计师的蓝图也要经历无数次修改才进入实施阶段，有些甚至是在工地上作出调整，很多决定都是匆忙中痛下决心，人们在面对艰巨的挑战时莫不如此。[19] 对当地政府、施工队和材料商来说，这个项目的方方面面都让人感到陌生。在颁发建筑许可证的时候，没人晓得该如何下笔。皮埃尔给普瓦西的市长写信，向他说明这座建造在从前农场上的房子与一般的街边住宅非常不一样，它将具有与众不同的独特面貌，它也不会像传统的郊区别墅一样拔地而起，“绝不是那种罗曼蒂克的、在场地上纵横蔓延的建筑，”勒·柯布西耶写道，“现浇混凝土建筑可以在三天之内完成，就像把液体装进瓶子里。它会从它的模具里诞生，就像铸铁的制造过程……没人乐意相信这些话；他们会说，一所房子怎么也要建造一年以上呀，而且，若是少了带尖券的顶窗和阁楼卧室，那还能算是住家吗？”[20]

勒·柯布西耶当年设计多米诺住宅时，就设想了现浇筑混凝土施工方式，如今在萨伏伊别墅上用到了。建造的过程是现场浇筑梁和柱并使之搭接在一起，然后砌筑成百上千块粘土砖。水泥砂浆是从瑞士进口的，玻璃安装方式和材料的耐候性能也基本上未经实践检验。到处都是问题：电缆走线、地板铺装、墙壁粉刷、供热系统、五金件、合页。窗框的尺寸错了，无法装入预定位置。细长的脚手架七横八竖地搭起来，建筑一天天在长高。预算越来越无法控制，每次下雨都拖慢进度。

可是，当建筑最终完成的时候，萨伏伊别墅成了他一个人的雅典卫城。保加利亚、土耳其和希腊的旅行已经是20年前的事情了。正是在那次旅行中，他在本子上记下了地中海和帕提侬神庙废墟上那简单的形体和沉静的色彩。当年他在小旅馆房间里心有所思，从床头抓起本子匆忙画下的东西，如今不是出现在他的眼前了吗？它辉煌又动人，充满了场所的力量。

在户主搬进新居以前，柯布深信自己完成了一件真正的杰作，就忙于调动自己的舆论关系网。他邀请了两家杂志《今日建筑》和《建筑》作了大幅报道，朴素纯净的室内照片中几乎看不到任何家具。宣传引起了爆炸性的效果。萨伏伊别墅很快成为世界建筑领域谈论最多的话题，这个作品刷新了人们关于“新”的认知，预言了20世纪余下日子中建筑学的走向。它的照片将在全世界范围内传播，登上杂志和书籍的封面，成为对“现代”一词的准确定义。此前20年间他的一切辛勤汗水——理论、艺术训练和实践——都在这一刻凝聚到普瓦西的这块草坪上。他在《走向新建筑》中向人们发问：

> 情感从哪里来？从清晰元素间的特定关系中来：圆柱体，平坦的楼板，平坦的墙壁。它来自于组成场地的事物间特定的和谐。它来自于将效果传达到每一个组成部分的塑性系统中。它蕴藏在为了实现总体轮廓的统一而采用的统一材料所实现的统一观念中。情感自统一的目标中生发出来……
>
> 在艺术作品中，清晰的表述至关重要。清晰的表述，能够赋予艺术作品一种鲜活的统一性，也能赋予它一种清晰的态度和清晰的个性：这一切都是纯粹的思维创造。
>
> 唯有诗意的情感存在，建筑才存在。[21]

一艘空中的巡洋舰，一个五颜六色的调色盘，一个木桩上的海滨小屋。萨伏伊别墅可以比作很多东西，但它首先是为了生之欢愉而造的快乐之境。在萨伏伊别墅的建造过程中，面对逐渐出现在眼前的空间与形体，柯布得出结论：他和伊冯娜也值得拥有这样一个家。随着人们兴趣渐浓，事务所迎来了一大波项目委托，规模大大小小，遍布于世界各地，从莫斯科到阿尔及尔，从波哥大到巴黎。巴黎方面是为救世军大楼及朗吉瑟－高利大街 24 号的一座公寓大楼，它跟拉罗歇住宅一样位于第 16 大区，距离罗兰加洛斯体育场和布洛涅森林只有几个街区之遥，只是用来填补城市缝隙的另一个微不足道的小项目。但是在这座房子的最上面两层，柯布给自己造了个“小别墅”。

伊冯娜说，“柯布终于受不了大家的玩笑话了”，她这么说，指的是圣日耳曼街柯布早先租的那间阁楼，“他想住在一所真正配得上‘柯布’这个名字的房子里。”[22]

新居周边的生活环境跟原先的拉丁区相比真是有天渊之别。跟拉夏德芳一样，巴黎也在向外围不断扩张。莫利特门附近的地方原先曾布满了防御工事，但一战后这些军事设施就同体育设施混在一起，散布在布洛涅森林附近那奥斯曼偏爱的大草坪中了。那里有一个很大的公共游泳池，有散步道和郁郁葱葱的花园，花园里阳光普照，让人身心愉悦。看到这些，柯布不禁想起他没有实现的瓦赞方案。这边的房地产开发已经进行了一些时日了，这里离加乌尔·拉罗歇为自己选择的画廊和住所不足一英里。王子公园体育场开发公司找到勒·柯布西耶和皮埃尔·让纳雷，请他们帮忙设计一栋公寓，来填满朗吉瑟－高利大街24号两栋现有建筑之间的空隙。这里位于奥特尔大道正南，底下是一个足球和橄榄球场。

这块用地非常局促，没办法完成一个强烈的美学表达，而且这座建筑必须符合世纪之交的建筑规范。但是柯布事务所仍然通过立面上漂亮的深色玻璃和石材获得了非同凡响的效果。内部的各套公寓将单独出售，柯布把他为别墅大楼构思的室内方案移植过来，带有同样的美学风格和建造精准。这座建筑的支撑结构使用了多米诺体系，这样柯布就可以在单元设计中遵循他在新建筑五点中提出的自由平面。[23]

最上面两层，或者叫作“顶层别墅”，他把它留给了自己，特别为它进行了一番精心的设计。他给妈妈的信中假情假意地说：“住在我自己设计的房子里会不会有点危险？的确，它很不一般。这里视野开阔，能看到乡村风光，一点都不像住在七楼到八楼。”当然，由于他格外精心，这个双层套间的确可以说是附近一带最完美的居住空间。[24]

房间的组织仍然是连续流动的。窗口沐浴着明亮的阳光，从窗子俯身下去，就能看见体育场。他的私人书房和画室为他提供了在家工作的核心空间。他会坐在那张简单的大桌子旁边，守着身边的嵌入式小方格书架，时而起身走向立在宽敞的工作室中部的画架。他故意让主要的分隔墙暴露结构，砖石砂浆都裸露在外，后来这成了高档地产的一个必备装饰，从纽约格林威治村到旧金山的南方公园，都可以看到它的身影。

入口玄关处的壁龛里展示着原始艺术作品，转过这里进入厨房、起居室和卧室，床身平台很高，这样他和伊冯娜不必起身引颈就能看到窗外的景色。在公寓的这一侧，布洛涅森林和圣克洛公园的景色映入眼帘，就好像住在纽约中央公园旁边的楼房中一样——人在城中，恍如置身于城外；人在房间，仿佛置身于一片绿色海洋中的岬角。公寓两层之间的内部通路是一个简单的旋转楼梯，上层有一间客房及盥洗室，亮白色的墙壁上涂绘着红黑相间的装饰。屋顶观景平台是个特别的去处，柯布在上面种植了洋甘菊、薄荷、迷迭香、薰衣草、百里香和罗勒，各种花花草草在那里长得很不错。他会赤着脚在平台上走来走去，抽着雪茄，享受户外的空气和阳光。

室内的一切都简单质朴，但彼此和谐。这次，他自己扮演了最完美的业主角色，在自己的精美作品中感到欣喜若狂。这是个生机勃勃的社区，旁边有森林、有公园，也有咖啡厅，还可以到罗兰加洛斯体育场看足球、橄榄球和网球赛。1934年春，他把雅各布街20号的书籍、图纸和其他家什收拾停当，离开了这座生活了17年的居所，永久地迁往新居。他买了一条硬毛髯狗，取名“邦梭”，经常带着它去附近的公园散步。住到郊区之后，他每天都要进城上班，再也不能步行前往工作室。有时他乘坐地铁10号线，直接从米歇尔街－昂日街－奥特尔街站到达塞夫尔街－巴比伦街站，从乐蓬马歇百货商店里钻出来；有时也开车，跨过塞纳河，穿过贾维尔区的漂染厂和雪铁龙汽车的装配工厂。如果他没有出差，那每天的活动时间都比较固定：上午画画，下午一点左右到工作室。朗吉瑟－高利大街 24 号的顶楼别墅成为柯布夫妇的主要居所，直到他们去世。

住到这边，伊冯娜可是一点都不开心。她根本不想离开圣日耳曼德佩区，她在那里住得久了，认得清每一位小店主的面孔，叫得出每一位邻居的名字。她一点都不想跟丈夫到新城区去扮演时代先锋角色，她怎么也想不明白，怎么会有人乐意离开巴黎最繁华的中心地带呢？新居的室内也让她感到冷漠，到处都是明晃晃的白色。白色让她眼睛疼，哪里都是干干净净、空无一物。如何装饰房间成了夫妻俩长久争论的焦点，他们互不相让，彼此都要被对方折磨得发疯。她会觉得哪个角落太空，就去找些东西把它填满——一块小桌布啦，一个小摆设啦，各种各样的小东西；他则宁愿白色的空间保持原状，或者精心选择位置放入一些艺术物件——一个秘鲁陶罐啦，一张费尔南·莱热的挂毯啦，等等。伊冯娜第一次看到朗吉瑟－高利大街 24 号的房子，甚至还远没有动身搬到那里的时候，就对一位朋友、匈牙利摄影师布拉萨依抱怨道："你没法想象它看起来什么样！一家医院，一个解剖实验室！我这辈子都不会习惯住在那里。"[25]

这场争执注定要以伊冯娜的失败告终。柯布坚持认为第 16 大区是巴黎的新区，这里充满活力，这里有新的邻居，就在同一栋楼里，他们都好得不得了。在给妈妈的信中，柯布写道："天空明亮耀眼，连续两个星期以来我们住在天堂一样的新房子里，身边都是神奇的物品，每样东西都沐浴在明亮的天光中，空明且简单。”他又继续写道，“伊冯娜不喜欢，但她嘟囔了几句之后，就像一只猫一样在自己的小窝里转啊转的，现在她已经高兴地咕噜咕噜叫个不停了。她手里拿着笤帚和抹布，这扫扫、那擦擦，像个征服者在接收她的战利品。她肯定不会承认这一点，有时候她倔得像一头小毛驴……她有她自己的想法和习惯。我们各自相安，互不侵犯。因为有这样的智慧，我们的新居里气氛和谐，好得不得了。”[26]

此时在普瓦西，萨伏伊别墅的情形颇为困扰，值得再书一笔。

萨伏伊先生第一次看到柯布的方案，就很清楚这个项目必定要超支。勒·柯布西耶拿出另外一套略有不同但其实是缩水了的方案来安抚业主。最终他们还是选了原来的方案，只是因为柯布承诺会降低造价。建造的过程中，他们一直惴惴不安，整天挂念着大把大把的钞票付诸东流，没怎么太注意建筑本身。结果当他们看见最后的成品如此美丽不可方物，惊喜得合不拢嘴。他们站在山顶上的新居旁边，凝神屏息，希望这一刻长长久久。皮埃尔·萨伏伊扭过头看他的夫人，她已经完全沉浸在喜悦中了，对它一点都没有挑剔；而他只问了一个问题：我的酒窖在哪？[27]

可是，全世界的精英都为之倾倒之时，也是萨伏伊一家陷入麻烦之日。本来他们只是想要一个乡村度假别墅，结果却发现自己不得不同无尽的失望和层出不穷的麻烦赤膊肉搏。其中，有一个问题真是让人无法忍受。欧仁尼·萨伏伊在1930年夏天迁入新居，谈到这个问题，她概括得简明扼要：房子里在下雨。

雨水从入口门厅流进室内。车库的墙壁完全浸在水里。浴室的墙壁也是湿的。潮湿问题无处不在，受影响最大的是他们的儿子罗杰，他的呼吸道有问题。还有一个附带的问题是，雨水漏进来，砸在玻璃门窗和楼板上，弄出很大的响声，夜里没有一个人睡得着。[28]

屋顶起坡不能很好地引导水流，沥青防水层功能不良。制暖系统起不到效果，电路管线也有毛病。柯布指责施工队造成了这些问题。业主指摘从室内家具到室外植被的所有设计，双方往来信件的口气越来越强硬。到了1937年，欧仁尼忍无可忍了。“我跟您提了那么多问题，您的回信让我惊愕，”当柯布再次回避她的尖锐指责之后，她在回信中写道，“您终于意识到这座房子不适于居住。”欧仁尼斗争了十年，终于迫使柯布承认了这一点，也承认纠正这些错误是他一个人的责任，无关他人。“我不希望为此再付出一分钱。请赶紧纠正这些错误，让房子能够住人。我希望我不会最后诉诸法律手段来解决问题。”[29]

皮埃尔·萨伏伊开始插手此事，他的保险业务经验使他对诉讼和纠纷都能应付裕如。他对建筑师说：“您有能耐把一批一批的参观者送到我的房子里，却对我的求助信件置若罔闻。”他提出要看方案图纸，证明并不是施工单位的错误，而是设计本身出了问题。他已经下定决心，要一步一步把问题引向法律程序，把建筑师事务所送到被告席上。[30]

应付抱怨和指责成了事务所日常工作的一部分。一开始，面对那些轻描淡写的责难，柯布一马当先，像个律师一样逐条反驳，讲话尖刻又时常冷嘲热讽。如果业主不能按照他设定的方式来使用建筑，就注定要发生争吵。窗户怎么用、种哪种花草、室内如何摆放家具，都得听他的，否则就没完没了。柯布有一种本领，他能一边给对方提出忠告，一边让对方觉得自己很傻很天真；到了信的末尾，他又会稍稍做一点小让步，好像刚才赌咒发狠说小气话的不是他而是别人。给萨伏伊先生的回复也采用这样的标准模式：“我们希望尽最大努力让您满意，您应该把我们当作您的朋友，以及您的房子的朋友。我希望能跟您继续保持私人朋友关系，因为我们的友谊建立在相互信任的基础上，”他写道，“我乐意，并将永远努力维系我和我的委托人之间的友谊。”[31]

时间慢慢过去，西方世界时尚郊区住宅的乡村俱乐部之梦渐渐消退了。德国军队逼近巴黎之时，萨伏伊一家已经很少来普瓦西了。另一场大规模的战争一触即发，正如萨伏伊先生曾经预言的那样。作为告别仪式，在德军占领这个小山丘并把它变成一座军火库之前，他收起藏在这所房子里的好酒，把它们埋到萨伏伊别墅那漂浮的白盒子下边的草坪中间。[32]

# 叁　有客东来

豪华邮轮诺曼底号缓缓行驶在海面上，把自由女神像抛在身后。远方，透过浓雾，曼哈顿下城的天际线渐渐清晰起来。这艘远洋巨轮采用装饰艺术风格，它气势恢宏、格调华贵，五天前从法国勒阿弗尔港起航，前往纽约。船上的生活依然是在头等舱和富丽堂皇的大宴会厅之间频繁进行场景转换，这个大餐厅让人联想起马赛的“镜宫”。途中，柯布忙于学习一点英文来应付场面，他把刚刚学会的短语草草写在餐巾纸上，其中有一句祝酒词是：“举杯吧兄弟，我们一直关注你！”[1]

大船刚一靠岸，红黑相间的船艄还在哈德逊河的码头边调整方向，勒·柯布西耶就迫不及待地想离开这个狭小的隔间，登上纽约大都会的地面，那里，他从前只在照片上看到过。他已经在欧洲大陆、俄罗斯、北非、南美传过他的建筑和城市规划福音了，现在终于来到新世界的前哨殿堂，他这样称呼美国——这片为“现代”的具体含义赋予内容的土地。

因此，在他的设想中，根本不存在是否受欢迎的问题，而是欢呼有多响亮、掌声有多热烈的问题。

这次旅行由纽约现代艺术博物馆，也就是后来的 MoMA 来安排，成行之前花了很多时间来协调费用和接待规格等方面的细节问题。MoMA 也成了柯布主要的赞助人之一。开始只说在博物馆举办一场讲座，附加一个展览，结果后来演变为像传奇歌手弗兰克·辛纳屈一样的全美巡回演出。他的行程安排包括参观各种各样的城市机构、博物馆和大学校园，从东北部一路抵达中西部。他被安排游览丹尼尔·伯恩汉姆 1909 年的芝加哥城市规划，也去参观了位于底特律的福特汽车制造厂，此外还访问了麻省理工学院、耶鲁大学、普林斯顿大学及瓦瑟学院。在接下来的日子里，柯布大概在 20 多所城市总共进行了 22 场演讲，差不多每个城市一场。[2]

柯布在美国的行程几乎是一路飞奔，但起点和终点都是纽约。第一站选在纽约现代艺术博物馆，当时它还没有选址在曼哈顿中心区，建筑也较为低调。博物馆方面组织了一次展览，将柯布的设计作品悉数推送到美国人民面前，包括一个萨伏伊别墅的模型，以及新近完成的苏维埃宫的方案，项目位于莫斯科。展室的墙壁刷成了粉红色——“柯布西耶红”，以示对柯布的建筑配色系统的敬意。

听起来似乎一切都充满希望，让人眩晕。可是，似乎柯布初到新大陆的第一个瞬间就不那么让人自在——这也预示了整个旅途中的磕磕绊绊。身着橘色衬衫、深色领带和灰色西服套装，柯布以为自己会成为狗仔队围追堵截的对象，他们会把他的到访当作一次轰动事件，为他拍下数不清的照片，背景就是纽约的摩天大楼。但当他走上码头，发现迎接他的只有孤零零的一个人，就是博物馆派来给他担任翻译和向导的罗伯特·雅各布斯。柯布疑惑地问："雅各布斯，摄影师在哪儿？"雅各布斯脑子转得飞快，赶紧把他领到上层甲板，那里有一位媒体摄影师正在给一群靠在栏杆上搔首弄姿的合唱队姑娘们拍照。他掏出五块钱，请摄影师给这位建筑师拍几张照片。摄影师说他很乐意帮忙，但相机里已经没有胶卷了。雅各布斯在他耳边小声说，看在上帝的份上，他还得跟这个人相处两个月呢，可否假装拍几张做做样子。于是，勒·柯布西耶腰板笔直，一丝不苟地站在镜头前，摄影师端起没装胶卷的相机，煞有介事地咔嚓了几下。接下来的几天柯布时常翻报纸，问雅各布斯，我的照片在哪儿？他的美国向导也不说话，只是难为情地耸了耸肩。[3]

对这些即将在眼前展开的美国城市，他其实是怀有极高的期待的。1935 年 10 月的这次美国之行，其实已经酝酿了多年。跨越大西洋，自他年轻时代起，就是一个特别诱人的梦想。当他还在拉夏德芳时，曾瞥见杂志上令人目眩神迷的美国建筑，不禁心向往之。那些纪念性的城市建设和基础设施对他而言都是诗意的造物——著名的熨斗形大厦、东河上的布鲁克林大桥、中央公园、中央车站、宾夕法尼亚车站、哈德逊车站，还有路易斯·沙利文和丹尼尔·伯恩汉姆在芝加哥设计的那些庄严的大楼，他都如数家珍。他对美国的工程师崇拜复赞叹，他们在钢骨架建造领域一马当先，大力推进工业时代的技术革新，让美国城市的面貌焕然一新。美洲大陆进行的城市化实验令整个欧洲为之动容，这些日新月异的变化发生在大洋彼岸，让勒·柯布西耶感到可望而不可即，他内心渴切，难以平复。巨大无朋的建筑尺度和极高的生产效率激发了他对三百万人口的城市和瓦赞规划的想象，启发着他，带给他很多幻觉。现在，公园里的塔楼有了新的名字，他开始管这个城市构想叫“光辉城市”。1925 年装饰艺术博览会新精神馆中有一幅全景画，名字就叫“如果巴黎变得像美国了会怎样”（Si Paris S' Américanisait）。

柯布到访之际，纽约中心区正在经历急剧的增高过程，场面无比壮观。

60 个街区拔地而起，十多个新建的地铁站汇集在曼哈顿下城区密集的哥特式或婚礼蛋糕式的摩天楼当中。这些装饰过度的高层塔楼，多数都以工业时代的巨头来为自己命名，彼此争先恐后，誓要打破世界最高建筑的纪录。这些建筑以钢铁为骨架、以石材为表面装饰，顶上一般都有一个新哥特风格的皇冠，跟巴黎圣母院的主教堂塔楼差不多。大都会人寿保险公司大楼保持的高度纪录很快就被伍尔沃思大厦打破，而后者也没保持多久。就这样，建筑高度的军备竞赛一路蔓延到中城区。在第 34 大街和中央公园所在的第 59 大街之间的地段，新的摩天楼拔地而起：克莱斯勒大厦和它那横空出世的装饰艺术风格的尖塔；洛克菲勒中心是美国建筑师雷蒙德·胡德为洛克菲勒家族设计的总部大楼，这个家族对纽约城市风貌造成了难以估量的影响；还有帝国大厦，仿佛是从曼哈顿岛死气沉沉的中部刺向天空的一把利剑。

柯布第一次目睹帝国大厦那直棱直角、层层收束的塔身，直想立刻仰卧在人行道上向上凝望，看塔尖划破天穹、遁入云霓。它那新颖的外形是实力的证明：如果美国人打定主意去做一件事，他们就一定会做到。纽约城毫不犹豫地炫耀自己的高度，要造世界最高的建筑。帝国大厦的设计师威廉·兰姆根据他在北加州温斯顿塞勒姆为雷诺烟草控股公司设计的21层高的总部大厦，在不到两个星期的时间内完成了帝国大厦的设计方案。从此，帝国大厦的员工每年都要给雷诺烟草的员工寄一张父亲节卡片，来表达借用了设计的谢意。

帝国大厦的建造得到了纽约市政府、市长和财团的大力支持，大家都相信必须通过一个振奋人心的项目将人们从1929年股市的大崩溃和此前的经济大萧条中唤醒。在仅持续了400天的建造过程中，从印第安纳州运来了石灰石，铁厂工人夜以继日地生产铆钉，1700万英尺的电话线被固定在58 000吨钢材焊接的框架上。室内采用了浮华的装饰艺术风格，顶部带收杀的塔尖就有1500英尺高。帝国大厦落成后的头几年，前来参观的游客付出的门票钱比建筑本身的租金收入还多；上到顶层让人们体验到坐飞机般的感觉。令人头晕目眩的高度也催生了多起自杀事件，高空坠落的肉身砸坏了街边停放着的小汽车和公共汽车。帝国大厦在蓝天下闪烁着光芒，那是能力、自信的光芒，带着些许让人敬畏的美丽。它将世界上最高建筑的纪录保持了 40 年。

勒·柯布西耶怎能不爱这座建筑。只除了一点：帝国大厦还不够大。

尽管纽约让人印象强烈，柯布来到此地，却也带来了令人振聋发聩的批评。关于纽约，他根本是一句赞赏的话也不想说，就像他对夏洛特·佩里昂的家具设计一样不假辞色。他相信，美国只是摸石头过河，为现代寻找一种可能的样式，还远远没有抵达真正的彼岸。雄心大志被严重地压制，这到底有什么必要呢？美利坚国土上那些伟大的城市正在偏离它们的航向。这里的建筑师和规划师急需帮助——他们需要他的帮助。

最根本的问题，在柯布看来，就是摩天楼之间的距离太近了，它们密密匝匝地簇在一起，各自追求着属于自己的利益，既不完整，也不统一。现代城市需要更高的高度和更大的密度。真正的摩天楼应该是这样的：更大、更高，各自占据整个街区，建筑之间的距离更远，让每栋建筑都沐浴在阳光和新鲜空气中。因为距离足够大，交通组织就会更加容易，小汽车和卡车可以在更宽的街道上和架空的高速公路上行驶。

纽约城的网格规划始自 1811 年，自从下曼哈顿有最早的定居点时就已经开始了。它是城市规划领域令人赞叹的杰作，早早就预见了城市人口的爆发性增长。这个方案的始作俑者似乎拥有正确的观念以建立秩序，他们毫不留情地清除了中央公园外围散在的棚户区。但是柯布却认定这套网格系统在尺度方面问题多多——街区区块规模太小，道路网络不够健全，主要道路过于狭窄。柯布觉得这样的开发模式将造成严重的拥挤，就像下曼哈顿那样。不管是普通居民的住房还是商业区都不可以被华尔街和地产投机所绑架，所以需要有更完善的规划和更严格的秩序。

而且，尽管柯布赞赏纽约城的总建筑师罗伯特·莫西斯正在建立的公园大道高速交通系统，他也告诫人们要小心郊区扩张的危险。他说，高速公路不应成为城市居民逃离中心区的管道。自由的交通体系必须同更高的密度结合起来，才能将郊区生活的种种优势带到大都会的中心区。

这样的观念其实相当微妙，而且对于这位巴黎来的客人来说，想要对这些英语听众表达清楚也颇有难度。到达美国三天后，他在洛克菲勒档案中心顶层发表了电台演讲。他对美国听众讲了些恭维话，说看见人们悠闲自在地走在林荫大道上时，他觉得他们是多么潇洒动人。但是美国显然可以做得更好，而且事实上整个世界都在期待美国打开局面，开辟新的道路，这件事根本不能指望小心翼翼、故步自封的欧洲来完成。

“现在，属于建筑学的时刻到来了，”他对他的收音机听众们说，“古老的城市一直在被新兴的城市取代。但是今天，新的可能性出现了，现代城市、快乐城市、光辉城市迎来了诞生的契机……美国一直都在持续进步，拥有无穷无尽的物质财富，也拥有世界上独一无二的能源储备，美国活力无穷。因此，它必将成为世界上第一个完成城市更新使命的国家，而且将完成得完美无缺。我深信，我在此所提出的观点……我经常谈到的'光辉城市'，将在这个国度找到天然的沃土。"[4]

"旧秩序正在崩溃，我们携手进入一个新时代。"他在为《纽约时报》撰写的一篇文章中说道。他给它配了一张图片，是萨伏伊别墅的屋顶平台。家庭，建筑学，城市规划——所有的一切都必须经受革命的洗礼，变革如此猛烈，"我们必须将之看成人类历史的新的轮回的起点。"[5]尽管纽约和芝加哥的摩天楼让全欧洲瞩目，它们却有着与生俱来的缺陷，那就是城市开发上的随意与混乱。美国的城市是"大暴雨、龙卷风、山洪暴发……完全谈不上和谐"。他下了断语：纽约就是个美丽的大灾难。

柯布的意图其实非常简单，就是引导美国的城市开发向他的原则靠拢，从而赢得项目和机会。但是作为一种市场营销手段，他的表演刚一开始就完全走偏了。在现代艺术博物馆的第一次新闻发布会上，也许是因为旅途劳顿，或是急于表达自己的观点，就像一位候选人整夜不睡去准备第二天的答辩，反而容易发挥失常。柯布这位新城市规划的传教士表现得像一个不切实际的狂人，他夸夸其谈，对美国的城市建设指手画脚，具体的含义却在失准的翻译中流失殆尽。

“摩天楼还不够大——勒·柯布西耶对美国的第一印象”，《纽约先驱论坛报》在头条这样写道，标题下是一张建筑师的肖像，透过他瓶底一般的厚镜片向上斜睨，看上去既严肃又滑稽，甚至有点猥琐。柯布看到这张照片大吃一惊，内心相当不悦。他不懂那么一大帮摄影师，怎么就没人能看出他从法国带来的工作室肖像要比这好得多，那种肖像照片他随身带着，愿意以五块钱一张的折扣价卖给他们。博物馆公关部主任莎拉·纽梅耶闻听此言倒吸一口凉气：“我的天，你居然连媒体人的钱都敢赚。”勒·柯布西耶把那些照片塞进口袋，神情不免有些黯然。[6]

接下来的一篇评论，作者是年轻的约瑟夫·阿尔索普，此人受教于常青藤联盟名校，对现代建筑满肚子不屑，后来成为全美知名的政治专栏作家。他在这篇文章里把柯布贬得一无是处，还煞费心思为他发明了个新词“鸡蛋头”（egghead），意为“书呆子”，后来居然在英语世界里普及开来。在副标题中，柯布的“光辉城市”被翻译成“亮堂堂的快活小镇”，好像中餐外卖单上的某个诡异菜名。其实阿尔索普能讲一口流利的法语，他后来也喜欢打领结、带黑黑的圆眼镜，怎么看怎么像勒·柯布西耶。可此时他心怀鬼胎，踌躇满志地端坐在打字机前，暗地里操起一块砖头，柯布哪里是他的对手。

美国之行磕磕绊绊，前进一步倒退两步。通过现代艺术博物馆，柯布试图约请《纽约客》就他的美国之行做一期专访，结果对方的编辑对此兴味索然。他也经常想抓住跟美国相关的文化线索。当他展示由钢管和织物制成的躺椅的时候，他声称设计灵感来源于“把脚跟高高跷起搁在桌子上的仰卧牛仔”，这个场景大概是他从电影里看到的，而那把椅子其实不是他设计的，而是出自夏洛·佩里昂的手笔。[7]

柯布确实引起了注意，就像1925年巴黎博览会的新精神馆一样。可是人们是认真的吗？柯布对此一点把握都没有。

柯布不屈不挠。假如说服不了大众，那么不妨从当权者下手，试着让他们接受他那更为先进的城市建筑原则。这年10月，他会见了港务局和住房管理部门的官员，并同纳尔逊·奥尔德里奇·洛克菲勒及建筑师华莱士·哈里逊共进晚餐。后者是洛克菲勒家族的亲密友人，曾在雷蒙德·胡德麾下工作，参与了洛克菲勒中心的设计。[8]柯布跟他们澄清了他对美国城市摩天楼的看法，反对“一丛丛钢针”式的现行建造模式，主张建筑在城市中应该彼此分离，好像一个个孤立的纪念性的方尖碑。[9]

离开纽约，他继续向东北行进，赶赴耶鲁大学、哈佛大学和麻省理工学院，又往南去了普林斯顿大学和费城，接着又去往芝加哥和底特律。在此之前，他还要完成一个重要的约会。他在纽约选择住处的过程，说起来颇富戏剧性。开始博物馆员工给他推荐法国驻美机构的一个住处，他拒绝了，要求入住华尔道夫酒店，结果没有订到房。他说：“我想住在能看到百老汇的地方。”他的老朋友、画家费尔南·莱热当时住在中央公园附近，位于第7街的一家老式旅馆，柯布觉得档次不够，但当他听说犹太流氓大亨阿诺德·洛斯坦因当年就是在此处被击毙的故事之后兴致来了，觉得这个有点刺激，可以居住。住处定了下来，他就去忙更重要的事情去了。刚办理了入住手续，他就给不久前在瑞士认识的一位红发蓝眼的女士打电话。她是康涅狄格州达连湾一所豪宅的继承人，在长岛海峡还有一座海滨别墅。柯布美国之行中，她是他最忠实的向导和贴身陪伴。

她的名字叫玛格丽特·哈里斯，个子高高的，身材健美，生活相当优渥，本性并不安分。她的爸爸理查德·雅德是瑞典人，猎手、探险家和福音传教士。她先后就读于布林茅尔学院和哥伦比亚大学，后与纽约一位成功的律师、后来成为法官的奥弗顿·哈里斯结婚，1933年离婚。她有个朋友是社会学家和作家西奥多·德莱塞，在其帮助下，创办了一份极左刊物《方向》，封面粗看起来有点圣诞节气息，其实是白底上捆着两根铁蒺藜，旁边飞溅着鲜红的血迹。除了编辑身份之外，她还是个崭露头角的小说家。她不是那种能够老老实实待在家里的女人。

1932年同丈夫分居期间，哈里斯夫人带着幼子希拉里到瑞士做了一次长途旅行。他们远足，呼吸着阿尔卑斯山清新的空气，在湖边游玩。有段时间她住在沃韦，一天，她在湖边发现了一座奇怪的长方形盒子建筑。她觉得这大概是个度假小屋什么的，就叩响了湖畔别墅的大门。一位白发苍苍的老太太穿着拖鞋来开门。“这个房子，我可以把它租下来吗？”她问道。勒·柯布西耶的妈妈友善地向她解释说，这是儿子为她设计的私宅，她在此居住已经有些个年头了。一个月后柯布照例回家探望妈妈。很快，他就与哈里斯熟络起来，两人经常一起在附近转悠，爬上湖滨那种满了葡萄树的陡坡，一路上他向她描述着有朝一日将为她设计的小房子。

她回美国后，两人继续保持秘密通信，直到这个秋风送爽的十月间他双脚踏上纽约的土地。听说他要来美国，她高兴得尖叫起来，自告奋勇给他当司机兼翻译，他当然是欣然接受。两人从达里恩那座维多利亚式的豪宅驱车前往纽约市中心，哈里斯夫人把建筑师带到帝国大厦的顶层，又带他参观了克莱斯勒大厦和克莱斯勒档案大厦，每一座都直插云霄。他们搭地铁前往华尔街，又返回哈勒姆区的爵士酒吧，在萨沃伊饭店翩翩起舞。[10]他们钻进哈里斯夫人那辆黑棕两色的福特 V-8，让希拉里坐到后排，在当年罗伯特·莫西斯建造的气派的公园大道上兜圈子，穿过乔治·华盛顿桥和普拉斯基高架桥。对柯布来说，这座高架桥如此迷人，它架在高高的空中，就好像用柱子撑起来的一样，这让他想到了自己喜爱的底层架空柱。高速路在工业平原上腾空而过，向着哈德逊河对岸那遥远的地平线延伸开去。浪漫的事和建筑的事，再一次合而为一。

晚上，两人一起来到费尔菲尔德县，划小舟去普拉特岛上那座哈里斯名下的湖畔人家。那里有一个壁炉，宽大的室外平台向水面伸展过去。海湾宁静碧蓝，沙滩上点缀着星星点点的蚌壳。一有机会，建筑师就潜入水中去畅游一番。

柯布到大学校园，受到的欢迎比别处要多，比较符合他的预期。离开了令人不快的纽约之后，他在34天内完成了21场讲座，多数演讲的题目都是“现代建筑与城市规划”，内容是关于他的光辉城市，在这里，瓦赞方案变成了可重复的建造样板。[11] 一部关于萨伏伊别墅的默片经常在讲座中插播，背景音乐是乔治·格什温的爵士乐。柯布演讲过程中有时会看看笔记，但从不会照着事先预备的发言稿念完了事。他会带着长长一卷草图纸，在现场一边画，一边往黑板上贴。这种办法是他在南美讲座的时候发明的，现在已能运用纯熟，可以看成是早期手动即兴PPT。这次旅途，按他自己的估算，总共用掉了六卷草图纸，连在一起长度接近三分之一英里。[12]

他一个接一个地拜访美国东北部那些声名显赫的大学和社会机构，先后出现在韦兹沃尔斯博物馆、卫斯理公会大学、康涅狄格州的耶鲁大学，然后是哈佛大学和麻省理工学院。在波士顿，他下榻于科普里广场酒店，在哈佛俱乐部用餐，晚上去爵士酒吧听路易斯·阿姆斯特朗吹小号。白天，他挨个接见本城的建筑团体，这群人当中就有那个叫作贝聿铭的年轻人，当时正就读于麻省理工学院。贝聿铭日后建造了约翰·汉考克大厦，一座柯布风的玻璃摩天楼，至今保持着波士顿最高建筑的纪录；他也是约翰·肯尼迪总统图书馆和博物馆的设计者。在普林斯顿大学，柯布兴致勃勃地观赏哥特式的校园建筑，对带着皮革头盔、穿着厚厚肩垫的橄榄球手颇感兴趣，他妙语连珠地说："先生们，别忘了，你们每人都只有一个屁股用来坐哦！"[13] 他到缅因州鲍登学院校长家赴宴，席间一位对建筑一窍不通的客人请他解释他的作品。他向某夫人借来了一支口红，把面前的盘子推开，在洁白的桌布上画出了一个小小的城市平面。在瓦瑟学院，他的讲座引来了 600 多位学生听讲，而且用不着翻译，因为所有的学生都懂法语，这令柯布非常开心。一个小姑娘在演讲结束后突然冲上前台，一把抓起他现场绘制的一叠草图跑开了。他认真地接待每一位索要签名的崇拜者，跟他们随口开着玩笑，俨然一位谦虚得体、文质彬彬的好好先生。

但是一路上也没少闹笑话，跟他刚到纽约的那几天一样。在费城的一次晚宴上，他自豪地引用新近学会的美国俏皮话，其中包括"狗粮养的"（son of a beetch），惹得邻座一片愕然。在场有一位著名的艺术收藏家阿尔伯特·巴恩斯博士一点儿都没觉得好笑。他后来跟柯布通了不少信件，管柯布叫"老乌鸦"，责问他那晚是不是喝了太多的威士忌。两个人的言辞经常擦枪走火，极尽尖酸刻薄之能事。最后，巴恩斯忍无可忍，在柯布的最后一封信上写上"merde"（意为"狗屎"），连拆都没拆，原封不动地退了回去。[14]

芝加哥，摩天大楼的故乡，伟大城市梦想的发源地，柯布在那里的旅程如预想般顺畅。

“不要做小规划，它们焉能让人热血沸腾。”这是丹尼尔·伯恩汉姆的名言，此人是1909年版芝加哥城市规划的制定者。柯布在设计瓦赞规划的时候颇能领会伯恩汉姆的心境。他们都认为，真正的现代化不能靠修修补补、小打小闹来实现。美国第二大城市的规划不可能面面俱到，而且对布扎风格的依赖也太严重了点，但是对基础设施的投资极具眼光，这令土地价值得到了极大提升，证明规划师对城市图景和尺度的判断是多么高明。宽敞的林荫大道和双层交通系统都是为了将来汽车的大量出现而设计的；划出了大公园和开放空间，是因为意识到在拥挤和过度聚集的城市区域中人们对阳光和空气有多么渴望。这样大规模的城市规划，终究是诞生自大破坏。1871年的芝加哥大火将城市吞噬一空，这与拉夏德芳当年的大火非常相似，为更有秩序的城市更新铺平了道路。

对那些摩天楼，包括雄伟的蒙纳德诺克大厦，柯布认为只是开了个好头，他对芝加哥城市建设的评价也不过如此。芝加哥的中心区仍然过于拥挤，而它向北部、西部和南部郊区的跳跃式发展也非常不妥。这里与美国其他地方差不多，资本的掠夺给城市留下了不可弥补的缺憾，这在厄普顿·辛克莱的小说《屠宰场》中表露无遗，柯布大概不会不知道这部小说。从养殖场的屠宰车间到禁酒令时期恶棍横行的巷道，这座大都会表面整齐干净，深处也同样藏污纳垢。

但芝加哥自有芝加哥的魅力。柯布这次仍然选择了最好的住处，他在德雷克酒店订了一间套房，位于壮丽大道区最高建筑的顶层，俯瞰湖滨大道的胜景。英国王储曾下榻此处，迪马乔和玛丽莲·梦露短暂的露水姻缘开始于酒店附属的科德角小屋餐厅的吧台，那里的红鲷鱼汤是盛在暹罗锡钵子里端上来的。一切都精致华美，建筑师赞不绝口：铺着地毯的楼梯间，富丽堂皇的大舞厅，还有客房服务生送来的白色方糖，每一块都小心地裹在独立的纸包装里。柯布对这里各色物品的包装方式非常着迷，有些是纸包装，有些是塑料包装；他觉得巴黎的食物虽然好看又好吃，但炮制的过程远远谈不上卫生。

芝加哥也是被柯布视为自己在大洋彼岸的对手的美国建筑师弗兰克·劳埃德·赖特的家乡。柯布通过第三方向赖特表达了会晤的意愿，但是草原住宅和广亩城市（Broadacre City，可以看作是光辉城市的郊区化版本）的设计者婉拒了这个请求，理由是他当时的主要活动都在威斯康星州，那里太过遥远，不方便见面。赖特私底下跟人说：“柯布对这个国家的影响简直糟透了，而且他在这里没有项目。我一点都不想同他握手。”[15]

芬兰裔工业设计师埃罗·沙里宁，日后将因为设计圣路易斯拱门和纽约肯尼迪国际机场TWA候机楼而留名美国设计史。他不像赖特那么狭隘，在底特律郊区的匡溪艺术学院与柯布见了一面。[16] 沙里宁的父亲在这所学校教书，学生里包括著名的现代主义家具设计师查尔斯·伊姆斯和蕾·伊姆斯夫妇。沙里宁自己设计的郁金香椅也取得了巨大的成功，直到今天还可以在诺尔家具公司的展厅里买到。密歇根之旅带来了另外一个惊喜：参观位于利弗鲁日的福特汽车制造厂，那里每天有6000辆汽车从生产线上制造出来。这种高效的生产方式中蕴涵着很多秘密——人与机器的关系、建筑机器的结构，等等。这些经验或许都能应用在建筑和城市设计当中。“一切都是合作的结果，”柯布日后写道，“统一的目标，来自于完整的观念和行动的完美汇聚。”[17]

在芝加哥的最后一夜，柯布小心翼翼地安排了一次买春活动。翌日是一个奇怪的美国节日“感恩节”，早上，他在白床单里搂着她，忽然来了一股想要狂欢的情绪，服务生推着早餐车进了房间，柯布立刻把一个金属保温盖扣到了自己的脑袋上，这个银光闪闪的头盔和他宽大的睡衣简直珠联璧合。在返回纽约的飞机上，他依然高度亢奋，将一把塑料叉子插在耳边的眼镜腿上。他是奇异星球上的外星来客。

但在柯布内心，一股不可遏止的失望情绪正在慢慢滋生。在新大陆，政治和商界精英统统拒绝接受新思想。美国人似乎一点都不严肃，心里唯一在乎的就是钱。这些酸楚的印象成为一本书的素材，书名叫作《当大教堂是白色的时候：在怯懦者的国度旅行》。返回法国后，他带着恶感写成了这本书。汽车太多，树木太少，人们耽于怀旧而不懂欣赏未来之美，或者听任自己浸在好莱坞的麻醉剂里虚度光阴。

一段时间之后，他画了一幅漫画，画中，他正在跨越大西洋，头顶礼帽，戴着他标志性的圆眼镜，叼着烟斗。后脚正要离开纽约城看似前途无量的摩天楼群，前脚已经踏上巴黎的土地，埃菲尔铁塔就在眼前。他面朝着欧洲的方向而背对着美国；对这个国家，他能说的都说了，已然无可奉告。

在纽约的最后几天，他又一次对哈里斯夫人发出呼唤。他详细地跟她说明自己什么时候方便——只有一天空闲，只能在午夜之后联系，只能电报联系。这次他把落脚点选在哥谭饭店。跟她再见一面，成了他最后的救命稻草。

“我无法想象，如果我的美国之行和纽约之行中没有你会是怎样……我对你的爱与日俱增，”在返回法国的老佛爷号邮轮上，他把这句话记在一张便签纸上。“跟你在一起，样样都美丽、样样都恰当、样样都正确，让人身心愉悦，充满爱意。当胸怀为你打开，为何不放下顾虑，带着对快乐和美好的期待，全心全意去爱？”[18]

“再见了，我的宝贝。”他写道。

他怎能不去期待与她再次见面？但是在大洋彼岸，他有他自己的生活——夏洛特和皮埃尔在工作室里等着他回来，他们都相信他一定会带着新的项目委托回到他们身边；伊冯娜等着他回家品尝午后的茴香酒；还有邦梭，他的狗，早就迫不及待想要跟它的主人一起散步，穿过布洛涅森林那条熟悉的林荫路。长岛海峡的沙滩和爵士俱乐部的夜晚愈行愈远，渐渐消退在记忆深处。大船抵达波尔多港，柯布沿舷梯拾级而下，当海滨大道的暖风拂面而来之时，爱情的大门在他心底悄然合上了。

十多年之后，柯布受到邀请，去参加联合国总部大厦的设计方案。本来这样的机会意味着一次英雄般的凯旋，没想到他和美国的关系却愈发僵硬了。

鉴于日内瓦的国际联盟已经不再行使功能，世界各国领导人就希望在新的地方开启新的合作模式，以加强合作、解决冲突、避免争端。再次选择欧洲城市似乎并不合适，那么，哪里才是新世界的中心呢？[19] 美国看来是个合理之选。旧金山被苏联否决了，因为离莫斯科太远；费城也曾短暂地进入了视野，但很快就被放弃，那里显然也没什么吸引力。最后，纽约及附近区域成了最有力的竞争者，有几个地方可供选择：纽约州的韦斯切斯特县、康涅狄格州的费尔菲尔德县以及皇后区的法拉盛草地，罗伯特·莫西斯对后者情有独钟，曾把它选做 1939 年世界博览会的会址。莫西斯正极力推荐皇后区的地块，却不料斜刺里杀出一匹黑马。这块地位于东河畔的第 42 街，以“血巷”的名字为人所知，地产大亨威廉·泽肯道夫在此买下 18 英亩的土地，雄心勃勃地进行开发。这里原先是屠宰房和肉类加工企业，跟芝加哥的牲畜围场差不多。牲口被装进驳船运到这里，鲜血染红了东河，零骨碎肉堆积如山。泽肯道夫买下第 42 街到第 48 街之间的地块，准备开发成一个带有未来色彩的综合体，他管它叫“X 城”，里面净是些豪华住宅区、写字楼和零售店，也有公园、音乐厅和直升机起落场。但泽肯道夫心里有件事瞒住没说，他手里的钱连项目的启动经费都不够。这一年泽肯道夫在曼哈顿的蒙地卡罗夜总会举行周年庆典，席间跟洛克菲勒推杯换盏，趁着酒酣耳热，以 850 万美元的价格把这块地给卖了。[20] 洛克菲勒家族拿到产权，立刻将其作为礼物转送给联合国，让他们把总部建在此地。此为一举两得，不仅赢得政府的欢心，也遏制了泽肯道夫建造城中城的野心，免得跟洛克菲勒中心构成竞争关系。

那么接下来就要决定新的联合国总部的形象。在这个问题上，大家达成共识，认为它应该是一座现代建筑，代表着未来的价值，让人联想到一往无前、合情合理、明辨是非，最终指向一个大无畏的新世界的形象。大家还做出决定，既然联合国涵盖了如此众多的兄弟国家，这座综合体建筑，包括一个处理联合国行政事务的秘书处大楼，一个会议大楼，以及一个大会堂，一定要由一个具有充分国际代表性的委员会来组织设计。联合国总部大厦的设计任务指定由华莱士·哈里逊领衔执行。哈里逊不仅是这次设计任务的首席建筑师，也是洛克菲勒家族的实际代理人，他与这个强有力的家族有姻亲关系。1935 年柯布第一次赴美期间曾与此人共进晚餐。哈里逊身材高大，略微秃顶，举手投足别有一种潇洒风度。别人常常把他跟罗伯特·莫西斯搞混，其实哈里逊脾气温和，经常充当和事佬角色，跟莫西斯迥然有别。年轻时代哈里逊曾在马萨诸塞州伍斯特市一家建筑公司当办事员，后来通过夜校学习掌握了绘图技能，到波士顿谋到了一个助理绘图员工作，再后来他进了纽约迈金、米德和怀特建筑师事务所。他与雷蒙德·胡德一起参与了洛克菲勒项目，是洛克菲勒中心设计方案背后的主要决策者之一。

哈里逊在此次联合国总部大厦设计任务中的头衔是“规划总监”，项目开发部觉得这个称呼更能体现集体性的工作模式。他的第一个任务是组建设计委员会。在一份官方文件中，他列举了打算召集的来自不同国家的近20位建筑师，排在第一位的是“法国：勒·柯布西耶”。[21]哈里逊曾在巴黎美术学院学习，对柯布非常熟悉且崇拜有加，而且对他在1927年国联总部设计竞赛中的遭遇深表愤慨。国联就是联合国的前身，总部设在日内瓦。为了完成那座日内瓦湖畔的现代建筑综合体，塞夫尔街35号事务所的所有员工没日没夜地奋斗了好多天，结果提交的成果被判不合格，理由是渲染时没有使用规定的中国墨水。实际的原因是评委会主席不喜欢现代主义建筑，所以把橄榄枝抛向了一个古典主义的方案，这个方案最终建成。[22]

哈里逊对柯布的难以相处素有耳闻，但仍然邀请他加入设计委员会。这个组委会的其他建筑师包括：澳大利亚的盖尔·苏瓦耶，比利时的加斯东·布朗法尔，加拿大的厄内斯特·科米尔，中国的梁思成，瑞典的斯万·马克留斯，英国的霍华德·罗伯特森，乌拉圭的胡里奥·维拉马霍，以及苏联的尼古拉·巴索夫。

勒·柯布西耶一开始就误解了组织者的意思，他以为他是这个委员会的头儿，哈里逊只是联合国和纽约市的联络员。他似乎一直都不能理解这个宏大的建筑务必要每个设计师贡献均等的力量这一设计出发点。组织者认为，它不仅要成为一个艺术品，而且要委员会的每一位成员都添上自己宝贵的一笔。雄心万丈的设计委员会在 1947 年 2 月 17 日总统日这天召开第一次会议，地点选在雷电华大楼的 27 层。这天哈里逊把西装外套甩在一边，穿着衬衫、打着领带，嘴里衔着永不离手的雪茄，吹响了进军号角："我们的建筑要成为和平与安全的象征。开始干吧。"[23]

勒·柯布西耶第一个发言，以为理所当然。

他说："整个曼哈顿都在我们的关注范围之内。"这座综合体建筑应该像个纪念性的感叹号或一个戏剧性的宣言，要跟城里其他建筑完全区分开来。秘书处大楼应该像公园里的一座巨塔。说到这儿，他拿出早就准备好的笔记本，里面画着一个钢和玻璃的大板楼，正是他当年为阿尔及尔设计的办公大楼的放大版，也是他为里约市设计的教育与卫生部大楼的升级版。[24]建筑应该在东河沿岸取东西朝向，以便获得日出与日落的景观；大会堂应该设在北侧，水平伸展，作为办公大楼的裙房。整个建筑群应当简洁纯净，塑造统一完整的视觉景观。柯布说完这些，本意是大家会立刻鼓掌通过。但是，委员会成员显然各有各的主意。

苏联的尼古拉·巴索夫对柯布的构想不以为然，他提出了一个完全不同的整体布局方案。来自中国的梁思成同意建筑群应该沐浴在阳光中，但他建议将建筑体量打破，以较低的层高分散在花园中。接下来的四个月，委员会中的诸位建筑师们进行了精心协商和讨论，总共做出了近40个不同方案，墙壁上挂满了方案草图，房间里堆满了被称为“后屋男孩”的年轻助理建筑师草草搭成的模型。

一天接一天，讨论室中烟雾缭绕。午休时分大家到第47街的德尔·佩佐餐厅吃饭，这是一家柯布非常喜欢的意大利餐馆。方案的范围逐步缩小，只剩下最后的两个选择：方案一，所有的建筑聚在一起，就像柯布当初建议的那样；方案二，不同功能的建筑彼此分开。后一个方案来自于建筑师委员会中的一位新人，此人之所以姗姗来迟，是因为美国政府对他的共产党员身份犹豫不决。他的名字叫奥斯卡·尼迈耶，是巴西建筑界一颗冉冉升起的新星，不久之后将会因为设计了巴西的现代首都巴西利亚国会广场和政府大楼而闻名世界。尼迈耶此番加入，让现代主义刮起了热情奔放的拉丁风，他锐不可当又乖巧知趣，抛弃了刻板无聊的直线，转而采用“自由流畅的、优美动人的曲线。这些曲线，来自于我的祖国的群山，来自于它那蜿蜒汇流的大河，来自大海的波涛，还有我爱恋的姑娘那美丽的胴体”。[25]

尼迈耶1936年在里约市的一家咖啡馆里遇到了柯布，曾协助他设计教育与卫生部大楼，直到1943年建成。在联合国总部大厦设计方案组内，他对柯布是毕恭毕敬的，但最终还是鼓起勇气来挑战他的导师，他把名字签在第 17 号方案上，也成为勒·柯布西耶的第 23 号方案的主要竞争对手。建筑师们结成了同盟，尼迈耶得到了一批对柯布日益反感的建筑师的支持。有些人一见到柯布进入房间，立刻就转身出去。哈里逊决定不作评判，因为一下结论就会产生成功者和失败者，这样并不符合初衷。他只是一再催促整个团队尽快达成共识。

柯布觉察到他必须想办法让大家相信他是富有团队合作精神的人，因此在一次新闻发布会上，面对 30 多位来自《时代周刊》《纽约时报》《生活》等媒体的记者，作了简短的发言。他穿着深色的上衣，打着领带，圆圆的黑眼镜后面眼睛迅速眨动，站在烟雾缭绕的会议室中间，表达了这样的一番意思：这不是一个人的方案，也不是某个人的贡献。这一点对于手中的方案特别重要，“我们是一个团队，我们紧紧团结在一起，”他对听众们说。这群人听到了传闻，说设计委员会内部不和，发生了严重的争执。他们从翻译机里听到柯布的保证，赶紧把它记在本子上。柯布继续说，协同工作的气氛让人倍受鼓舞。大家都在这里，“为这世界性的建筑添上自己的一笔。每个人都献出自己无名的心血。”[26] 尼迈耶此刻躺在他的旅馆房间里，因为怕冷，他没去参加发布会。

在私人笔记里，柯布画下了他真实的想法——一个美丽的裸体，代表着 23 号方案；下面是一团被暴力扯碎的尸块，代表着那位年轻巴西人的方案，将建筑撕裂切碎，抛散在场地的边边角角。在柯布心里，尼迈耶用这种方式背叛了他。方案继续进行，柯布和尼迈耶互不相让，每人拿着一捆铅笔，一张接一张地画草图往墙上贴，直到哈里逊抛出两面讨好的神来之笔：他宣布，最终方案基于柯布的设计构思，但根据尼迈耶的方案进行补充完善。

设计委员会结束了使命，团队就此解散。哈里逊接管了后续的建造任务，最后实施的方案基本上就是柯布最初的构思：一个东西向布置的高耸的板楼，一个屋顶向两边微微翘起的大会堂向北延伸。杜鲁门总统出席了奠基仪式，建筑在1952年落成。

虽然柯布当着记者的面说这是大家的贡献，事实却并非如此。联合国总部大厦原本就是他的概念，但他却被有条不紊地边缘化进而被排除在外了。后来访美期间，他来到东河边上拍了一张照片，手里拿着他最初方案的手稿，建成后的联合国总部在身后充当背景，可以清楚地看到那张图与实际建筑有多么相似。

他本可以跑到很多地方去做类似的事：他在光辉城市中构想的那种与公寓伴随出现的十字形平面的摩天楼方案，后来在曼哈顿、皇后区、布朗克斯区顺次出现，然后席卷了圣路易斯、芝加哥及北美的其他城市。塔楼之间的距离非常之大，正像他所预言的那样。他也可以手持萨伏伊别墅的照片站在数不清的现代住房前面，那些房子个个都洁白无瑕，黑色的带状窗子绕在墙身上，从韦斯切斯特县到洛杉矶哪儿都有它们的身影。他也可以站在波士顿市政厅或其他立于底层架空柱之上的建筑前面，每一座美国城市的中心地带都能找到这样的建筑，在接下来几十年的城市复兴运动中，它们被大量建造出来。但是，尽管所有人都在拼命模仿他，他却一点都高兴不起来。有朝一日，柯布终将在美国留下一座完完全全归于自己名下的房子，只是阴差阳错，那个时机迟迟未能到来。

# 肆　明珠暗投

以往每个夏天，在朗吉瑟-高利大街24号的屋顶花园里，柯布总能听见罗兰加洛斯球场那震耳欲聋的呐喊声，法国网球英雄雷乃·拉科斯特和亨利·考克特在法网公开赛的红土场地上纵横厮杀，观众为之热血沸腾。如今，在日益浓重的纳粹铁幕之下，网球场被清理一空，准备迎接它的新使命——战俘集中营。

自从德国士兵的方队和马背上的小号手从香榭丽舍大街上招摇过市之后，一切都已不同。城里到处都悬挂着血红、黑色和白色相间的纳粹“卐”字旗，占领期开始之后，店铺纷纷关门谢客，这个国家因为军方错误的策略而蒙受了巨大的损失。很难理解决策者怎么会错得这么离谱。当年他们在比利时和瑞士之间长达数百英里的德法边境布下重兵，挖掘了又深又广的战壕，修筑了无数的瞭望塔和钟形要塞，运来了数不清的辎重，耗费了无尽的钱财。他们希望通过森严壁垒来防止出现另一代垮掉的年轻人。当时年轻有为、崭露头角的夏尔·戴高乐将军就曾对修筑这条马其诺防线和以防御为主的总体策略不以为然，呼吁把钱花在飞机、坦克这种灵活机动的机械化战争装备上。然而军方那些白发苍苍的老将充耳不闻，忙于以他们的方式打赢这场最后的战争。可是德军从天而降，打得法军猝不及防——他们只是轻松地绕过了漫长的防线，从阿登高地和地势较低的比利时横穿过来。只用了六个星期，德军已经完成了他们的攻占任务。在乡间，数以万计的平民带着他们的全部家当踏上逃难之路，或肩扛、或车载，赶在侵略军到来之前艰难跋涉。敦刻尔克的守军接到命令，让他们丢弃所有的武器辎重即刻撤退，因此，在最后的几个小时，他们没有去为碉堡补充人员或进行战争准备，而是忙于销毁无法带走的战备物资。大炮的前端被破坏，像香蕉皮一样裂成几片散落在地。

希特勒深知如何羞辱法国，他特意把签署投降协议的地点选在贡比涅那列火车车厢，也就是 20 多年前法军迫使德军签署停战协议的地方。人心迷茫，前途未卜。这个曾经骄傲的共和国的子民们开始怀疑，是不是法兰西从此将不复存在？

世界正在分崩离析，布洛涅－比扬古镇公寓顶层的夫妻却并不担心，这所房子成了他们最好的避难之地。柯布设计这所公寓的时候，充分考虑了战争时期的防护设施。伊冯娜重新做了些布置，又储备了些食物，两人都知道以后不大可能有充足的食品供给了。但是，巴黎的形势迫使他们做出逃亡的决定，邻居们纷纷离开了这里。塞夫尔大街 35 号的事务所已经歇业了，不管设计业务有多繁忙，这时也无从谈起。柯布带上伊冯娜，锁上了自家的大门，逃到了比利牛斯山区的一个村庄。他的堂弟皮埃尔后来也来到这个名为欧容的小镇与他们会合。在这遥远的南方、法国和西班牙边境，两家租了房子，比邻而居。接下来该做些什么呢？谁都没有主意。柯布为人长于谋划，从来都对未来踌躇满志，这种无所事事的状况对他而言并不寻常。前景一片茫然，他浑身不自在。

柯布从报上读到戴高乐逃往伦敦，发誓要重回法国，号召所有不屈服的法国人前往英国去组织抵抗运动，与德军战斗到底。但是1940年6月法国陷落后的几个月，戴高乐的招募计划就行不通了。尽管很多法国人参与到抵抗运动中，更多的人还是躲在自己的小房间里，希望日子尽可能好过些，他们没有指望，只好按照亨利－菲利普·贝当元帅的指令行事。贝当是一战时的民族英雄，现在却跟德国达成了协定，为使广大国土免受战争破坏，决定将法国一分为二，北部由德军占领，南部由法国人控制，但必须发誓与德国同荣辱、共进退。面对这一新的现实，柯布决定不去逃避，也不能坐等战争结束。那该怎么办呢？柯布打算支持贝当的非常举措，其实就是变相向德国投降。在柯布看来，新政权必将想办法重新恢复社会稳定，那么他的老本行——制定城市重建计划、提供低成本住房，就将派上用场。这是一项体现爱国热忱的使命，为了实现这个理想，他必须前往维希。

维希，这个当年的温泉小镇，在巴黎以南大约500英里的地方，从罗马时代起就是人们趋之若鹜的度假胜地。现在，法国南部地区的临时政权在这里组建政府，让它摇身一变成了首都。贝当当初是马其诺防线的主要支持者之一，如今却成了新政府的领袖。所有法国人都在报纸上读到一则消息，照片中，贝当与希特勒在蒙托瓦尔－上卢瓦尔的顶峰握手言欢，他那圆柱形的法兰西军帽低到快把眼睛遮住了，这身行头，与身着双排扣大衣、戴着铁十字勋章的纳粹元首相得益彰。

“为了荣誉，为了维护法兰西的统一，”贝当说，“为了创造欧洲新秩序，我今天带领法国走上合作之路。”[1]

这座古色古香的小村庄里能够找到的最高级的地方要数公园饭店，贝当就在那里占了一个房间，他破坏了仅存的一点民主政治，为自己赋予了至高无上的权力。他断言法国的失败与其完全归咎于马其诺防线，不如说是因为全民性的道德败坏。法兰西偏离了轨道，它那伟大的精神衰落了。新领袖号召人们回到工作、家庭和国家的基本价值上来，在新秩序下走上自新之路。与德国结盟也是重回本源的道路，回到两个国家几世纪以来的共同传统中；20 世纪的新朋友都不可信任。英国的沦陷是早晚的事，大概只需几个月就够了。希特勒准备对苏联发起进攻之际，贝当也发动了一场反共运动，攻击在法国政坛活跃了几十年的极左势力。维希政府对协助德国迫害犹太人特别感兴趣，立法限制经营范围，没收财产，限制行动，逐步发展到逮捕男人、女人和小孩运往集中营。

最后，他们跟德国一样展开了狂热的清洗；对他们来说，为了使法国得到净化，没有比这更好的办法了。贝当和他的阁僚很快意识到，将失败归咎于他人是多么轻而易举，赢得新的支持是多么信手拈来，新政权的威严因而得到确立，征服者也会对他们的赤胆忠心深表赞赏。

维希政府就是由这样一群阴谋家、市侩小人、刽子手、见风使舵之辈组成。核心领导小组包括三个人：贝当元帅，当时在法国人心中余威犹在；总理皮埃尔·赖法尔；弗朗索瓦·达尔朗上将。他们共同组成了领导核心铁三角，迅速投身到热切的合作运动中。达尔朗口口声声“大日耳曼”将从布达佩斯延伸到布列塔尼，私底下却在盟军攻打北非之后与之暗通款曲。三人中，德国人唯一信任的就是赖法尔，法国人最厌恶和害怕的也是他。正是他导演了法国工人“志愿者”赴德国充当苦力，也是在他的监督下犹太人被运往各地集中营。伙同另一位坚定的法西斯分子约瑟夫·达尔南，赖法尔执掌着维希政权警备系统，也就是令人闻而色变的“法国民兵”的实际负责人。这些人面色铁青，身着蓝色制服、棕色衬衫，头戴宽大的深色贝雷帽，帽檐斜着耷拉到一边脸上。他们的特长在于严刑拷打、软禁绑架、草草处决。人人都怕他们，甚至比起盖世太保和党卫军来，他们都更让人闻风丧胆。[2]

就是这样穷凶极恶的一群，聚集在法兰西中部的度假胜地，腰别盒子枪、头戴贝雷帽，个个心怀鬼胎，柯布却一心想要成为他们中的一员。

柯布没有明说自己对维希政权的支持，但在私底下，他似乎已经说服自己去接受近在眼前的新秩序，觉得它不仅是可接受的，甚至是充满希望的。

他在给妈妈的信中写道："如果希特勒说话算数，他真能通过一项了不起的事业为自己的一生加冕：再造欧洲。从个人的角度而言，我觉得这件事的结果不会差……如果这项事业中包括为各个国家赋予特定的角色，消灭银行，解决真正的、现实的问题，那么结果就不会差。这将意味着所有的法庭辩论告一段落，所有的大大小小的会议一扫而空，国会中的滔滔不绝和信口雌黄也将成为历史。"[3]

用真正的行动取代官僚主义的瞻前顾后，这一点对他尤其具有强大的吸引力。自从瓦赞方案提出以来，包括它的升级版"光辉城市"，他就一直在说服政府接受他的都市发展计划——高密度、低扩张的住宅区，以及大规模城市重建及房屋开发计划，不止在法国，而是哪儿有可能就去哪儿。巴西的经历最终证明失败了，除了一栋建筑——教育与文化部大楼在里约市中心建成，其他都化为泡影；他构想的那些俯瞰海滩的居住区再也没能实现。他在美国提出的合理化城市发展建议同样遭到漠视。

在维希，一切将重新开始。此时此刻，这里正需要全新的方向和任务：从德军侵略的破坏中恢复过来，为无家可归者和难民提供栖身之所，并借此机会，制定属于未来的规划。贝当政府的政令只是让他的观念就位的工具；他只要进入其中，成为住房与城市问题的首席顾问，只要实现了这一点，他就可以获得真正的权力，来推行他的人类居住计划。

柯布又想，尽管新政府一定能够赏识他的提议，也不能太过鲁莽，一定要见缝插针，便宜行事。就像任何希望跻身内阁大臣之列的人一样，柯布需要准备的不仅仅是一份简历，而且是实实在在的人脉。他真的找到了进入关系网的引荐人，却让自己彻底沦为法国极右翼势力的一员，他们高举仇外主义和种族至上主义的标语，为纳粹摇旗呐喊。

当时为了接近维希的核心小圈子，柯布可以说是无所不用其极。剧作家让·吉罗杜曾答应为柯布的一本书写推荐，后来成了德国人的宣传喉舌，并加入了维希政府。他对旧式婚姻极力推崇，特别害怕外国移民，对种族净化有着不懈的追求。他坚信法国需要一场种族纯化运动，一举攘除“侵入”国土的外国移民，以举国之力推广优生优育。[4]亚历克西·卡雷尔医生也是维希社交舞台上的活跃人物，他的观念跟吉罗杜大同小异，鼓吹优生学和安乐死。柯布得与此人结识，纯系出乎偶然。某次他去圣特罗佩游泳，一艘摩托艇开过来刮到了他，螺旋桨撕开了他的大腿。缝合以后，医生告诉他有一位诺贝尔医学奖获得者发明了一种新疗法非常有效，柯布就找到此人，接受了他的康复治疗。这位诺奖得主就是卡雷尔，这次的经历让他们自然而然地发生了接触。

一个熟人带来另一个熟人，柯布的关系网慢慢搭建起来。他以一种独具个人色彩的不可理喻的方式接近他的目标。终于有一天，他见到了弗朗索瓦·达尔朗，短暂的对话期间，两人谈到了犬类动物的科学饲养问题。适逢上将自己的母狗第一次进入发情期，勒·柯布西耶不失时机地提出让家中的好狗邦梭为它配种。这次和亲活动以失败告终，邦梭和母狗对视一眼，谁也没看上谁。[5]但人脉算是搭上了，尽管不知会有什么用。但是要想成为新政府的一员，他必须证明自己的纯洁和忠诚。可在这方面柯布有个显著的症结，即他的移民身份问题。尽管他已在1930年成为法国公民，他的母语本就是法语故讲得极其流利，且自1917年起就彻底搬到巴黎居住。然而，在维希，一个人再怎么小心也不为过，就怕以为自己已经完全没问题了。他最初几次驱车从比利牛斯山区前往维希，路途异常难走。他只是偶尔要求伊冯娜随同前往。他在皇后旅馆开了个房间，在那里静候圣谕，完全不知道几时会来。每当收到妈妈寄来的食品包裹，柯布总是惴惴不安，怕被人看作从事间谍活动的瑞士特务。漫长的等待之后，他的耐心终于得到了回报，不但见到了贝当元帅本人，且被委以重任，相当于署理居住与城市问题的内阁大臣。柯布大半生的时间都在翘首以盼，眼看人事消磨，却终于抓住机会，成了新法兰西的大国手。柯布踌躇满志，第一次出手就设计了“姆伦丁方案”，整洁的木头棚屋，上覆铁皮屋顶，用来为流浪者提供临时的居所。他又为北非阿尔及尔描绘了全新的城市景观，尽管国家分裂，阿尔及利亚依然处在法国的控制之下。在阿尔及尔，他还设计了长长的带状连续的公寓大楼，由一条架空的高速公路相连；以及一座庞然大物般的塔楼，立面上有锯齿状拼贴的各种尺寸的窗户，窗外配着遮阳板，这是他设计的混凝土窗体外遮阳系统，用来挡住南方炽烈的阳光，同时为室内引入清凉的微风。勒·柯布西耶使尽浑身解数，希望得到非占领区领袖们的赏识。

最后事情变得很清楚，他必须长久地留在维希。柯布把伊冯娜带到身边，换了个好一点的旅馆房间，开始领取薪水支票。伊冯娜的健康恶化得很厉害——各种各样的状况似乎都让她困扰不堪，从输泪管堵塞到肝病，加上更年期的原因造成情绪大起大落。但是她的丈夫似乎并未受到影响，他一心一意地拥抱新生活，期待从维希得到更多。好消息是他的妈妈给了他充分的鼓励，为他能够在可怕的战争时期游刃有余而感到高兴。她在信中表扬了他，这正是他长期以来翘首以盼的，为此欣喜若狂。其他方面则乏善可陈，他那忠诚且勤勉的堂弟皮埃尔留在山区，静待战争结束。早在占领之前，他和佩里昂就跟柯布选择了不同的队伍，他们在巴黎加入了左派政治团体“青年团”，这个团体由共产主义者和社会主义者组成。两人说服柯布与该组织合作设计了 1937 年巴黎世博会新时代馆。逃出巴黎并抵达欧容后不久，皮埃尔再次迁居到格勒诺布尔，坚决反对德国的入侵。在他们眼里，柯布的选择如此诡异，以至于相互之间都不敢提及这件事。皮埃尔在这座河边的美丽小城给柯布写信，信中说他不知堂兄在世界上什么地方，但肯定不是在维希。夏洛特则更加干脆，她和柯布之间的裂痕一辈子都未能弥合。[6]

可是玛丽·让纳雷比谁都了解她的儿子。他厕身于这些当权派当中，她一点都不感觉奇怪。他那改造人类住居之梦，一点都不亚于重新塑造一个社会，早就跟政治之间有着难解难分的关联。可以说，这份冲动基本与意识形态无关。他向当权者献媚，是为了获得建造机会，因而不会在意他们到底是谁。

十多年前，他曾为“复兴法国”组织做讲座，这是一个新法西斯团体。1934 年，贝尼托·墨索里尼请他到罗马、米兰和威尼斯作报告。他有机会让元首聆听他的思想，且做好一切准备向这位独裁者献媚，哄他开心，让他给他提供机会，令他的城市设计方案得以在意大利变为现实。[7] 还有一次，他为意属埃塞俄比亚首都亚的斯亚贝巴设计了一个城市发展计划，合作者是意大利法西斯党头目朱塞佩·柏台。

苏共中央总书记约瑟夫·斯大林，这位留着大胡子的独裁者跟柯布一样给自己换了名字，“斯大林”在俄文中的意思是“钢铁”。他也向塞夫尔大街 35 号发出信函，邀请他们参与莫斯科一项重要的政府综合体建筑的设计竞赛。莫斯科中央局大厦是斯大林构想的一种社会容器，建成之后将容纳消费合作社中央联盟的 3500 名员工。事务所就这样得到了在莫斯科建造的机会。在竞赛第一轮，柯布击败了他从前的导师彼得·贝伦斯，其他竞争者则纷纷主动退出，认为竞赛的胜出者非柯布莫属。柯布的设计是一个巨大而优美的复合体，既有直线也有柔和的曲线，内部迷宫般的坡道纵贯七层空间，水平窗带有节奏地断续相连，也使用了底层架空柱。他在街面上观察人们的行为，深信自己的建筑不仅改造了场地的形态，也对整个社区作出贡献。

柯布去莫斯科时，一下就成了焦点，一举一动都有人拍照，他跟那些一根接一根抽烟的苏联建筑师相处融洽，他们都穿着粗花呢的大翻领军用防水短上衣。他在混凝土浇筑现场拍照片，跟粗壮的俄国工人合影留念，彼时苏联的构成主义运动正如火如荼，人们都认为艺术必须为革命服务，建筑的建造过程也难免流于粗犷。其实当时苏联社会的各个层面都没给不同的观点留有余地，建筑上当然也未有例外。但是人们还是敞开双臂欢迎柯布。一次卓有成效的旅行之后，他给妈妈写信道："惊喜呀，惊喜，他们居然称呼我为'伟大的父亲'——没错，就是父亲！到处都是友爱和敬意，无穷无尽，过去的十天里日日如此。"[8]

在人们眼里，他一会是共产主义者，一会是资本主义的走狗，一会是社会主义者，一会又成了法西斯。实际上，他可以为任何人服务。以建筑之名，他是个厚颜无耻的机会主义者。批评他的人可以从他身上看见对法西斯主义的真实喜爱，因为他有着冷酷的功能主义倾向，以强大的意志推进问题的解决。很多人都难以相信他置个人私德于不顾，决意为丑恶的政权服务。人们都忽视了他就事论事的能力，一直以来，他追求的只是项目委托而已。

个人魅力和优美的制图并不总能奏效。年深日久，柯布终于明白，那些政府，无论是不是独裁政府，都需要被灌输现代主义的优势所在。一个念头在他头脑中逐渐形成：必须建立一个政治联盟，将拥有相似观点的现代主义者们聚拢在一起。

国际现代建筑协会即 CIAM 的建立，就像柯布一生中很多事情一样，都是为了争一口气。其动机可追溯到 1927 年日内瓦国联总部设计方案的失败，这次事件影响深远，以致后来他接到纽约联合国总部大厦设计的邀请时仍心有余悸，犹豫着要不要加入。1927 年的国联总部设计竞赛是一战后国际外交领域的一项大工程，柯布的参赛方案是 337 份提交作品中的第一名，它完美地体现了 20 世纪对未来的憧憬。柯布和皮埃尔的方案是一个光洁的水平伸展建筑群，反向呼应着远方起伏的山脊曲线。这个方案如此动人，以至于建筑本身即可成为刚刚成立的、尚无明确取向的国联的一个时代声明。但是评委会阴谋酝酿着新古典主义方案的胜出，他们把项目委托送给了一位声名赫赫的布扎建筑师，此人擅长的不过是把历史形式拿来拼贴组合，做出一个四不像来。[9] 柯布的方案被排挤掉的理由荒谬可笑——他们说他使用了错误的绘图墨水，这更令他确信这是个“无良的骗局”，而它留下的挫败感则很难从记忆中抹除。他又是申诉又是威胁，甚至想诉诸法律程序，最终仍然被扫地出门。[10]

日内瓦项目的失败让他久久喘不过气来。曾经有一段日子，他以为这个项目即将按他的设计来实施，他抑制不住内心的狂喜，因为无论对于事务所还是现代建筑来说，这都将意味着一个转折时刻的到来。他向自己发誓说，以后再也不要面对同样的痛苦和挫折了——其他现代建筑师也不能再遭受同样的厄运了。柯布想，现代建筑必须有自己的组织，来为这次运动制定最基本的章程，也要让别人不敢小视。但是它不能像平常的行业协会，也不能是圆桌会议的形式。从一开始设立的目标来看，这个组织就被构想为一个民主的会议，观念交流的平台。它要有国际化的眼光和胸怀，因此柯布把它命名为“代表大会”（Congress）。

为了同样的目的走到一起来，是现代主义时期的一种常态，观念如此决绝，动辄与过往决裂而后快，需要清晰地表达出来。由格罗庇乌斯和密斯等人倡导的包豪斯运动表面上以学校教育的面貌示人，它曾先后选址于德绍、魏玛和柏林。勒·柯布西耶希望他的组织更加强健、更具政治导向作用：用建筑设计去影响近在咫尺的法令决策，在国际政治中保障现代建筑的地位。它的任务是通过房屋建设的开展、经济发展规划的制定和公共机构的设立推动社会转型，其艰巨程度并不亚于建设一个多元化的政府。

柯布的日程非常紧张，而且缺乏与别人合作的经验。为此，他需要一个同盟者，此人就是瑞士艺术史家和建筑批评家西格弗雷德·吉迪翁，日后成为协会的第一任秘书长。在巴黎，柯布认识了一位关键的资助者，她很乐意把自家客厅提供给大家欢聚之用。海伦娜·德·芒德罗夫人来自于日内瓦最后的旧式贵族家庭，她的志向是成为现代建筑与艺术的保护人，此前曾委托柯布在马赛郊外设计了一座私人别墅，那是一座石头和玻璃建成的单层方盒子建筑，位于山脚的坡地上。当年国联总部大厦所在的那块地就是芒德罗家的地产，她对柯布方案被拒的过程看在眼里，内心气愤不已。她向柯布主动提出，CIAM 第一次会议可以在瑞士她的地盘上举行。于是，1928 年 6 月，28 位建筑师来到瑞士，其中包括吉迪翁、卡尔·莫瑟尔、恩斯特·梅以及其他志同道合的现代主义者，他们聚集在拉萨拉兹堡的会址，这是日内瓦湖北岸的一座砖石城堡，有高高的尖塔。沃尔特·格罗庇乌斯和阿尔瓦·阿尔托是后来加入的。古老的城堡迎来了一次狂欢。建筑师们戴着浅顶软呢帽和圆顶硬礼帽，身着短大衣，打着领带，但为了晚上的主题派对，在外套里面都穿得好像游行的音乐家似的——铜扣子的马甲外面是带流苏和肩章的军服，头戴插着羽毛的平顶大盖帽。勒·柯布西耶抬着一架大军鼓。他们是时代乐队的领军人物。

建筑师们坐在一起，开始为组织制定发展目标。一个清晰的图景逐渐浮现出来：要宣传现代建筑的思想观念；要把这次运动向技术、经济和社会领域推广；要面向解决具体的建筑问题，重新制定发展规划，建设便宜的住房，不管是在工业资本主义国家还是社会主义国家都是如此。[11] 柯布再次成为新闻热点，用他喜欢的、在讲座中经常用到的图表、流程图和谈话纪要占据了新闻媒体的大量版面。

接下来的几十年中，CIAM 又召集了十次会议。柯布为它注入了充足的能量，以保持它的持续运行。第四次会议于 1933 年 7 月在马赛开往雅典的“祖国号”邮轮上召开。[12] 与会委员们一致同意通过一项指导性的章程，它的制定是基于数据分析和 36 项当代城市的研究案例，但其核心内容，即以《雅典宪章》名义公之于世的正式文件，则完全是柯布“光辉城市”的教义：巨大的居住区，高耸的塔楼，彼此间距离很远，下面是广阔的绿地公园，宽广的交通运输线上容纳着机动交通。CIAM 宪章为城市更新提供了崭新的蓝图，它轻率地断言城市中现存的肌理，除非有确切可知的历史价值，其余都可彻底清除，否则将会对城市居民的健康居住条件造成负面的影响。[13]

柯布的观点是协会应当同进同退，共同完成历史使命，靠个人单打独斗是不行的。但是人多的地方总有分歧，建筑师们各有主见，达成共识殊非易事。柯布很高兴看到曾在事务所里待过一阵的巴塞罗那年轻人何塞·路易斯·塞尔特走上前台，开始在讨论会中挑大梁，将不同意见汇总在一起，并敦促大家达成共识。可是，无论 CIAM 还是雅典宪章都不能像柯布期待的那样一劳永逸地解决问题。现代建筑仍然处在边缘位置，要为自己的前途挣扎，项目仍然被一次次地排斥在外。

就柯布本人而言，他在国联竞赛中遭到的不公平待遇在莫斯科再度上演了，尽管之前他在那里曾被夹道欢迎。他后来接到的项目委托——苏维埃宫，是苏联一个重要的行政办公建筑群，甚至比莫斯科中央局大厦更宏伟。他的设计是一座四面开张的巨大建筑群，有抛物线形的拱梁、粗大但精致的悬索，以及暴露在外的扇形支撑结构，看起来就像是现代版的哥特教堂的飞扶壁。他从第一轮竞赛开始一路过关斩将抵达最后一轮，做了一个精细的大模型，制定了详细的建造方案，一切就绪之际，斯大林突然闯进来，单方面作出决定，宣布两位苏联建筑师的新古典主义方案获胜。有时候——其实是很多时候，职业社团都起不到什么作用，只能望洋兴叹。

成立职业建筑师的国际组织，也不是一点成果也没有。在美国，第二次世界大战之后，CIAM 的教义成为很多城市管理部门的发展目标。城市建设的决策者如罗伯特·莫西斯等急不可耐地将这一套观念付诸实施，来实现美国城市的再造，这些城市正因为商业和人口向郊区转移而沦为空城。但是柯布决定不再参加这个组织的活动，尽管当年是他一手创立了它。之后不久，代表们一致决定解散这个运行了30 多年的团体，CIAM 的历史真可谓是其兴也勃，其亡也忽。不过柯布退出协会则是源于一次小肚鸡肠的抗议：一些成员不满会议组织的官方语言是法语而联名上书，要求以英语为通用语言。

CIAM 会议的精神得到了维希友人的激赏。吉罗杜为柯布撰写的推介文章就是针对《雅典宪章》这本书的，这是柯布对协会第四次会议的过程进行的回顾。一开始，似乎柯布和 CIAM 的所有主张都将在非占领区得到推行。柯布去参加音乐会和运动会，沿小城的林荫大道散步，日日等待维希政府批准他的新计划。但是，事情的发展让他信心渐失。这个小小的政权乌烟瘴气，不断变换的阵营、不断泄漏的阴谋、此起彼伏的内讧让各帮各派大伤元气，根本积攒不起来足够的力量去做事，至少是没有办法推行他的计划。不管他付出多少努力，他的角色仍然模糊不清。想要得到权力去做点想做的事基本上是痴人说梦；任何事情都要无穷无尽地等待下去，远超预期。与此同时，伊冯娜的身体越来越差，精神也越来越萎靡。人们都跑到这个小镇来度假，来恢复身心，可是这里的水土让柯布忠诚的妻子吃尽了苦头。

柯布从未真正成为新法兰西的大国手。来维希快两年时，他第一次萌生去意，打算重返此时仍在德军占领下的巴黎。巴黎的物资极度短缺，几乎没有燃料以供取暖，抢购食物的队伍却总是一眼望不到边。妈妈从瑞士寄来的包裹变得极其宝贵，柯布不得不跟妈妈详细说明如何掩饰包裹的真实内容，免得被偷。可是尽管如此，柯布已经急不可耐想要踏上那里的土地。

1943年夏天来临之际，他已经彻底地迁回了巴黎，再也没有离开过这里。10月，塞夫尔街35号的事务所重新开张，柯布雇用了两个员工，其中一位，年轻的波兰助手杰基·索尔丹，将在接下来的年月里跟随在他左右。谁也不知道哪里有项目委托；手里只有一项他已经着手设计的布宜诺斯艾利斯规划方案，而付出了不少心血的阿尔及尔项目则早已无疾而终。瘦骨嶙峋的员工们夜里从没有取暖设施的工作室里相继走出来，从路特西亚饭店的灯光下路过，这里已经被德国军人改成了一家药店和一家妓院。[14]街角设立了一家拘留所，巴黎居民经常因为违反了宵禁令或没有随身携带有效证件而被关到那里，不少人从此不知所踪。

盟军准备攻打诺曼底之时，柯布越发明白自己必须切断跟维希政权之间的任何瓜葛。但他仍不死心，企图抓住最后的机会。他去拜访极右翼势力“民族阵线”的秘书长、德战区巴黎市政当局的重要人物夏尔·特罗胥，讨论能否在占领区的住房委员会中弄到一个职位。[15]得到希特勒赏识的雕塑家阿诺·布赫克向柯布发出邀请，要与他讨论德国的实用建筑学方针，他也欣然接受，这大概也是因为约会地点非常中他的意。[16]他们说好在约瑟芬咖啡馆见面，这是谢尔什－米迪大街上的标志性建筑，平时顾客盈门。这家店的淋着香橙甜酒酱的蛋奶酥和乳鸽千层糕特别有名，柯布离开巴黎日子久了，非常想念。但是他此次在巴黎约见德国人，希望避开熟人的耳目悄悄进行，店主为此不惜在歇业的午餐时间为他俩专开一桌。[17] 布赫克对柯布赞不绝口，称赞他的开发理念能够稀释城市空间，两人还谈到了混凝土、钢和玻璃在建筑中的应用问题。柯布谈得兴起，一时口无遮拦，开始批评第三帝国到目前为止建造的那些宏伟壮丽但虚假浮夸的建筑和城市。两人握手告别，互道珍重，说好保持联系，布赫克还感谢柯布能与他互通有无。[18]

实际上，柯布对是否能与他再次见面不甚挂怀。内心里，他已经做好改旗易帜的充分准备了。

柯布在巴黎又成立了一个新组织，名叫建筑革新职业协会（ASCORAL），作为 CIAM 的一个分支机构。他已经开始为在战后重建工作中大显身手铺路了——不过这一次他的主顾换成了刚刚在英美帮助下打赢了战争的法国政府。巴黎人翘首以盼的一天在 1944 年 8 月到来，坦克在街上列队游行，士兵们收获的鲜花和香吻不计其数。勒·柯布西耶跟新近上任的法国解放委员会城市重建部部长拉乌尔·多特里仔细地观看了阅兵仪式的每一个细节，并适时向他透露了 ASCORAL 的发展目标和他打算为法国战后重建贡献力量的意愿。

尽管需要鼓起很大的勇气，柯布还是将维希时代抛在身后，踏上了新的征程。在战争年代，人们如何选择，实在是关乎生死存亡的大问题。他的很多同胞成了“骑墙派”，他们不着急站队，等着看哪边能坚持到最后，谁也不得罪。[19] 有些人做了些不算光明正大的事，只是为了在乱世中苟活。

德国人占领了所有的商店、饭馆、酒吧，垄断了食品供给，人们忍饥挨饿，必须想办法活下去。巴黎人对此心知肚明。人们对此选择了宽恕；但他们不能原谅那些与侵略者同流合污之人，就像勒·柯布西耶当年曾做的那样。对那些胁从、教唆的帮凶，人们强忍愤怒。

当巴顿将军的雄师逼近巴黎郊区的时候，情况对穿德军制服的人已经相当不妙了。抵抗运动中胆大的人已经开始暗杀行动，逼迫德国人逃离法国，跑得越快越好。执掌巴黎政权的德军司令拒绝了希特勒焚城的命令，向盟军缴械投降。夏尔·戴高乐将军凯旋，在香榭丽舍大街上举行了阅兵式。等这一切都尘埃落定，人们把目光投向了德国人的帮凶。此时，对侵略者的仇恨已经不算什么了，人们以十倍的憎恶对出卖了法国的人发泄着自己的愤怒。任何与维希政权有关联的人，特别是“法国民兵”警备系统的成员，都被一个个地抓捕归案；这些人中绝大多数都被草草公审后执行枪决。与德军发生过“水平合作”（horizontal collaboration，指与德军有染）的法国女子被剃了光头，拉出去游街示众。贝当被判了死刑，赖法尔也挨了枪子。

看着从前的朋友们一个个不得好死，柯布想出了个自我欺骗的好办法。他想办法让自己相信他只是混迹于众生之间的小角色，受到维希政权的胁迫才选择与他们合作。这么想着，他竟然想要混入戴高乐将军钦佩的那些平民英雄队伍，成为他们中的一员。那些抵抗运动中的男男女女在过去四年时时冒着生命危险，他们随身带着致命毒药，准备万一被捕时一口吞下。

可是，没的可选，人只能向前看。法国虽然胜利了，但满目疮痍的国土，那么多无家可归的人，还有受到玷污甚至被摧毁了的城市与乡村，让它们从废墟中站起来比什么都重要。有些城市真是被彻底摧毁了，比如法国东部的孚日圣迪耶，撤退的德军一顿狂轰滥炸之后又放了火，几乎把城市夷为平地。勒·柯布西耶一个人就能把撕裂的土地缝合起来，因为他有光辉城市计划成竹在胸，可以把巨大的公寓楼按相当宽裕的间距摆放进去，然后再用架空高速公路把它们串联起来。听说有这样的战争废墟，柯布兴奋得有些眩晕了，他在给妈妈的信中这样写道："圣迪耶在三天的时间内被有条不紊地摧毁了，真是一个杰作。"[20]

从年轻时代起，柯布就对从废墟中再造城市情有独钟。还在艺术学校念书的时候，他就替一座意大利小城墨西拿设计了重建方案，该城在1908年毁灭性的大地震和海啸中被摧毁。东方之旅行进到伊斯坦布尔的时候，有一次发生了大火，柯布饶有兴味地观赏熊熊烈火席卷城市，一面对火焰的巨大破坏力发出赞叹。而他也清楚地知道家乡拉夏德芳发生的那次大火，它把遍体鳞伤的中世纪棚户区一举消灭，新的城市得以在焦土上重生，干干净净，整齐划一。

重建，是他唯一能为这个国家做的事。他已经取得了拉乌尔·多特里的信任，此人手握权柄，让柯布拿出一个圣迪耶重建计划的草案。另一个好消息是，他被委任为城市与建筑使命小组的负责人，这是法国外交部发起的一项实事求是的研究行动，目的是考察其他国家如何进行城市建设。[21]

在新政府底下担任这样一个重要的职位，需要直接面对戴高乐将军本人。柯布刚从瑞士探望妈妈回来，就接到通知，要往法国战后临时政府所在地拉罗舍尔面见这位个子高高、脾气尖酸的领袖。柯布在门外如坐针毡，等了好久，终于见到了将军，两人握手致意。至于接下来发生了什么，已经无据可查。[22]等柯布从戴高乐办公室里走出来的时候，他在维希政权之下的所作所为算是一笔勾销。戴高乐缘何允许柯布进入他的新政权，我们不得而知。他当然晓得柯布去维希所为何事，但似乎并不打算在这上面继续纠缠。也许他也被柯布的能力吸引了，或许他更在乎他的观念。让重新站立起来的法国人民住在体面的房子里，是当时的重中之重，戴高乐的爱国主义并非要靠睚眦必报来推行，他也是个实用主义者，与立场相比，他更重视实效。

新的机会出现了，勒·柯布西耶怎能让它从手边溜走。他立刻投身到了工作中，火烧眉毛的新问题是：城市需要重建，无家可归者需要住房，住房需要以最高效的方式组织在一起。而他最需要做的，就是再一次重新发现自己。

# 伍　东山再起

两个人在工地的瓦砾间穿行，勒·柯布西耶在前，巴勃罗·毕加索在后，身边是巨大无比的三角形混凝土牛腿柱，上面托起了长长的建筑体量——形体虽然巨大，却好像轻轻地飘浮在空中。建筑师和艺术家都穿着白衬衫，天气闷热，腰带以上部分的扣子都解开了，袒胸露怀。

两人相识，要追溯到30多年前柯布刚到巴黎的时候。后来，这份友谊随着时间慢慢消磨了。柯布跟朋友交往有个标准流程：他一开始会热烈拥抱朋友带给他的新观念和新风格，借助对方的名气更上一层楼；等他吃透了他们，便开始感到厌倦，指责对方。他批评毕加索的作品怯懦无力、小资情调。柯布1918年的宣言书就叫《立体主义之后》，毕加索看在眼里,对柯布和塞夫尔街35号的设计作品加倍地不屑。他很少对别人的作品发表意见，有一次却特意表达了他对柯布设计的一座10万人体育场方案的看法，说它荒唐透顶，像个没有杯托的茶杯。但在1952年9月夏末的这个炎热日子里，两人打定主意，要把过去的不愉快尽数抛诸脑后。毕加索听说柯布刚刚在马赛设计的项目是个重大突破——它将彻底改变人类在城市中的居住方式。柯布管它叫“单元居住体”（Unité d' Habitation），听起来像是个很不一般的居住实验，毕加索觉得有必要亲自去看一看。他通过何塞·路易斯·塞尔特与柯布取得了联系，告诉他自己的打算，柯布二话没说就答应了，希望越快越好。这次拜访，给毕加索留下的印象并不算坏。

马赛的单元居住体，即通常所说的“马赛公寓”，位于地中海岸边的岩床上，离马赛市中心大约十五分钟的路程。巨大的长方体板状楼身轻轻扭了一个角度，像是要把所有的光线和微风都吸纳到这个为人居住而设计的方盒子里。假如说瓦赞方案的十字形平面塔楼是通过高度来让人感到震撼，那么马赛公寓就是通过两个修长的立面所呈现出的居住密度来达到同样的效果。就像一艘搁浅了的巨轮，建筑水平延展开去，高 180 英尺，长 450 英尺，相对长向立面间的厚度则达到了 70 英尺。

整个建筑都矗立于柯布标志性的底层架空柱上，但与他在萨伏伊别墅中使用的那种简单的上下等截面圆柱体柱子不同，在那个设计中，柯布考虑的是业主的使用方便，他们可以驱车从建筑底下经过，把车妥善地停进车库。而在马赛公寓中，他使用的是象腿一般的混凝土柱，厚重粗壮却不可思议地保持着优美动人的姿态。牛腿柱支撑着 17 层高的居住空间。这种建造模式让建筑的底层在各个方向上畅行无碍，向周围12英亩公园般的自然景观、游戏场地、散步道和运动设施完全敞开。好一幅田园诗般的人居画卷。

与柯布和毕加索一道出现在工地现场的，有项目团队和施工队工人，甚至很少露面的伊冯娜居然也现身了。底层架空柱就像树林，枝丫在林荫大道的上空交叉着手臂，树冠的上方就是长方形的建筑主体。从这里仰视楼板的底面，就像大教堂的镶板屋顶或硬木铺装的地板。可事实上，它是直接暴露在外的混凝土表面，柯布近来逐渐习惯了管它叫“粗混凝土”（béton brut）——材料最直观诚实的呈现。之所以选择这种材料，部分是因为战后钢材严重短缺，部分是因为水泥砂浆容许他以空间为素材完成雕塑作品，这个秘密是他在佩雷兄弟事务所实习时参悟到的。

他们沿着电梯厅厚实的墙壁走进入口门厅，这里是主体建筑唯一与地表层相接的部分。乘坐电梯到较高的楼层，他们前去参观公寓房间。[1]这座大楼内共有337个套间，分成23种类型，分别面对从单身住户到多子家庭等数目不同的使用者，总共能容纳1600名居民。房间开间为12英尺，显得有些狭窄，每个单元都有上下两层，其中一层面积较小，通过精致的室内小楼梯与上层主要使用层相连，从这里能够看见两层通高的客厅。

为了能够充分实现超高密度，柯布将上下两个单元互相咬合、倒置然后插接在一起。每隔一层设置一条走廊，两套套叠公寓单元的入户门分别位于两个不同层高的走廊中。进入户门，首先看到的是一个小区域，里面包括厨房与餐厅，然后根据不同的户型或者向下或者向上，进入后来管理部门所称的“通高空间”，即两层贯通的客厅。上下两套公寓单元就是这样彼此叠合，成对堆叠在建筑的主体框架中，它们一反一正、头尾相衔，拥有极高的密度，极大地提升了空间使用效率。设计团队在塞夫尔大街35号制作模型的时候，把每个长长的单元抽取出来做成一个独立的形体，然后把它插回到三维空间正交网格的建筑框架中，就像把酒瓶插入瓶架。[2]

整套方案对建筑空间的利用可以说达到了最大化，但对柯布来说，这还仅仅是个开始。室内的配置才是最终实现使用效能的关键所在，设计师要在如此狭小的尺寸中凭空造出宽敞的感觉来。第一步，要让阳光和新鲜空气充满房间。所有的公寓房间都能看见地中海和远处的群山。在房间的一端，被纤细的深色金属框架划分的20块玻璃从顶棚一直延伸到地板，让外面的景观完整地涌入室内；房间另一端则是一个紧凑的小阳台，让住户可以在居所中拥有一小块室外空间，一步就能跨进自然。从立面上看，一段段混凝土墙把各家各户的阳台隔开，形成了一张混凝土的框架网，阳光透过它照射到家家户户的阳台上，上面或者摆着一把躺椅，或者挂着几盆观赏植物。早上，太阳会从马赛港的地平线冉冉升起；到了下午茶时分，它又会从建筑的另一侧沉入远方的山脊背后。

让柯布最感自豪的是公寓的室内设计。他完全抛弃了传统的室内空间布局，成功地将本来局促狭小的室内空间变得宽敞考究。假如用固定的墙壁将这么狭长的空间进行进一步的划分，结果将不堪设想。柯布的做法是让空间流动起来，一个区域与另一个区域之间没有明确的区隔，起居室朝浴室敞开，厨房与餐厅相连。即使是在卧室这样的私密所在，固定的墙壁也被抛弃了。通往卧室的门采用了固定滑轨上的推拉门，一天之中的大部分时间都保持打开状态，只有在夜晚或需要私密用途的时候无声地关闭起来。值得一提的是，这扇滑动门的门板是一块黑板，这样家长就可以把待办事项写在上面，孩子们则可以随便在上面乱涂乱画。

储藏空间也是嵌入式的，在保证最高使用效率的同时避免了混乱。壁橱里边的空间高度有序，从外面看起来好像是墙壁的一部分，它取代了普通家庭室内笨重的大衣柜；线条简洁的五斗橱取代了烦琐的大木箱。书架和摆放艺术品的置物架都被安排到四周的墙壁中。厨房不锈钢操作台上面吊装着带有平开门的储藏柜，操作台旁边有四个炉盘的电热灶及一个附带垃圾处理设备的双槽洗涤池，在整个操作台上方还有一个带柜门的倾斜搁架，里面可以容纳最常用的锅和烤盘。

马赛公寓的室内设计何以如此周到，满足了住户全部的生活需求？这要感谢一位老朋友。夏洛特·佩里昂，自柯布加入维希政府后就与他分道扬镳，此时收到了他言辞恳切甚至有点悲凉的道歉信，邀请她来为新项目的室内设计提供咨询。佩里昂答应了他的请求，带着她的经验和趣味来到马赛公寓，极大地提高了厨房的装饰格调。佩里昂懂得人们的心理，她知道家人和朋友们总是围坐在壁炉旁的生活习惯，因此为主妇设计了完美的运动流线，让她们从炉灶上端起热腾腾的盘子，转身就能放到餐桌上。马赛公寓里的厨房面积只有 6.5 平方英尺，但这个有限的尺寸中却集成了全部的餐厨工作，从烹饪到备餐再到清洁整理，一应俱全。所有的功能都被安置在合适的高度和方位上，从折叠式的换尿布平台到水池旁边紧凑的集成式储物格，都令人叹为观止。

室内家具经了佩里昂的手，也同样非同凡响：粗藤和白木制成的简单的扶手椅、落地灯和壁灯、有三根简单木腿的矮咖啡桌，再加上几块随处铺设的小地毯和给年轻人用的小椅子，就组成了整套室内家当。充当这些家具的背景的，是抛光的橡木地板和石头般坚硬的混凝土顶棚之间洁白无瑕的墙壁。

但是房间里并不是朴素灰暗，相反，到处都是各式各样的色彩：门板内侧、盖板下方以及入口处的私人信箱都是如此。栏杆扶手是红色的，水管是黄色的。建筑外面更是色彩斑斓，让人印象深刻。立面上的色彩主要使用在阳台和窗子上。阳台板壁的内侧涂有各种色彩，有红色、有蓝色也有黄色。每户公寓窗子的遮阳板颜色都不一样，组合在一起就成了点缀着绚丽色彩斑点的画布，让人想起蒙德里安的名画《百老汇爵士乐》。

柯布跟访客们说，这里将成为一个快乐的蜂巢。在第七层，他设计了一条室内的商业街，这是建筑内部的一个小集市，有理发店、洗衣房、药店和医疗室、邮局，还有旅馆、饭馆和酒吧。此外，还会有肉铺、面包店、卖鱼的小铺子，这将开启一种全新的商业模式——公寓内部的超级市场。开业之后的那些天，女士们被眼前的一幕惊得目瞪口呆：以往必须跑到各家不同店铺才能采购齐全的物品，都在同一处店铺的货架上出现了。墙壁上贴着不少说明书，鼓励人们使用那一排崭新的购物推车，这是自助采购必备的新武器。

想去看场电影？当然也不必走出楼门。由凯瑟琳·赫本和亨弗莱·鲍嘉主演的《非洲女王号》已经排入了公寓电影院的档期。孩子教育问题？当然也在楼内解决。屋顶平台上有一家幼儿园，附带一个活动场地和一个攀爬墙壁。屋顶平台成为室内街道的完美补充，它位于高高的建筑主体之上，设有大量供儿童和成人使用的便利设施，让人感觉好像是云端漫步。这里有一个浅浅的戏水池，一个种植着热带植物的阶梯式花园，还有混凝土浇筑的固定桌椅，可以用来野餐。那里的风景美不胜收。体育设施有乒乓球和篮球场地，一块用来做柔软体操的场地，一个健身房，一个排球场和一条跑道。屋顶平台是一个设施齐全的活动场所。人们当然可以乘坐电梯下到地面层的公园里去做这些事，但他们如果不想下楼，又希望能呼吸新鲜空气并进行体育锻炼，或者到社区活动空间去散散步，那么他们可以乘电梯到达屋顶，那里能满足他们的一切需求。

从上到下，马赛公寓正是柯布在南美之行中首次想到，并在后来的日子里反复构思的“陆上的大船”——屋顶就相当于甲板，那里有游泳池和沙狐球球道；公寓的单元就相当于远洋轮船上设施齐备的头等舱，他曾在那里与约瑟芬·贝克共度良宵。虽然建在陆地上，人们却不必下到地面上来就能完成所有的日常活动。夜幕降临，大楼那些方格子窗洞中闪烁着点点灯火，就像远洋巨轮的舷窗。而屋顶上那雕塑感极强的通风塔，不正是蒸汽轮船上那白雾蒸腾的大烟囱吗？

毕加索被这尚未完成的巨作打动了。参观结束后，他们坐下来吃下午茶，毕加索毫不掩饰他对这座建筑的欣赏。伊冯娜非常开心，那天她穿着印花上衣，围着围巾，显得容光焕发，完全看不出她的健康状况正在严重恶化。

勒·柯布西耶在开怀大笑。毕加索的褒奖对他来说非同寻常，两个人都站在各自领域的最前沿推动着它的发展，也都用自己准确的行动和不凡的眼光弥补了裂痕，真是让人心情畅快无比。西班牙人毕加索跟柯布一样擅长冒险，在创造力方面更是毋庸置疑。“毕加索画着他的画，成果是伟大的……他工作，质疑一切，寻找答案。他是个最广泛意义上的创造者，”勒·柯布西耶这样评价这位刚刚参观过他的建筑的人，“这是一个永远不会停下脚步的人。”[3]

此刻对柯布而言，身在这个“快乐的蜂巢”，维希时期的黑暗往事已抛在身后——他很可能也是在如是评价自己。

柯布的一生中，有几个设计构思非常关键，“垂直城市”（the vertical city）就是其中之一。但是，跟其他构思一样，都没能找到实际的建造机会，用建成作品加以验证。而马赛公寓的落成，正是设计师近三十年不懈斗争的结果。

1925 年的瓦赞规划受到了热烈欢迎，促使柯布对自己的设计构思做出了调整和完善，并以“光辉城市”的名字行于世。高层塔楼被替换成水平连续的行列式，可以根据地形和当地的建造条件做出具体调整，并置入作为基本场地要素的开放空间中。这个初步的构思后来演化成巨大的城市规划方案，长长的巨型公寓建筑在公园般的环境中蜿蜒排布，他的布宜诺斯艾利斯规划、里约热内卢规划、波哥大规划和阿尔及尔规划都以此为基础。

这些宏大的规划，是为未来构想蓝图的最终极的行动。柯布深信城市正在以无法想象的规模增长，大都会必须调整自己的发展规划，以跟上移民涌入的步伐。同时，第二次世界大战造成了严重的破坏，引发了另一个紧迫的需求：为无家可归者提供住房，在一片瓦砾上重建家园——据估算，这样的人仅在法国就达到了 400 万之巨。柯布认为，他的方案的显著优点，在于它能同时满足长期和短期需求。光辉城市的造价非常便宜，可以快速建造，也容易批量生产。可以先造一座单元居住体，然后再造一座，这样持续下去，很快成为一个群组，其结果就是一个迅速完成但依然有着可持续发展潜力的城市。

柯布第一次提出单元居住体的概念，是为德军在圣迪耶市中心的“杰作”——轰炸后留下的那片焦土。那里有两万名无家可归的民众。柯布为圣迪耶设计的单元居住体一共有八个版本，后来在马赛建造的只是其中之一。但是，尽管他认为这是“自然与几何的和谐交响乐”，饱受战争摧残的当地人却从一开始的满心期待变成了不买账，他们否决了他的方案，据他日后回忆，他们向他质问道：“难道你就打算让我们住在这个破营房里？”[4]

柯布在圣迪耶方案中倾注了全部的心血。这是一个极其完整的总体规划，同样也有精美的细节：建筑物、广场、街道，方方面面都经过周密的思考。因此方案的落败让他异常沮丧，他也曾困兽犹斗，可显然无力回天。他当年对这个项目信心满满，寄予厚望。他说，如果得到了这个机会，单元居住体本可以完全取代传统的城镇，每栋公寓能容纳2500名居民。此时，他急需在另一个城市完成自己的理想。机会适时出现了：法国城市重建部部长拉乌尔·多特里，就是在巴黎解放游行中跟柯布一起观看庆典的那个人，问他能否在马赛建造一个试点项目。柯布假意拒绝，说如果不能拥有一定的自主权、进入快速审批通道，他就不能接这个项目。出乎意料的是，他的请求得到了戴高乐的强力支持，柯布得到了这个项目，这让他欣喜若狂。他终于有机会建造一个单元居住体，届时，整个世界都将为他的聪明才智所倾倒。

代表政府实际跟进这个项目的负责人名叫欧仁·克劳狄

乌斯·珀蒂，后来成为柯布最大的崇拜者之一。马赛公寓的建造他全程参与。此人二战期间曾参与抵抗运动，如今负责战后房屋重建项目的组织协调工作，非常愿意接受现代建筑的新观点。几年后他成了费尔米尼市市长，邀请柯布参与城市中心的重建工作，用现代主义风格重塑城市风貌。战后他努力为一无所有的人提供帮助，马赛项目在他看来首先是一个可负担的房屋开发计划，因为公寓房间将以低廉的价格出租。

方案刚一公布，就引起了迅速而复杂的反响。尽管现代生活中的很多部分，如多功能厨房和小小的阳台，在不久之后都成了城市生活的基本组成部分，但在 20 世纪 40 年代末这些概念刚刚提出来的时候，都让人们觉得相当刺耳。对很多人来说，在自己家里有个卫生间都是新鲜事，更不要说去超级市场买菜了。而在一个巨大的公寓建筑的七层竟然有个商业中心，这真是闻所未闻。把这么多的功能打包塞进同一栋建筑，听起来既匪夷所思，又像是在铤而走险。

一家媒体打出了大标题：要造一座光辉城，“建筑师”如是说。“建筑师”这个称谓打上了引号，显然是语带讥讽，副标题里暗示那更像个大兵营。另外一家报纸写道：勒·柯布西耶的城市“是个巨大的坟场”。[5]很快，马赛公寓就被说成是一个养兔场或一家疯人院——人们觉得，住在这么密集的空间里，从日到夜封闭在建筑内部不出来，那里的居民肯定会发疯。法国最大的建筑保护组织谴责这座建筑，一家主要的建筑五金供货商拒绝为这个工程提供门锁或合页，他们怕一旦这个项目名声扫地会波及他们的信誉。[6] 连官员们也来凑热闹：公共健康部门的领导提出质疑，认为这样高密度的居住模式可能造成未知疾患的流行。

跟往常一样，柯布从批评中汲取力量。他做足了准备，就叫新近雇用的助理安德烈·沃根斯基组织了一场媒体发布会。他向听众解释道，通过一系列的设计手段，这座公寓能让高密度的生活变得顺畅且无懈可击，比方说，他已经往建筑内部那薄薄的分隔墙内加封了铅板，使它具有更优良的隔音性能。人们很难抗拒那些便利设施给生活带来的改变，它必将促进居民的集体意识。他还说，这样一来，邻居之间不仅不会争吵，连离婚现象都会绝迹。[7] 他准确地预见到居民们会自发形成一个组织，因为人类总有一种聚集一处、促进友谊、组织群体活动的愿望。勒·柯布西耶称之为“道德管理”，事实上，这是后来出现的“合作式公寓”（co-op）的雏形。[8] 以共同居住为纽带的社区正是柯布的希望所在——年轻的妈妈吃饭时，有人帮她照顾孩子，或一位陌生人走上前为残疾人提行李。通常出现在城市街道或咖啡馆中的善举在这座公寓大楼的大厅里也会发生，那么它就会很快提升整个社区的道德水平。

社会对体面住宅的需求，被限制在那些老旧的 19 世纪建筑上，人们通常不得不改变它们的用途以适应日益增长的居住需求，因为这个社会只提供了那种房屋。一旦出现新的居住模式，勒·柯布西耶确信人们必将欢迎它的到来，而它将很快成为新的居住标准。现在人们之所以还未欢呼它的到来，只是因为人们还不晓得自己要的是什么。

还有一点是马赛公寓的反对者不知道的。这座建筑的设计是基于一套科学模型，它建立在对人在物理空间中的活动方式的研究的基础之上。自从战争结束以来，柯布一直致力于发明一套与人体尺度相关的建筑设计导则。他管它叫作“模度”（Modular）。

数学，柯布称其为“宇宙的小女儿”，自年轻时代起就令他着迷。他为自己准备的自学课程引导他走向这一学科的延长线，那里通往哲学、艺术和生物学，而整数的序列则表现出某种神秘的性质。和谐和比例能够从基本的事实如数字和等式中得到，像毕达哥拉斯定理和斐波纳契数列中都蕴藏着神秘的力量——后者来自梵文的口头传统，是人们从鹦鹉螺的外壳螺旋线或树枝生长这类日常事物中发现的秘密。在这些数学经验中，最重要的是黄金分割：一个长方形分成两部分，一部分是个正方形，另一部分是它自己的相似形，这成了几个世纪以来构图方面的指导性原则。其基本形式可以从用来装饰帕提侬神庙的雕像身上看见，也能从巴黎圣母院的立面、蒙娜丽莎的脸庞以及斯特拉迪瓦里小提琴中找到——在未来的时代里，它还在信用卡、平板电视和 iPhone 的造型设计中起到决定性的作用。[9]

柯布一直在考虑如何将黄金分割比整合到一套建筑设计的造型系统中，他的目标不仅是使建筑的美学形式能够唤起人们基本的情感反应，同时也使门窗、房间和室内环境符合人的基本活动要求。莱昂纳多·达·芬奇著名的《维特鲁威人》画一个四肢伸展的男性人体，整个身体位于一个圆周之内，柯布认为这是一个良好的历史性开端。佛罗伦萨的另外一位好儿女，文艺复兴时期的大教堂建造者莱昂・巴蒂斯塔・阿尔伯蒂，也曾谈到过人体比例如何推演成建筑的问题。但是，一个与之相关的普适的建筑度量系统仍然没有建立起来；而且，很多参与国际项目的设计师都会发现一个棘手的问题，即世界上存在着两种不同的度量单位。盎格鲁－撒克逊计量系统使用磅和英寸，其中一些单位有着与人相关的起源，可以追溯到《贝奥武夫》甚至更早的时代，比如：伸长的大拇指的长度是英寸；男人的脚的长度是英尺；迈出一步，长度就是一码。但这套系统并不完全，比如一磅的重量就是用石头来计量的。

另一套系统使用的是公制计量单位，它与我们的星球关系更加密切。它最初是由 17 世纪晚期里昂的一位教区牧师发明的，十进制单位的基础是地球周长圆弧的一分，也与钟摆摆动的一个周期有关。到了法国大革命时期，重量和长度方面正式与完善的科学计量法才得以确立，长度单位“米”以地球子午线全长的四千万分之一作为长度单位。

鉴于地球在 20 世纪中叶对人类来说已经显得更小了，

从实用角度考虑，保留两套不同的计量单位就格外让人困扰。但是对勒·柯布西耶来说，真正的问题在于缺少一门通用语言，服务于更大的目标。人类创造的一切事物都应该服务于人，这样人们走过一扇门才不至于碰了头，够得着水池去洗手，他躺在躺椅上脚不至于悬在外边。为了做到这一点，度量单位的制定就不能依据地球的周长或钟摆的摆动；它应当从人开始，到人结束——这个人就是"模度人"。

勒·柯布西耶在达·芬奇的启发下，也画了一个男性小人：一只胳膊高高举过头顶，从脚跟到指尖的总高度达到2.62米，大约相当于8英尺7英寸；从头到脚的标准高度是1.83米，大约相当于6英尺——柯布本来画的比这要矮一点，后来又往高调整了一些，以适应高个子的美国人。（柯布本人身高1.75米，不足5英尺9英寸。）在战火纷飞的1943年，他画出了"模度人"的第一个版本，那是一个裸体小人，一只手大得比例失调，就像一位侍者手里托着盘子，高高举过头顶。他把它画在20世纪20年代创办的《新精神》杂志的废刊上。[10] 后来他用红色和蓝色给它加上了标高尺寸线，一段一段按照规则的间隔螺旋上升，其中使用的数列正可用作设计的依据来制造出合适尺度的空间，以供这个模度人使用。一个空间中的基本活动区域的长度是3.66米，即12英尺。

尽管他一生著作等身，这本出版于1948年的《模度》仍是独一无二的。它的独特之处在于，它既是关于黄金分割比的哲学论文，又是针对全世界建筑师的实用小册子。这本书完成之后，他立刻着手撰写第二本关于模度的书，并在1955年出版。他对之前的系统进行了扩展，并在米兰三年展设计博物馆中展出。他的目标是建立一个人人都可使用的度量系统，而且每个人都可以对系统的改进提出自己的建议。“房间的大门向每个人敞开，每个人都有能力射出自己的子弹，而且他们都会比我射得准，射得直。”[11]柯布发现了众人的智慧，领先于互联网时代半个世纪之久，他在设计他的“模度软件”的时候使用了开放源代码。

柯布把这一度量系统完整地应用在马赛公寓设计中——无论是楼梯的位置还是房间的开间，甚至厨房操作台的布置和走廊的宽度，每个角落都依照模度来设定尺寸，因而能够很好地容纳那个模度人在其中活动。柯布把它塑进入口门厅的水泥墙壁中，让它与这座建筑同在。从此以后，柯布的所有建筑都依据模度体系进行设计。

柯布发明的新度量体系以及隐藏在马赛公寓背后的数学计算，即便对于马赛的居民来说也难以理解，但有一个人能，他就是20世纪的天才，大洋彼岸的阿尔伯特·爱因斯坦。柯布在1946年设计纽约联合国总部大厦期间，曾抽空去普林斯顿拜访这位老人，当时建筑师身着蓝色格子衬衫，打着领带，外面是蓝色法兰绒双排扣上衣，胸口插着方巾，灰色西裤一道褶子都瞧不见；爱因斯坦穿着皱巴巴的卡其布裤子和宽大的汗衫，一边领子在里面，一边领子在外面。两人的谈话涉及各种问题，勒·柯布西耶重点谈到了战争造成的贫困。爱因斯坦饶有兴致地听柯布解说他的新度量系统，看他班门弄斧地用铅笔在纸上列出算式。这位天才数学家立刻就明白了柯布的意思，说："这是一组比例，有了它，想做坏很难，想做好却很容易。"听到这样的赞许，柯布心花怒放，能跟爱因斯坦交朋友也让他感到心满意足。他说，科学家所做的是真正重要的工作，它重新定义了生活的意义，而建筑师则不过是"战场上的士兵"。[12]

1952 年 10 月 14 日，马赛公寓举行落成仪式，嘉宾收到的请柬上只有重叠的椭圆形和等线体字母标注的日期，仿佛宣示着机器时代的到来。

刚好是在五年前，打桩机开到了米什莱林荫大道旁边的地块，在肥沃的干草地里打下了第一根基础。从那一刻起，这栋建筑就注定会成为建造技术、材料应用、声音控制、光照条件、通风措施等方面的范例，尤其是它很好地解决了城市扩张过程中的高效居住问题。柯布在落成仪式上的讲话中表达了对建造品质的满意，虽然并不是每一个细节都按照他的要求完成，但最令他满意的是他能为人们提供这样一个静默和独处的场所。在这里，人们面对着阳光和郁郁葱葱的树林，身体却受到房间的庇护，这是家庭的最完美的存在形态。[13]

所有搬进新居的家庭都因为有了住所而欢欣鼓舞，人们乐意去尝试柯布为他们提供的新的居住模式。但是不可避免地，一些居民开始抱怨起来，而他们的不满恰好戳到了这个设计的痛处。有人抱怨单元内的居住空间实在是太局促了，每间卧室和洗澡间都没有独立的窗子。他们把折叠床搬进来，直接横跨在固定式家具上方。他们还抱怨没有地方储存葡萄酒。柯布精心设计的空气调节系统也很成问题，尽管遮阳板的设计出发点没什么问题，有些单元却并没有受益于它，射入窗户的灼热的地中海阳光快把人们烤化了，不得不把一些乱七八糟的东西挂在窗口以获得阴凉。通风系统也没有达到设计标准，房间里有时会涌入紊乱的气流，厨房烹饪的油烟也会在管道里乱窜。建筑师凭空设想出来的原则，在居民实际居住过程中遭到了严重的挑战。

马赛公寓的另一个秘密是，虽然最初的目标是为普通人实验便宜的住宅模式，设计师许诺的低造价却从未实现。项目最初预算是一百万美元，但实际的建造成本是其三倍之多，此外，建造过程中还不断遇到采购合同问题、时间进度问题、设计调整问题和建筑材料问题。公寓的建造得到了法国政府和地方政府源源不断的资金补充，因而得以维持进行。但是，如果想通过自筹经费来复制这个项目，那基本是不可能完成的任务。这个建筑实际上很不便宜。

勒·柯布西耶才不管这些。官员必须了解，这是一项实验性工程，方方面面都有待完善而且这些都不是设计师的问题。对一个成功的设计来说，每个部分都至关重要。同时，柯布对那些满腹牢骚的居民非常不屑。既然人们只在每天的清晨和深夜使用浴室，那有没有窗户有什么关系呢？既然烹饪的味道那样鲜美，闻一点气味又有何不可？如果人们不喜欢住在这里，那么请自便，爱去哪儿去哪儿吧。

勒·柯布西耶开始将马赛公寓复制到别的地方。就在公寓剪彩的同一年，他来到布列塔尼海岸边的城市南特，这里位于巴黎西南250公里，又一座单元居住体要在这里奠基了，建成之后，这里的居民管它叫“光辉大厦”。和马赛公寓一样，南特的单元居住体也是一个巨型立方体结构支撑于倒梯形的混凝土柱之上，有十七层高和不到三百个公寓单元，位于公园环境中。人们将生活在这座大船一样的陆上建筑中，这个说法在南特很快传播开来，它是如此前卫，人们不知如何评判是好。但是这里的人们显然更愿意对此保持宽容。建筑落成时，柯布看到了自己的第二座单元居住体不禁激动得有些哽咽，居民们报之以热烈的掌声，向建筑师表达谢意。

尽管诺曼底登陆发生在南特以北，但南特还是在二战的最后几年遭受了严重打击。美军对整个区域实施了狂轰滥炸，包括卢瓦尔河三角洲一带的潜艇基地。柯布的单元居住体也是作为战后重建的样板建筑来进行策划的，但跟在圣迪耶的情况差不多，南特的居民也否决了这个方案。要感谢一位致力于低造价住房的律师，加布里埃勒·谢罗，是他将这个项目从生死线上拉了回来，并为它确定了最终的建造地点——卢瓦尔河南岸的莱泽。谢罗本人非常崇拜柯布，他当时是“家宅公司”的负责人，这是一家居住区项目开发机构，从1911年起就开始服务于社会问题，他们很欢迎关于居住模式的实验性设计概念，因为它能更好地利用城市土地。[14]

南特单元居住体有一个附加条件，就是无论如何也不能像马赛公寓那样超出预算，一点也不可以。建筑师不得不想方设法节约成本，结果这座大厦中就取消了那条中央商业街，屋顶上也只有一个小小的活动场地和开放空间，但是那所幼儿园依然被保留了下来。它被命名为“勒·柯布西耶保育院”，成了法国唯一一所建在私人住宅楼里的学校，这里的居民非常喜爱它，后来费了很大力气保证它不至于被关停。

南特单元居住体为单身人群预留了 26 套工作室住房，不过为家庭设计的复式居住空间得到了柯布特别的留心。他为这些家庭安装了很多新式的便利设施，如一个可以防止水泼溅出来的椭圆形淋浴间玻璃门；一个从厨房直接开向走道的用来递送牛奶和面包的小窗口；楼梯梯板上留有一些抓手，可以供爬着走的小婴儿攀扶。对于一个自己没有孩子的人来说（实际上他对孩子可能扰乱他的生活表达过恐惧感），柯布对小夫妻家庭的需求了解得一清二楚。在楼下花园的开放空间中，孩子们自由自在地奔跑，他们骑着自行车，在建筑体巨大的身影下方的底层架空柱间穿梭。他们在人造的小池塘边喂鸭子，池上横跨着一座混凝土的小桥。在南特单元居住体的立面上，柯布也塑进了一个模度人的身影。

布列塔尼的这座单元居住体注定也是一个孤独的个案。最后只建了一座，再也没有后续故事。那巨大的建筑体量在一片自然景观中显得极不合宜，好像它本应置身于喧闹的城市中，而不是这景色荒疏、建筑低矮的郊区。接下来的几十年中，只有一层高、带有汽车道和独立车库的小住宅在它脚下蔓延，人们以一种迥然不同的方式实现着自己的安居之梦。

以单元居住体为基本模式的公寓大楼还会在地球上其他地区出现。南特－莱泽的“光辉大厦”之后，1957年在柏林建成一座，1963年又在布里埃建成一座。最后一座单元居住体出现在费尔米尼，1965年建成投入使用。每一座都孤零零地矗立在那里。柯布设想让巨大的公寓建筑一栋接一栋地出现，逐渐形成群组，缓慢而坚决地替换掉原有的城市风貌，一个街区一个街区地完成城市更新。很多年后，多功能高密度建筑群的概念突然流行起来，缩水版本的马赛公寓在欧洲大陆到处出现，横扫了公共住房领域，最后蔓延到纽约、费城、芝加哥和圣路易斯。柯布没有活到那一天，目睹这个设计是如何影响了世界的。

尽管单元居住体只是以零星个案的方式在各地散在地建成了几座，它仍然可以说是一个成功的作品。通过这个概念，柯布回应了一个根本性的挑战：人类对居住密度的不懈追求。房屋需求如此巨大，柯布希望尽力去满足人们的渴求。但房屋不仅要满足各种功能需求，也必须给人带来良好的居住体验。这就是为什么世界需要设计——不仅个别家庭居室中的一切都要设计，作为整体的建筑本身也要好好地搭配组合，而且，最重要的是，它的建造方式也必须经过精心的考虑。在马赛公寓的建造过程中，当柯布看到盥洗盆被工人排成一行准备安装到位，他不禁感觉愉悦，这份愉悦是发自内心的。如果建筑的每个部分都能预制，在工厂里大规模生产，在现场装配到位，那么他的现代居住方案的美和善将真正进入到人民大众的生活当中，它既能满足人们的普遍需求，又能迎合挑剔的艺术趣味，真可谓一举两得。

柯布给自己出题，然后自己寻找答案，乐此不疲。战后百废待兴，数百万人等着政府解决自己的居住问题，望眼欲穿。这样的挑战让多少人望而生畏。而且，这段日子里，他还要直面有史以来最严重的职业危机——因维希生涯而几乎夭折的事业。但他不仅挨过了变节带来的严重后果，且因为创造了当代的雅典卫城而得到人们的敬爱和欢呼。他就是建筑界的柴可夫斯基，谱写了钢筋混凝土的不朽交响乐。不仅没有沉沦或被大众放逐，反倒成了电台和电视台的宠儿，甚至拍了一部片子来介绍马赛公寓。建筑落成没几年，他就登上了《时代周刊》的封面。

这本以柯布为核心人物的《时代周刊》出版于1961年，专题文章涉及他的方方面面，包括他那反复无常、难以相处和尖刻易怒的坏脾气，说他时时刻刻都怨气冲天，最喜欢炒员工鱿鱼。这本杂志自1947年开始就一路追踪记录马赛公寓的建造过程以及柯布的行为举止，在之前的几篇文章中，记者曾谈到公寓室内那狭小的空间和他的怪异之处，有时候也许是因为翻译错误，让他显得不太正常，比如有一篇文章引用他的话："我们为什么不把卢浮宫烧掉？"[15] 但是这本美国杂志似乎逐渐能够更加全面地看待柯布，并给了他公正的评价。在专辑中，他被称为现代时代的莱昂纳多·达·芬奇，他在建筑领域进行的事业可以跟科学技术领域的人造卫星相媲美，而且，毫无疑问，他是世界上最伟大的建筑师。[16]

塞夫尔大街35号的事务所又一次顾客盈门，狭小的工作室又一次被来自世界各地的员工塞满了，这一次，前来投奔柯布的建筑师对他更加忠诚，也比以往更加投入了。每周都有新的项目委托涌入，让人目不暇接。马赛公寓，构思于纷乱的战争收尾阶段，预示着柯布的卷土重来。这也是他迄今为止最了不起的设计构思。另一位同时代的现代建筑先驱沃尔特·格罗庇乌斯说：“如果哪位建筑师不能领略蕴藏在这座建筑里的美，那他还是改行算了。”[17]

他回来了，上了《时代周刊》的封面，眼睛依然在他标志性的黑框圆眼镜后面闪烁着，脖子底下打着领结。在他身后，是马赛公寓五颜六色的几何形体，旁边画着一个模度小人。这样的好消息，真该让妈妈知道——他上了《时代周刊》的封面了。

艾琳·格蕾的马丁岬住宅，金秋野拍摄，2015 年 4 月。

海之星餐馆内景，金秋野拍摄，2015 年 4 月。

# 陆　海角天涯

20世纪50年代初的马赛公寓项目，让柯布往返于巴黎和法国南部之间。法国南部是他在这个世界上最钟爱的土地。那里的阳光和大海就像写进了他的基因里一样。

“年复一年，我慢慢变成了一个世界公民，我在各大洲之间穿行，马不停蹄。只有一处地方让我留恋：地中海……那是形式与光线的宝藏。”柯布这样说，“在所有标签中，我觉得自己最像地中海的居民：我的源头，我的支流，都能从这片我从未停止爱恋的海洋中找到它的身影。我爱大海，不爱高山，从年轻时代就是如此——我爸爸却对群峰情有独钟。小时候，大山无处不在。它们沉重、让人窒息。而且多么单调乏味！大海却一直都在运动，却永远保持水平。”[1]

故而，当他每年考虑到哪儿去度假的时候，几乎每次都会毫不犹豫地选择蔚蓝海岸。

一段长长的假期已经成了他生命中不可或缺的一部分。尽管他活着似乎就是为了工作，但一直保持同一个节奏让人倦怠。有时候在工作室画图的间隙，昏沉的午后漫长无尽，他会突然感到倦意袭来，遂抛下手中的那截粉笔或铅笔，嘴里嘟囔道："建筑啊，真是个苦力活。"说罢摔上门扬长而去。的确，做这一行需要不断同官僚机构斗智斗勇，不断反击前赴后继的指责谩骂，同时以他毫不动摇的自信示人，即便那萦绕不去的自我怀疑再次袭来，也要毫不犹豫地把它挡在身外——它会把人的勇气全部耗尽。因此，偶尔找个地方让自己躲起来，安安静静地疗治伤口、恢复活力，就是必不可少的了。

柯布的加尔文主义背景让他不可能做出太过奢侈的举动。他渴望的隐居之所如此简单，无非是一个地方，人在那里最重大的决定就是去哪里吃午饭、几点钟下海游泳。不再有没完没了的约谈，聊天也不会一次次被打断，把麻烦的西服套装换成舒服的游泳裤。对于这位职业工作者而言，一年中的绝大部分时间都用来扮演世界上最著名的建筑师，只有这夏天的假期属于自己，来到马赛公寓以东 140 英里远的这个避世之所。这片海滩紧邻意大利边境，位于一个叫作马丁岬的小村庄。

像世间很多不知名的度假胜地一样，这个小村对于多数人来说想找到它都很不容易。沿着山坡上窄窄的小路能一直通到镇里，可一路上崎岖的弯路让人不知身在何方。扶着石头矮墙向下望去，会看见一座座别墅的屋顶，再往下，更远的地方，是地中海蜿蜒的岸线。从摩纳哥一路过去，路途既浪漫又危险——汽车几乎是贴着悬崖而行。这里非常适合作为电影中汽车竞速镜头的取景地，而在现实中，格蕾丝王妃确曾驾着她的罗孚 P6 神秘丧生于此。马丁岬的格局是沿着山坡层层错落布置，地势最高处的中世纪村落有一座城堡，地势最低处是岸边的卵石海滩，海滩和坡地交接的地方铺设着一条铁路。无论海岸、铁路还是公路都极尽曲折、千回百转，山坡上也尽是些 Z 字形的台阶。海风在山坡上轻轻地打转，拂过柱状的仙人掌、丝兰和棕榈，夹杂着柠檬树、桉树和茉莉花香。这里是自然的妙境，物种丰富，让人目不暇接。似乎每样微小的事物都有故事，就像这儿的角豆树，宝石重量单位"克拉"就是根据它那无花果般的果实中那不起眼的小种子来确定的。

在罗马时期，这里曾是一个客商交易的驿站，长期以来与世隔绝。公元 10 世纪，意大利的格里马尔迪家族在高高的崖壁上建造了城堡；而靠近水边的渔村，因为与外界几乎完全隔绝，躲过了中世纪肆虐欧洲的黑死病。这座海滨小城乐得躲在声名狼藉的邻居摩纳哥的阴影下——在柯布的时代，摩纳哥正演变成超级富豪们趋之若鹜的聚居地，私人游艇成群停泊在小小的港湾，保时捷和兰博基尼挤挤挨挨地行驶在狭窄的街道上，仅有两间卧室的公寓卖得飞快，价格抵得上别处一整套乡村别墅。不久之后，这块比纽约中央公园还小的地方就会塞满百万富翁，成为世界上财富最密集的地方。住在这里不必缴税，也不必受国家法令的约束，似乎是块真正的自由乐土，很快这里的生活成本也成为世界之最。[2]

蒙地卡罗赌场和每年一度的一级方程式赛车更为此地踵事增华。令人迷惑的是，虽然与摩纳哥紧挨着，马丁岬却丝毫未受影响，依然保持宁静安逸。对人们来说，摩纳哥就是巴黎大饭店里的酥皮饼和甜柠檬酒、劳力士表或赌桌上的一掷千金；而马丁岬则是道路尽头昏昏欲睡的小城，人在那里，唯一可以期待的就是一顿简单的午餐和一场甜美的好梦。两地距离如此之近，这简直不可思议。

这里也许会让柯布回想起长岛海峡的阿莫甘西特，他纽约之行途中曾在此处逗留，受到一位朋友、意大利雕塑家朋友康斯坦丁诺·尼沃拉的邀请前去度假，两人一起在海滩上做沙雕。马丁岬远离尘嚣，聚光灯一般不会照到这里，结果很多电影明星也把它当成度假的首选之地。像劳伦·白考尔、简·方达、碧姬·芭铎、柯克·道格拉斯、纳京高等等，都可以在温斯顿·丘吉尔街的海盗酒吧见到他们的身影，那座摇摇欲坠的房子里有一间夜总会，可以洗海澡，也提供带黑醋栗味的香槟酒，服务生会用细长的高脚杯把它端到客人手中。这间酒吧的老板，也就是那位赤裸上身的“海盗”夏尔·维勒，他的著名事迹是时不时给富有的客人账单上多添几笔，好把本地人的酒资算到他们头上。[3]在马丁岬旅馆，肖恩·康纳利会来到钢琴边即兴演奏一曲，弗兰克·辛纳屈和格利高里·派克正在餐厅里大啖蔬菜沙拉，而加里·格兰特正在同阿尔弗雷德·希区柯克共进午餐，对这里的巧克力蛋奶酥赞不绝口，他们此时正在附近的尼斯拍摄《捉贼记》。[4]

马丁岬还有一位著名的居民，能让我们稍微了解这里的社会阶层是多么严重地被低估了。可可·香奈儿住在拉葆沙，意思是“休憩之地”，那是一栋山坡上的别墅，摩纳哥的富豪家族曾在这一带狩猎。一位英国公爵为她倾倒，把它当作礼物送给了她。这块地面积不小，在通往高高山坡墓地的路上，居高临下。香奈儿的创业经历，可能会让柯布觉得心有戚戚。20世纪20年代，他们在巴黎的发展轨迹非常接近，她不断拓宽着时尚界的视野，就像他在建筑界中所做的那样——简洁流畅的线条，去掉所有花边，使用一种男性内衣上才会用的弹性材料，为它赋予了一种男子气，但依然风度高贵。她设计的经典小黑裙被争相效仿，就像萨伏伊别墅一样引领着时代的风潮。两人还有一点共同之处，是他们都同纳粹有过某种方式的合作。德军占领期间，她借纳粹之手摧毁了一个犹太家族对她的时尚帝国的控制。（后来事情曝光，原来她曾替党卫军的间谍工作。）她也曾努力将这段不光彩的历史从自己的人生记录中抹去，就像柯布努力让人们忘记他同维希政权之间的联系。

把她带到马丁岬的人是休·格罗夫纳，一位住在摩纳哥的威斯敏斯特公爵。他为她抛掷了无数资财，包括位于伦敦梅费尔区的一座豪宅，可令她最中意的偏偏是这座位于悬崖上的地产。她全副身心地投入这座四层高、一万平方英尺的庄园设计中，设计师是罗伯特·斯特莱茨，灵感则来自于她童年时待过的肃穆的孤儿院：墙壁一色洁白，经常以五个为一组出现的窗子外有黑色的镶边，室内正中是一道石头做的米色大楼梯，家具都是普罗旺斯乡村风格。但是这座房子像她的衣服一样极尽奢华。大平台向外延伸着，在那里可以饱览地中海的美景；这里有游泳池，还有好几个种植着薰衣草、迷迭香和橄榄树的花园。后来，香奈儿香水里就有一种气味以这座庄园命名，叫作“La Pausa”。香奈儿和公爵各有自己的房间，庄园建成之后不久他们就分手了。他向她求婚，她拒绝了，这大概是世界史上最著名的拒婚之一。她对他说，这个世界上有不止一位威斯敏斯特公爵，但香奈儿却只有一个。[5]

香奈儿在这座里维埃拉豪宅里扮演了很多年的单身女主人，接待过电影明星和其他各色名流。那些年里，葛丽泰·嘉宝、诺埃尔·科沃德、萝丝·肯尼迪都曾在这里出现又消失没，温斯顿·丘吉尔也曾在此写成了他的《英语民族史》。

拉葆沙的女主人在马丁岬代表了一种生活方式，而住在这里的另外一位女士，也是一位在事业上独自闯出一片天地的现代女性，却过着一种截然不同的生活。

自打艾琳·格蕾从拉葆沙的阔叶香蕉林中一路攀缘而下，从高地下到水边那时候起，她就爱上了这块土地，打算在这里造一座别墅。她想造的可不是普普通通的房子。正是通过格蕾，勒·柯布西耶发现了马丁岬的夏日之美。那时，谁也没想到她的别墅日后会成为上演了一出夹杂着自负、性和职业妒忌的三角关系的舞台。

格蕾是一位画家的女儿，在伦敦学成之后，她说服有钱的妈妈把她弄到巴黎，在那里她成了一名装饰艺术风格的室内和家具设计师。她设计了一把一波三折的扶手椅，她管它叫“龙椅”，它的扶手从地面上昂然跃起，好像一只海怪。她设计的圆形悬挑边桌和折叠漆屏风在接下来的几十年中传播广泛，世界各地都有仿制品。她醉心于工作，以至于双手被油漆灼伤。她能熟练操纵各种材料，包括异国的木头、软木、皮革和象牙。后来当她转向现代主义之后，她爱上了铝管和钢材，用它们制成了工业化的灯具，她制作的沙发好像两块白色的弯曲棉花糖嵌进了钢管基座，还有一个精巧的钢框架斗橱，它的抽屉可以向各个方向拉开。

格蕾是个黑头发的时尚女性，她举止洒脱，曾把自己的头嵌在孔雀尾羽中，让摄影师为她拍下照片。熟悉她的人知道，其实她是个沉默寡言、性格内向、神秘莫测的人。20世纪20年代巴黎忽然刮起了女同性恋风，格蕾是这个时期著名的中性形象代言人。起初她的恋人是女歌手伊迪丝·琵雅芙，后来被玛丽·路易斯·达米安取代，一般被人们称作“达米娅”，是一位抽杰坦斯香烟的女歌手。再后来，格蕾认识了一位风度翩翩的罗马尼亚人让·巴德维希，此人是一位建筑师和建筑批评家，也是前卫建筑杂志《活力建筑》的主编，对勒·柯布西耶向来不吝赞美之词，是柯布最重要的支持者之一。当时荷兰一家前卫艺术杂志出版了一本艾琳·格蕾的设计作品专辑，巴德维希为此刊撰写了一篇简短的小文章，替她说了些好话。[6]除了专业上的认同，其他原因也不难猜想。巴德维希有着瘦长的身材和深棕色的皮肤，是一位不知疲倦的唐璜，夏洛特·佩里昂也曾被他迷得神魂颠倒。捕获了格蕾的芳心之后，巴德维希说服她为他在法国里维埃拉地区某处建造一座现代主义的小房子，这样俩人就能躲开人群，到海边尽情挥洒浪漫的时光了。

于是格蕾只身来到南方四处探看，寻找适合的建造地点。当她来到马丁岬这片火车站以东的海滨坡地时，感到这就是她想要的建造地点。让她最感满意的是，此地只能靠徒步到达。劳斯莱斯可以费力爬到拉葆沙庄园的大门口，却无法开到此处。大海就在眼前，好像从院子里一跃就能进入它的怀抱；西边就是镇子里的公共浴场，再远处，可以隐约看到摩纳哥的天际线。她思忖，这块地最适合造一个简洁的白色方盒子，把它插入岩床裸露的地表，面朝大海设置一道长长的凉廊，再通过一条石头台阶下到海滩。房子的建造花费了三年时间，造好之后，怎么看都像一座建在海边的、缩小尺寸版本的萨伏伊别墅。其实，两座房子差不多是同时完工的。她对柯布的设计相当熟悉，两人曾在巴黎的秋季沙龙上见过面。建筑师对她的设计表示赞赏，她却觉得他那纯粹主义的房子，包括他的功能主义取向，都太冷酷无情了。“房屋不是居住的机器，而是人的外壳——他的延长、他的释放，他精神的外在体现”，[7]她说这话，其实是对柯布那著名信条的尖刻反驳。的确，她在马丁岬设计的这座房子，虽然也是白色方盒子，却散发着优雅而性感的魅力。她研究了这块场地上的日照与一天中太阳角度的关系，依此确定建筑中从遮阳百叶到落地大窗的每个部分的位置。屋子中间有一部旋转楼梯，上面有天光倾泻下来，它的形状就像是鹦鹉螺的螺壳。白色墙壁与周围色彩丰富的自然景观形成对比，精致的带状金属扶手和家具上的金属镶边，都带有鲜明的格蕾个人风格。这是一座绝佳的度假之所，优美又饶有情趣，里里外外都舒服得体，从起居室里素色的小地毯到俯瞰大海的石头露台，都让人感觉贴心。在给这座心爱的房子取名字的时候，这对情侣放弃了各种浪漫的字眼，选了一个数字和字母组成的代号——E-1027，其中 E 代表 Eileen，10 是字母表中的第十个字母 J，也就是 Jean 的字头，2 是 B，代表 Badovici，7 是 G，代表 Gray。

房子盖好了就一直在海边岿然不动，浓情蜜意却未得长久。E-1027 竣工之际，格蕾和巴德维希已然濒临分手，两人在这里共度良宵的日子屈指可数。1930 年的一天，巴德维希只身前往马丁岬度假，他这次邀请了勒·柯布西耶和伊冯娜夫妇一同前往。当柯布步入 E-1027 别墅的时候，他感到兴奋又奇怪，那洁白的墙壁，那简洁流畅的家具设计，分明就像是出自他本人之手！这座房子本应由他来设计才对，他不会拒绝这样一个委托。从水平长窗望向地中海平静的海面，天地间的一切都自然和谐，流光溢彩。伊冯娜很开心，因为这里紧挨着她的家乡摩纳哥；勒·柯布西耶也控制不住自己的双脚，之后的年月里无数次重返这个静谧的海滨小城。巴德维希告诉他们爱住多久就住多久。过了一段时间，柯布忘记了这座房子本来不是他的。他喧宾夺主，后来竟发展到手拿画笔光着身子在户外走来走去，成了马丁岬夏天里最声名狼藉的住户。

夏天找个地方去避暑的想法，早在柯布独立开业之前就已经出现在他脑海里了。那时候他刚刚在巴黎定居下来。巴黎的一个习俗是每年一到八月万人空巷，全体居民奔赴海滨度假胜地。每当此时，柯布就为自己不得不困坐愁城而异常烦恼。

柯布一生中对待每件事情都要精打细算，非深思熟虑不能有所动作。为自己寻找一个最合适的度假地点也是如此。对有些人来说，全国那么多地方，去哪儿有什么区别呢？可是对柯布来说不是这样。这位瑞士山区的孩子对山林一点兴趣都没有，小时候他爸爸拉着他们兄弟俩无数次地翻山越岭，这样的记忆让他不堪回首。如果有机会，他只想到水边去。

勒毕垓是一个专为人们消夏而建成的度假小镇，柯布有时会到这里来拜访他的雕塑家朋友雅克·里普希兹，他在这里租了一座小木屋。柯布来到这座小城，发现它真是一个远离尘嚣的好去处。[8] 这里宁静又不失泥土味，到处都是一丛丛的矮松树林，带着松脂气味的海风把人牵往到漫长的滩涂，视线中偶尔会冒出一座远古时代的沙丘。一切都在灼热的太阳底下蒸起滚滚热浪，又在大西洋上徐徐吹来的微风之下飘散殆尽。他在这曛暖的南方空气中快乐得不能自拔，写信给家人吹嘘它的妙不可言，怜悯他们不得不继续挨过瑞士漫长的寒天。他仔细体味着脚趾与沙粒摩擦的感觉，到了这里，连身上的衣服都比在巴黎干净。他和伊冯娜穿着泳衣在海边无目的地蹓跶，时间对他们来说已经静止，甚至大脑都快乐得停止思考了。就是在这里的沙滩上，他拍了那张可笑的照片：他嘴里叼着烟斗，对着堂弟皮埃尔摆了一个拳击的姿势。他躺在沙滩上读着一朵朵的浪花，对海滨的生活节奏越来越着迷——海浪、贝壳，还有被海浪冲刷得干干净净的粗糙漂流木。大海洗净了天地间的一切尘垢，无尽的地平线成了对付他在巴黎不得不忍耐的“致命”城市病的最佳解药。[9]

在勒毕垓，柯布学会了游泳。发现自己已能滑入水中嬉戏，他是多么快乐！他不断挑战自己，看到底能游多远、游多快，然后把每一个小小的进步事无巨细地写在信中，汇报给远在沃维的妈妈。后来他不再去勒毕垓了，游泳的习惯却保持了一生，一有机会就跳进水里。

勃艮第省的维泽莱镇是一座山地小城，柯布和伊冯娜有时也去那里度假。巴德维希在那里也有一座小房子，他和格蕾曾一度在村子里做建筑修复的工作。那是一座壮观的罗马风格教堂，供奉着圣女玛丽·玛德琳娜（也有译作“抹大拉的玛丽”）的巴西利卡。早在公元9世纪人们就开始在此设立修院，成为朝圣之路上的必经之地。村子建在高高的山顶上，密集而安逸，柯布喜欢在那里弯弯曲曲的小街上牵着邦梭散步。在维希期间，他曾把伊冯娜安置于此。但是此处四面被陆地包围，从地理上说，几乎就是法国的几何中心。镇子边的大台阶底下有条小河，有一天柯布和一位学艺术的学生一起到河边散步（这个人后来成了他的雇员），走着走着，柯布忽然按捺不住游泳的冲动，于是脱了衣服就跳进水里。学生见状也下了河，还给柯布示范怎么仰泳。[10]

但是，不管是大西洋省的勒毕垓还是勃艮第省的维泽莱，都比不过蔚蓝海岸对柯布的吸引力。

自打巴德维希带他们来到 E-1027 之后，马丁岬就成了柯布夫妻夏日旅行的首选地，他们来得越来越频繁，在整个 20 世纪 30 年代甚至达到一年一次的程度。格蕾似乎已经把这座房子忘得一干二净，她的生活还在继续，又在意大利边城芒通外买地另盖了一座别墅。E-1027 事实上成了巴德维希的私人产业，他允许柯布和伊冯娜随时到那里去，怎么住都行。一切都很顺利，直到 1938 年夏天，柯布忽然觉得房子的墙壁没意思，打算花时间改上一改。

手里拿着笔刷，身上一丝不挂，柯布站到了墙壁前面。他大笔一挥，墙上就出现了几个肥硕的女人体，像毕加索笔下的女人一样扭曲着身体，彼此纠缠在一起，充满了色情意味。最主要的一幅壁画取材于一张明信片，以及几年前他自己画的阿尔及尔女性——卡斯巴女人。[11]他一时兴起，在别墅里里外外总共画了八幅壁画，从头到尾没跟户主打过招呼。

柯布说他得到了允许，但格蕾听说这件事后气得肝胆俱裂，把它看成是赤裸裸的羞辱。她的一位朋友后来说，格蕾的感觉就好像是被强暴了。格蕾找到巴德维希，让他去跟柯布交涉，勒令他必须将壁画清除，并支付产生的一切费用。柯布却仍然不肯迷途知返，他给壁画拍了照片，在朋友们中间传来传去，让他们欣赏他的杰作，还说“那片可悲的呆滞的白墙，谁能指望竟会变得如此生动”。他自豪地认为，这哪里是什么破坏，这分明是现代主义的涂鸦艺术，“有了它，房子立刻大变样，它为房间带来了艺术价值，从内到外”。[12]

如何解读画中的女人，是影射了她的双性恋倾向，还是只是一些小心眼的报复，这完全取决于格蕾。这是一个公开说过建筑不是居住的机器的女人，而且她还造了一座房子，多年后被普遍认为是改进版的萨伏伊别墅。柯布画完了他的“马丁岬涂鸦”之后给格蕾写了一封信，告诉她他对这座别墅有多喜爱，房子的整体布局和气息都让他着迷。他还说，在他眼里，壁画是一种精心设计的建筑工具。他告诉她，最近他在费尔南·莱热的帮助下，在维泽莱那座巴德维希的房子里也完成了一系列壁画作品。

巴德维希个人挺喜欢这些壁画的，还称赞说画得真不错。

但对他来说，格蕾当然更加惹不起，于是在她的催促下，他给柯布写了一封措辞严厉的警告信。“这么多年以来，你给我造了一座多么狭窄的牢房，特别是今年，你用你的自负伤我至此，”这位罗马尼亚人向柯布吼道。就在不久前，此人还算是柯布最大的粉丝之一。[13] E-1027 的故事完结了，感情的蛋糕馊了，曾经的友爱掉在地上摔得粉碎。勒·柯布西耶再也没有得到原谅，也没有被请到过这座别墅。后来他曾打算说服主人将这座房子转卖给他，以期一劳永逸地解决这个问题，可是天不遂人愿，战争在这个节骨眼上爆发了。意大利的士兵为了占领摩纳哥冲过了边境，他们在 E-1027 内外安营扎寨，大概是因为这里在地势上占据要津，又有着开阔的视野，可以充作哨所；或者将士们只是觉得此地僻静，可以躲避风声，趁机大吃大喝。再后来，德军前来攻占蔚蓝海岸，一场激烈的枪战之后，墙壁上留下了无数子弹洞。

战争结束后，柯布和伊冯娜又开始前往法国南部度假。有一次他们去芒通游泳，有一次是专程去威尼斯参观马蒂斯设计的一座现代风格的小教堂，有一次是与他的老伙计何塞·路易斯·塞尔特见面讨论波哥大的一个城市设计方案，还有几次是去马赛检查单元居住体的建造情况。这几次旅行中，柯布夫妇无一例外地顺路去了马丁岬。每次到了附近，他都会对这块山路崎岖、乱石密布、到处长满仙人掌的地方油然而生想念，必须再去一趟。有一次他来到这里，禁不住又跑去看 E-1027，发现它已经荒弃很久，正在挂牌出售。

他留下来，给那惹了大麻烦的壁画做了些修复工作。他心里还是放不下它的呀。1950 年夏天，他租下别墅旁边一个鞋匠的小屋，开始频繁光顾一家叫作“海之星”的小馆子。他那时可没想到，一顿简单的午饭能引出一段不小的因缘来。

柯布走遍千山万水，从布宜诺斯艾利斯到巴黎到罗马，每到一处总要到当地最好的饭馆就餐。因此，当他推开海之星餐馆大门的那一刻，他立刻就知道这绝对是自己会爱上的海鲜餐馆。门口的架子上摆着各式酒水，跟调料瓶和搅拌钵混放在一起。墙上挂着量匙，旁边是五花八门的画框，里面装着信件和照片。吃饭的地方在外面，那是一个由格子架撑着的露台，只有五六张餐桌。桌面上摆满了沉重的餐盘、大水罐和形形色色的高脚杯，这样洁白的桌布和纤细的花瓶就不会吹落到地上去了。最幸运的顾客能背倚着酒馆外墙，隔着餐桌眺望辽远的海面。

餐馆老板托马斯·勒布塔托站在柜台后面。他原来是尼斯的一名水管工，现已退休。他头戴贝雷帽，白色的衬衫没系几个扣子，胸膛都露在外面，嘴唇间几乎总是衔着一根杰坦斯雪茄。他告诉柯布说，他当年用积蓄买下 E-1027 旁边的这块地，本来打算造一个最不起眼的夏日度假地，只有一两个房间的小木屋。他估摸着，这座城市作为度假地肯定会越来越火。也就是那时候他开始开餐馆，售卖海鲜菜肴——从海里直接捞上来，烤熟了立刻吃，简单又美味。建筑师问老板能否应付一场 20 人的午餐，因为他心里盘算着把整个团队带过来吃顿工作餐。[14] 他跟老板说，如果他能做到这一点，那他肯定常来。

就在这样的讨价还价中，两人开始漫长的交往，一直到柯布离世为止。这位酒店老板讲话带着浓重的摩纳哥腔，脾气好得不得了。即便他日后察觉到跟柯布做朋友可能吃了亏，也会一笑了之。

勒·柯布西耶果然守约，第二年又来了。第三年他又来了，第四年也没爽约，一直到他生命的终点，他每年夏天都在这里度过。他跟伊冯娜住在鞋匠的小屋里，每天都来海之星吃饭，还帮老板做了点装饰——这次是在得到允许之后进行的。他在柜台正面画了一条鳗鱼和三只海星，一只游移地转动触角的甲壳动物，一只戴着帽子、叼着烟斗的强壮鲶鱼，其实有点像他自己。画面的中央是八爪鱼和太阳的结合体，八条纤长的触手向外伸展着，鼻子长长的像是冰棍，有眼睛有嘴唇还有牙齿：这是他对“海之星”这个名字的形象化阐释。他和伊冯娜在海滨度假的那些天，勒布塔托的儿子罗伯特差不多天天出海，给他们带回几十只海胆，这是伊冯娜的最爱。勒·柯布西耶跟这个半大孩子肩并肩坐着，给他讲做建筑的事。罗伯特听得入迷，后来也去做建筑了。[15]

柯布和勒布塔托混熟了，经常一起喝酒吃海鲜。酒酣耳热间，柯布许诺给店主盖房子，顺便也给自己盖一间。一开始他说服勒布塔托，给他设计五间毗邻的现代式小板房，其中一间留给自己和伊冯娜居住。最后他得寸进尺，从退休的水管工手里要来了一小块地，紧挨着海之星饭馆，在这里造了一个单独的小房子，跟其他五间隔开，作为他永久的度假小屋。他花了 45 分钟时间，在海之星的一块白色桌布上画好方案，然后把它作为生日礼物送给了伊冯娜。

“海滨小木屋”是它后来正式的名字。对于一位设计过那么多极其复杂的城市综合体和行政中心的建筑师来说，这个房子简单得有点反常。可是，实际上它跟马赛公寓中那些堆叠在一起的居住单元并无本质区别。他的私人小宫殿的设计和建造完全建立在模度体系的基础上，用空间来引导人的行为。室内空间为 12 英尺见方，高 7.5 英尺——2.26 米的高度，恰好是模度人伸开手臂达到的高度。住在里面的人依照精心设计的螺旋线来展开活动。柯布又针对入门者撰写了详细的使用指南，把它贴在墙上。在这份说明书旁边，他也没忘画上一幅壁画，内容又是两个人以奇怪的姿势纠缠在一起，不过这次画的是男人和女人。

你可以把海滨小木屋当作一个木头做的最小化住宅，也可以把它看作一间船舱。室内靠近远端墙壁那里有张台子，可以供一个人睡觉之用；有一张早餐桌，跟他在沃维湖畔别墅后院的那张桌子很像，靠一根独立的柱子支撑；一个小小的不锈钢水盆；几个开放式的搁架，形成画室一般的厨房区域；厕所位于房间的一隅，比商用喷气式飞机上的洗手间还要略小一点。这里还有墙体嵌入式的储藏架，床底下也有储藏空间，甚至屋顶板下面也有。这种位置的盖板一般会刷成特殊的颜色：红色、黄色或绿色；没有衣橱，衣服挂在床头的木钉上。房间正面的墙壁上有一幅长方形的画，其实是一个可开启的窗扇，打开窗子能看见大海、茂盛的树木和草丛，还有远处的摩纳哥海滩；房间后面、水槽上方也有一扇窗，窗外是一棵硕果累累的无花果树。墙上还有个独立的窄条窗以让更多的光线进入室内，后墙上的床边有一扇可以当作滑动门的推拉窗，保证室内通风。厨房的柜板上安装了一面小镜子，位置经过了精心的考虑，正好能从里面看到正门外的情景。

平面布局基本上是参考饭馆另外一侧那五间平房来确定的，但柯布给自己的房子添了些独有的配置，最大的不同是墙身外侧使用了原木，而不是另外五间的铝板。带着树皮的厚木板条是从科西嘉岛运来的，柯布求一位木匠朋友略加处理运到基地，还让他帮忙打了一套栗木家具。[16]柯布亲自监督房屋的建造，1952年建成。他搬进去之后，唯一的改动是增加了一个威士忌酒箱——箱子盖上盖子能当板凳，里面塞满了柯布越来越多的藏品，漂流木、石头、贝壳、骨头，等等。除此之外，还装了一个所有度假别墅都有的设施：室外淋浴头。勒布塔托免费做了全部管线铺设工作。最后一算，海滨小木屋的总造价不到7000美元。

这个小小的杰作也有它的背景，我们可以追溯到柯布在勒毕垓看到的渔夫住宅，还有他和玛格丽特·雅德·哈里斯在长岛海湾一起住过的那间海滨小屋。这个作品也让我们想起他在维希期间设计的流浪者住宅和青年夏令营营房。[17] 但在他内心，对仅能满足基本生活条件的隐居之所的渴望却有更深的源头，直达他对建筑的信仰核心。在极端简朴的居住条件下，“每一块木板，以其形状和受力，都满足一个确定的功能；每一根绳子都有意义，”他 1928 年就曾这样写道，“人在世间，精打细算。谁能料想，这样的小房间不会在未来之日成为罗马的万神庙，奉献给诸神的祭品？”[18]

精准的几何形体和比例关系会让精神更健全，他对此毫不怀疑。他对自己的技术成就深感自豪，因为他终于找到了完美利用每一寸空间的能力，让一切都简洁有效，他把建筑师口袋里每一样道具都翻了出来，充分挖掘了它们的潜力。[19]

假如没有勒布塔托，这一切都无从谈起。海滨小木屋是海之星饭馆的一部分，即使是在物质空间的层面上来看也是如此，因为这两个建筑共用一道墙壁。为了展示这一点，柯布在这面墙上画了一道假门，好像打开它就能直接进入餐馆，这让这两个小房子变得像旅馆的套间。柯布和伊冯娜天天去隔壁吃饭。他们就像一家人，柯布可以随便使用勒布塔托家的小船，两家的猫狗也常在一处嬉玩。柯布住进海滨小木屋的时候已经是六十多岁的老人了，可他对罗伯特视如己出，他自己没有小孩，就把他当成了儿子。男孩不光为伊冯娜抓海胆，他还陪柯布四处搜寻宝贝，丰富他的收藏。有一次他捡到了一根动物骨头，跟柯布蹲在一起研究了老半天，他们把骨髓比作预应力混凝土，这位老建筑师最熟悉的材料，他用它在世界各地造了好多了不起的房子。

柯布在马丁岬的日子逐渐进入一种舒缓的节奏。他每日游两次泳，从乱石嶙峋的山坡上走下去，来到海边。他光着上身，打着赤脚，在卵石间放轻脚步，仰起头，尽情呼吸着略带咸味的芳香空气。伊冯娜在这里也很开心。饭后，她会戴着巨大的首饰，头上裹着丝巾，在露台上凭栏远望，长时间地踱来踱去。她的手指细又长，涂着深色的指甲油，一只手端着酒杯，另一只手里永远夹着一根烟。她举止古怪，总爱送人礼物，在镇子里名噪一时。在这里，人们对她的尊敬一点都不比对柯布的少。

她依然满腹抱怨，和在朗吉瑟-高利大街24号顶层别墅中的抱怨如出一辙。这个海边的小房子简陋得让人难以置信。对于一对正常的夫妇来说，关于睡觉的安排挑战常识——靠墙那窄窄的台子是她的床，他则席地而眠。有一次老朋友布拉萨依来看他们，她趁机跟这位匈牙利摄影师大倒苦水："布拉萨依，你可以作证，看看我丈夫让我住在什么样的地方……你仔细看看！他让我睡在洗脸盆旁边。我真不明白我怎么能忍受跟这个狂徒在一起生活了20年，还能忍得了他那些着了魔的想法。"[20]但是，她仍然一次次返回这里，开始是乘火车，后来开车，再后来乘坐巴黎到尼斯的航班。再怎么说，这里也是她的天堂哦。

但是，没过多久，柯布还是忍不住要让一点工作侵入悠长的假期。在罗伯特的帮助下，他在离小木屋几步远的地方又造了一个简单的工作室，这是一个胶合板墙壁的简易房，上面盖着倾斜的压型金属板。他允许自己偶尔逃到这里想一些工作上的事。办公桌是一张刷成白色的两英寸厚的原木板，用两个锯木架支撑起来。桌子对面是一扇有六个格子的窗户，像法国对开门一样的开启方式。柯布工作的时候，就坐在那个威士忌箱子上。他把手稿、方案、草图贴满了墙壁，把那些“捡来的宝贝”，也就是他所说的“唤起感情的物品”整整齐齐地收纳在门边一个小书架里。小木屋和工作室都没有装电话。如果谁有急事找他，都必须给海之星餐馆打电话——除非十万火急，他不允许别人这样做。

柯布一边寻找属于自己的度假别墅，一边利用他的朋友关系蹭房子住——里普希兹在勒毕垓的渔夫小屋，巴德维希在维泽莱的房子和马丁岬的 E-1027，以及现在托马斯·勒布塔托的地产和海之星餐馆。他的这个套路有点像寄生虫，先是管人家借房子住，住着住着就鹊巢鸠占，成了他自己的。这就好比让别人选好老婆，自己却跑去跟她结婚：让对方承受寻找发现之难，自己则将成果照单全收。柯布聪明的地方在于，轮到他自己盖房子的时候，就想方设法不让别人以其人之道还治其人之身。海边小木屋小得可怜，朋友们根本没办法在这里留宿。

拥有第二套房产这件事本身，也跟他为城市里的大众建造集合式住宅的理念不能相容。并非每个人都有机会拥有一套乡间别墅或海滨小屋；无论何时何地，那都是精英阶层的特权。但不管怎么说，正是在马赛公寓里，柯布希望为人们创造合适的生活空间，住在那里，能享受乡间生活诸多好处，比如阳光、新鲜空气、方便到达的自然环境，以及各种有益于身心健康的设施。而他为自己建造的度假别墅则小到了极致。

柯布为勒布塔托设计的五座小平房提供了平价的住宿服务，使用效率很高。柯布看在眼里，打算为更多囊中羞涩的游人提供相对廉价的住宿方案，让他们能够尽享马丁岬的美景。他设计了一个旅馆方案，名字叫作“洛克和罗伯”（Rob et Rob），其中洛克代表马丁岬（Roquebrune），罗伯代表罗伯特（Robert Rebutato）。这座构想中的旅馆有 200 个房间，或按照柯布的说法，叫“居住细胞”，每间客房都有一个小小的阳台，能从那里看到大海。这些房间从海之星饭馆和 E-1027 附近的峭壁上逐层跌落，就像给马赛公寓做了一个切片，再把它塞进山崖里。尽管最终没能建成，设计概念却被争相效仿，出现在法属里维埃拉地区的很多高级度假酒店里。

柯布想让更多人看到此地的风景，看到地中海的细浪，摩纳哥的海湾，眼前疯狂孳生的植物藤蔓与乱石嶙峋的山麓。如不能与众人分享，那就自己慢慢品味吧。岬边的天气变幻无穷，柯布徜徉在山海之间，与自然相看两不厌。小木屋前隆起的礁石成了一个天然的观景台，好似大自然剧场的单人包厢。白日里阳光划破天际的乌云，利剑般直刺而下；夜晚，水面上漂浮着肥硕的月亮倒影，摇动无边的黑暗。

在柯布的后半生，尽管有成功的光环笼罩着，内心的折磨却一丝未曾减弱。毫无疑问，只有来到马丁岬，他才会任自己沉入温柔乡。在这里，他有亲朋好友围绕身侧，美味佳肴常在近前。难以想象，来到此地之后，伊冯娜好像也恢复了她的年轻活力。他给自己在海边造的小小木屋，在未来的日子里必成众人艳羡的对象。这也难怪，人们不是都奢望能够逃离日常，躲到天涯海边，又不想花费太多的时间、精力和金钱吗？那么，海边小木屋就是最佳解决方案，是现代建筑学最完美的呈现。归根结底，它在绕开现实，让人仿佛生活在梦境里。

“这个小房子太自在了。”柯布跟一位朋友说，“我想在这儿了此余生算了。”[21]

1954 年朗香教堂举行了揭幕仪式，几乎一夜之间成为 20 世纪现代主义建筑的典范之作。
金秋野拍摄，2015 年 4 月。

拉图雷特修道院外观，金秋野拍摄，2015 年 4 月。

# 柒　圣女玛丽

柯布没有什么宗教信仰，也不想成为某种现成宗教的一部分。因此，当这件事摆在他的面前，对他来说简直是不可能完成的任务，就好像让无神论者去教堂做弥撒一样匪夷所思。回想当年，异教徒威廉·布莱克也曾写了那首基督赞歌《耶路撒冷》，柯布却无法说服自己去接受这样的任务。

1950年春，当两位身着黑袍的天主教神父找到柯布，请他为东部瑞法边境的小村庄朗香设计一座教堂时，柯布一口回绝，还跟他们说，最好找一位有这方面信仰的建筑师去设计比较妥当。

但是，另外一位教会人士，也是柯布的老朋友，相信柯布实际上并非此意，此人是一位神父，也是教会方面的一位官员，名字叫玛利-阿兰·库蒂里耶。得知两位同僚败兴而归，库蒂里耶提笔给柯布写信，信中说："我们要找的是一位伟大的艺术家，一位能够创作新颖、大胆、富于强烈艺术美感的作品的人。"[1] 他许诺给柯布完全的自主权，想怎么设计都行。在信的末尾，他敦请柯布无论如何要去孚日山脚下的村庄走一走，到那块位于小山丘中央的场地看一看，保证他会重新考虑。

这座小山丘名叫布勒芒山，只有 1500 英尺高，山脚下是一个以采矿为业的小村。山虽不高，却一直被人们看作是宗教圣地，历史非常久远了。早年，异教徒们曾爬到这块平坦的高地上祭拜太阳，据信曾在此建造了一座简陋的庙宇，由一堆高高耸立的石柱围成。通往山顶的陡坡上长满了茂盛的野玫瑰、冬青树、相思树和栎树；冬天里，山顶荒草萋萋，时常隐没在浓雾中。拾级而上，一点都不像是走在通往天堂的道路上。

到罗马帝国时期，这里从先前的宗教圣地沦为军事要塞。士兵在山顶安营扎寨，哨兵紧盯着山下沿峡谷向远方延伸的驿道。村庄的名字“Ronchamp”正缘于此，“Ronchamp”拆开就是“Roman camp”（罗马营）。山下的这条路，到了今天仍是连接巴黎和巴塞尔的主要干道。[2] 基督教信仰传到此地之后，小山再度成为圣地，据说有人曾看到圣处女玛丽的神迹。大约在公元四世纪前后，一座庇护所建立起来，取代了原先的石头庙，七个世纪之后又被第一座正规的教堂取代了，从此朝圣者不断。每年 9 月，人们聚集到这个小山丘上，为象征着慈悲与恩典的圣母庆祝生辰。他们默默祷告，把自己交到她的手上，或为劣行请求救赎，或为病儿祈求痊愈，或希望身陷囹圄者重见天日，不一而足。[3] 人们依着想象用木头雕刻了圣母像，多余的木头被削去以减轻重量，以便在游行的时候擎在手中。[4]

为方便村里的矿工和家属做礼拜，山谷里后来又建了一座教堂。这样一来，山上的教堂去的人越来越少，后来被公开拍卖了。一个由 40 个家庭组成的小团体把它买了下来，组成了一个教会，取名“高地圣母教堂”。朝拜者络绎不绝，每年三千人左右。教堂的管理方指定了一位全职神父，就任以后，在原来的建筑边上造了五座塔，最高的一座位于正中央，塔尖上安放着一座巨大的圣处女玛丽塑像。塑像用栎木雕成，外面裹着一层锌皮。整个建筑群看起来固若金汤，实际上却弱不禁风；1913 年被一道闪电击中，几乎烧得片甲不留。重建方案很快提上日程，当地主教雄心万丈，颇有一不做二不休的豪迈，他对外宣称，要盖就盖个像巴黎圣心教堂那么宏伟的巴西利卡。可实际一执行，却发现囊中羞涩，最后只盖了一个平庸的哥特建筑。第二次世界大战期间，建筑再次被毁，这一次不是天灾而是人祸：先是被德军的大炮连续击中，等收复法国的盟军入境，又成了美军轰炸的目标。盟军与德国人在这里展开了拉锯战，一会占领，一会丢掉，一会又占领，直到最终攻下阿尔萨斯方告休兵。1944 年，人们不得不再次计划重建教堂，此时，山头上的一切都已荡然无存，只剩一尊残缺的圣母像，是一位法国士兵在枪林弹雨中救下的。

劫后余生，当地主教区和地方政府都打算重整旗鼓，再把教堂好好复建起来。战后年代天主教会痛感人心涣散，希望用崭新的、充满时代感的教堂建筑为信仰注入活力，于是转向了现代主义。在此之前，已经有一些不那么循规蹈矩的教堂建筑面世了，先有安东尼·高迪在巴塞罗那设计的圣家族教堂，后有弗兰克·劳埃德·赖特在芝加哥橡树公园建造的唯一神教堂（Unity Temple），德国和意大利也都建成了“自由形态”的教堂，造型非常大胆，改变了教堂建筑一贯的形象。柯布到巴黎之后的第一位雇主佩雷兄弟也曾在巴黎郊外的勒兰西盖了一座工业风格的圣母神慰小堂。库蒂里耶神父一直以来致力于推动宗教艺术的复兴，正是他说服马蒂斯在威尼斯设计了简洁纯白的玫瑰园小教堂。此地离尼斯不远，柯布夫妇到马丁岬度假的时候曾专程去参观过。对于朗香来说，人们热切地期盼着一座更大、更新、更有力且更真实的建筑宣言。兹事体大，唯有一人堪当此任。

教区的僧侣有几位之前曾前往巴黎探访柯布的作品，包括大学城瑞士学生公寓。他们的坚持终于得到了回报。在初次接触两个月之后，柯布独自来到布勒芒山之巅，开始为他最伟大的建筑诗篇进行最初的构思。他一边走，一边看，一边想。库蒂里耶神父是对的。这块场地里蕴藏着非同一般的力量，此刻他已能感觉到它的存在。

年轻时代，柯布曾在笔记本上画下数不清的大教堂、神庙和清真寺，宗教建筑的肃穆与崇高自古皆然，也曾深深打动了他，但他似乎从未表露过对这种类型建筑的兴趣。可是，从他的眼里看去，一座建筑所能达到的最终极的精神表达，不就是一座教堂吗？教堂独有的场所氛围，自内向外，与它的使用者密切交谈，时时触发着心灵共鸣。柯布努力在住宅、公寓大楼和政府办公建筑的设计中寻找这样的交流，惜乎未能如愿。此时，一座奉献给神的建筑，不正是上天送给他的一个独一无二的机会，让他得偿所愿吗？

从古希腊到维多利亚时代，建筑的内容变得分支众多、繁杂不堪，可是柯布只对它的精神方面有所回应。基督教的建筑形式并非一成不变，在历史上，它经历了漫长的发展变化。最开始，教堂是设在私人家里的；人们聚在一起，随时都可以举行崇拜仪式，哪怕只有一家人也可以。基督教合法化之后，公共崇拜场所的兴造随之发展起来，早期宗教建筑的形制是依据功能决定的，既有崇山峻岭背后的修道院，也有村镇中心的集会厅。勒·柯布西耶喜欢的想必是早期基督教建筑中反复出现的母题——一个长方形的柱廊前庭，巴西利卡式的教堂体量在一侧升起，内部容纳着圣坛，长方体的一侧耸立着一座尖塔；无论是最简陋的修道院还是人们争相奔赴的朝圣地，都是由这种基本形态演变而来。整个中世纪时期，教会已经成为社会生活无可置疑的中心，教堂建筑的形制更加繁复，目的是为了表达力量和权威。结果，这一时期建成了地球上空前绝后的纪念碑建筑，耗费的钱财和人力都无可估量。那时候的教堂有着恢宏的穹顶和飞扶壁，有五彩斑斓的彩色玻璃画、极尽烦琐的装饰带以及美轮美奂的兽头滴水嘴。

伟大的教堂建筑是人类创造力的奇迹，不由人不心生崇敬。柯布绘制的巴黎圣母院充满了动人的细节。但当他参观了巴黎附近的沙尔特大教堂后，他被它的刻板与建筑师的强迫症震惊了。这座建筑显然用力过猛，让人很不舒服；建造者没有很好地掌握分寸。在1917年写给朋友威廉·瑞特的信中，柯布说："沙尔特大教堂给我的印象就是一场最糟糕的战斗。再也不要说哥特建筑都是平静的。这个教堂的气势就是排山倒海、万箭攒心……沙尔特教堂仿佛猛烈的冲锋和魔鬼般的爆发，是握紧的拳头和紧咬的牙关。"[5]

等到他自己建一座教堂的时候，他可不想采用那样的方式。它应该是古朴的，好像来自于遥远的时代，但同时又是精妙入微、雄深雅健的，甚至比那些哥特教堂更有力量；它自成一格，与欧洲历史上那些华美的宗教建筑毫无共同之处。所以当设计自己职业生涯中第一座带有神圣意味的建筑时，他把它藏到了一个崖洞之中。

圣博姆位于法国南部马赛东北的地方，那里著名的古代洞穴开挖在2000英尺高的石灰石崖壁之上。柯布对这里非常着迷，因为据说这里埋葬着圣女玛丽·玛德琳娜的遗骨，她就是那个见证了耶稣死而复生的圣妓女，她用她的头发为耶稣濯足。据说她后来跟她的兄弟拉撒路一起逃离巴勒斯坦，以一条无帆无舵的小船漂洋过海，来到阿尔勒附近的圣马迪拉莫。她骑着白马风一般驰过咸水沼泽，让整个普罗旺斯都改信了耶稣。大功告成之后，她躲进山崖上的洞窟，赤身裸体，靠天使续命，孤独地祷告了 30 余年。她也叫玛丽，另外一位以玛丽为名的圣女，是女性力量的见证。有些人解读达·芬奇的《最后的晚餐》，认为她是耶稣的妻子——在这个推测里，玛丽·玛德琳娜不只是耶稣的门徒和追随者，更是弥赛亚的配偶、救世主的女性双生体，让耶稣臻于圆满的人。

几个世纪以来，朝拜者、大主教和国王们沿着圣博姆的悬崖往上爬，直到爱德华·特鲁安生活的年代。此人是当地一位测绘员和工程师，也是这块土地的产权所有人。受到虔诚信徒的感召，他决定把这里开发成一个纪念圣女玛丽的观光地，一个和平、宽恕之地。他想，如果在山崖里挖出一个大教堂来，那将是一份壮举，足以跟德尔斐、耶路撒冷和罗马相媲美。1945 年，他到巴黎物色建筑师人选，并锁定了柯布，后者当时正急于在战后恢复工作，两人一拍即合。

对柯布来说，圣博姆方案揭示了他的一个直觉：信仰是一场演出。它会沿着一系列空间渐次展开，穿过迷宫般的路径，最终到达玛丽的埋骨之所，人们在附近的一处地穴中发现了它。从洞口走出，人会被明亮的光线刺得目不见物，而洞外的景色曾被塞尚的画笔捕捉到名作《圣维克多山》中。再远处，天际波光粼粼，是地中海。这个地穴般的建筑从岩石中生生开凿出来，四壁都用夯土来造型，人们进入其中，仿佛置身于造物主的剧场，目睹神秘的光线和阴影对空间进行变幻无穷的雕刻，片刻之间经历从日到夜的转换，还没等回过神来，又从夜晚回到白天。这是一次漫游，一次自我发现之旅。[6] 特鲁安住在巴黎的临时寓所里，把墙面和一部分天花板都贴满了方案草图和渲染图，他梦想中的建筑不仅是一个地方性的宗教圣地，也是一个博物馆、旅馆和剧院。他信心满满，把自己当成了好莱坞的制片人，幻想由法国性感偶像碧姬·芭铎来扮演圣女玛丽·玛德琳娜。教会的官员开始只是对此心怀疑虑，等到他拿出这个策划案，立时群情激愤，沉默的怀疑演变成公开抗议。结果，那个埋藏在岩石间的和平与宽恕之地的计划还没开始就被迫中止了。

圣博姆方案不是柯布事务所唯一一个中途夭折的方案，但这个项目的设计过程让柯布懂得跟教会打交道须得小心谨慎。多亏库蒂里耶神父，当初圣博姆开发计划就曾得到他的支持和鼓励，如今给柯布吃了颗定心丸，告诉他朗香的项目一定会清除所有的拦路虎。当初被伊冯娜捉弄坐到了放屁垫上的那位神父后来成了夫妻俩的好朋友。柯布从他口中得到承诺：不管是来自于镇里居民还是来自教廷官僚的怀疑，都将被隔离在外，不让它影响设计进程。

柯布答应接下这个项目委托的同时，也暗暗许下一个誓言。这是他第二次设计神圣空间，这次，他要脱胎换骨，把一切带入一个全新的境界——不仅建筑造型要让人耳目一新，设计本身也必须成为个人风格的新起点。他那纯粹主义的别墅设计，采用明晰的线条、直棱直角的建筑语言，美丽但过于严峻了。直到1950年，在他答应设计朗香教堂之前，他的建筑都在向世人传达着同样的信息：它们的形式是为功能服务的。艾琳·格蕾曾指出，那些建筑的实用理性倾向让它们显得不近人情。柯布决定通过曲线造型让这座高地小教堂的形式流动奔腾起来，让信众们不必进入室内就能感受到这股力量。这座建筑的设计意图变了，柯布苦心孤诣，要让它掀起人们的感情波澜，唤醒人们的自省之心，要打破昨日之我的禁锢，任由幻觉引领，踏上新的旅程。萨伏伊别墅的主人是位彬彬有礼的绅士，他身着高尔夫球服，手擎鸡尾酒杯，这个场面恰好适合乔治·格什温的调调；如果要为布勒芒山巅的朗香教堂寻找一段合适的配乐，那其中的一半应该是格利高里圣咏，另一半则必属约翰·凯奇无疑。

1954年，当现场最后一根脚手架被工人拆除之后，矗立在山巅的是一团有着优美曲线的混凝土怪兽，整个由水泥浆喷枪现场浇注而成，立面上尺寸奇怪的窗户随意布置，顶上一个块根般的巨大混凝土屋顶，像一个古旧的船身般横亘在墙头，沉重、厚实、似幻似真，好像一艘漂浮在半空中的方舟，俯瞰世间的一切。勒·柯布西耶的这件作品就像是从外太空迫降于此——可是，当地居民中很多人都有一种感觉，它似乎已盘踞在那儿好多年头了。[7]

柯布曾一次次来到这里，他身穿军用防水短上衣，在碎石密布的山顶查看地形，亲自监督本地工人搅拌混凝土，验看用来制作室内座椅的非洲木材，以及用来砌筑圣坛的勃艮第白色石头。他爬上脚手架，亲自为凹窗内的玻璃绘制彩画。入口沉重的大门可以绕着一个枢轴旋转，柯布亲自为它涂上了色彩明丽的方格子图案。朗香教堂的构思过程也让柯布的内心充满了狂喜，它让他想起当初发现了色彩在建筑造型中的巨大能量，将红色和蓝色喷溅在墙壁上，为建筑带去"血液的奔突、大草原的生长、阳光的明媚和大海的深沉。人的指尖上竟然会浓缩着如此丰富多样的力！这是纯净的活力（dynamism），我说出'活力'这个词，心里想的其实是'炸药'（dynamite）"。[8]

前往参观朗香教堂的视觉经验是建筑师精心排演过的。从山脚下的小村开始，在那里，人们可以远远望见教堂的轮廓在地中海的浓雾中时隐时现，周围是起伏的群山。按照柯布自己的说法，教堂好像是"雅典卫城播下的种子"。快到教堂跟前的时候，要经过修女们的简朴住所，参观者从这里迈上最后几步陡峭的台阶，就会置身高地之上，方位在教堂的东南。那昂起的屋顶角点扑面而来，下面由一根细细的柱子支撑，顶端与两个侧面的屋顶最高点昂然汇聚到一起——这样的角度率先进入人们的眼帘，是设计师匠心独运的结果。

柯布说他是从螃蟹壳上联想到了朗香教堂屋顶的做法。1947 年他重访纽约时曾前往长岛，在沙滩上赤脚散步时不小心踩到了螃蟹壳，被它的坚韧触动了。"我把它捡回来，摆在案头，"他后来写道，"看着看着，我想到了教堂屋顶的形式：两层混凝土薄板结合在一起……快把笔和纸给我拿来！这是对场地的完美呼应。厚厚的墙身，一个螃蟹壳，直线和曲线合在一起，让静态的造型变生动。就这样，我捡起了螃蟹壳，把它扣到了墙头上。”[9]

在结构工程学上，朗香教堂屋顶的设计有点像机翼。关于这件事，他曾在1930年出版的《当代建筑与城市规划中的精确性》一书中有过详细的说明，那时喷气机刚刚发明不久。屋顶的上表面接近于水平，下表面向下弓起，内部隐藏着一个网格状的结构框架，它为屋顶提供了强大的支撑力，而外部的两层混凝土表层则纤薄舒展，表面光滑，轻如鸿毛。它那倾斜的角度、沉陷的深度和张力的强度仿佛是要挑战现有的技术极限。最后，柯布施展了绝妙的一手：他让屋顶从墙身上微微抬升起来，留出了一道四英寸宽的缝隙，更加强化了屋顶飘浮在空中的印象，并让更多的光线进入室内。朗香教堂的屋顶是个奇迹，它让人们错愕，从而在精神上更加紧密地联系在一起。教堂的东南角，就是参观者最先看到的那个方位，是大船的船艏、修女的帽子、诺亚的方舟、张紧的风帆、远古的树皮、林中的蘑菇、翻涌的波涛，甚至对有些人来说，是阴茎的包皮。各种天马行空的解读，对柯布来说，大多数都可以接受，对接下来若干代的建筑师来说也是如此。只要人们看着它内心有情绪的波澜涌起，就会看到他们想要看到的东西。

但在设计上，教堂的外部还仅仅是个起点。内部空间蕴藏着更多的魔力。教堂的内室有着弯曲的线条和静谧的气氛，五色的光束从南侧墙壁上那一组大大小小的内凹式窗洞中交织成网状，组成神秘的光之舞蹈。在屋顶与墙身上方交接处，也就是屋顶脱开墙身腾空而起的边缘，一圈纤细的光芒闪耀着。在背后，还有一束强烈的光线从塔身高处的半圆形窗内直射进来。这些光束看起来犹如实体，有着自己的质感与重量。光滑的地面略微倾斜，似乎在呼应着山顶的坡度，最低点是一个简洁的圣坛。柯布原本不想在室内布置任何坐具，他觉得人们应该站立祈祷，最后还是妥协了。一排排的长椅是用深色木头做成，朝向一堵仅有一扇方窗的裸露墙面，四处漫布着点点星光。曲墙上的入口引向一个向室外挑出的空中讲坛，集会时神父可以站在此处朝下面潮水般涌动的人群讲话，它的高度与室内侧面墙壁上的空中讲坛相同，通向它的布道台和小楼梯使用混凝土一次性浇筑而成——就像这里的一切：看似浮于半空，实则牢牢地锚固在大地上。

这出戏剧不仅是关于光线的，也是关于声音的。完美的音响设计，让圣坛上哪怕一声轻轻的叹息都可以被远端墙壁的信众听到，人们齐声歌唱，歌声盘旋而起，充盈于四壁之间。柯布站在空荡荡的教堂中央说："它们能够创造不可思议的音乐，难以言喻的声响……这是专为教堂谱写的音乐，前所未有，它并不悲伤；它是响彻云霄的神圣喧哗。"[10]

人们走进教堂，如同踏上一次充满了形体、光线和声响的旅程，弯曲的面和单纯的线织成交响乐，打动着每一个心灵，在这气势恢宏的大厅里，人们内心深处掀起层层巨浪。这是一个反转的巴洛克建筑，抖落了所有古典符号，只留下奔腾的造型。柯布为每一个细节赋予了独特的生命。他把钟悬挂在教堂背后一个独立的构筑物上。高地上一年多数时候干燥无雨，柯布按要求设计了一个雨水收集系统：地面上是一个凸起的水池，雨棚上伸出一根光洁的白色出水口，这正是柯布的现代滴水兽。人们希望能为二战时死于山顶的法国将士建一座纪念碑，他就把之前被炸毁的教堂的残砖剩瓦收集起来，在东部草坪的边缘垒成了一个金字塔形的石堆。没有碑文，也没有铭牌，只是一个简单的纪念——后来不知有多少战争纪念碑采用了这种形式。

19 世纪的遗物只剩下一座圣处女玛丽的雕像，供奉在教堂东面墙壁的一个凹龛里——正是那位法国士兵冒死抢下来的大破坏的见证。

当年，皮埃尔·萨伏伊夫妇委托柯布设计乡村别墅时，柯布为他们献上的远不止一座别墅；在朗香，他同样如此。教区的官员们明知此事不妥却也无话可说，他们早就知道柯布对信仰的超然态度，反映在这座教堂中，就是它那显然相互矛盾的信息，模糊了天主教和其他神秘主义，以及上帝与诸神之间的界限。柯布身上有加尔文教派的成长背景，这让他格外重视秩序和纪律，特别反对过度的事物。对他的一生来说，这都是极富教益的行动准则。但周日去教堂做礼拜一事则对他毫无吸引力可言。他的父母对此也不甚积极，只在重要的节日去一趟教堂。他那勉勉强强的新教信仰训练是在一年夏天完成的，仅持续了几周时间，导师是他的姨妈宝莲。

年轻时代，他曾沉浸于厄内斯特·勒南的《耶稣的一生》，他在巴黎买下这本书时，一并买了尼采的《查拉图斯特拉如是说》，从那时起，就对这位拿撒勒的木匠心向往之。书中有一段说："耶稣不是一位唯心论者；对他而言，一切皆是真实可感的现实之物。他又是一个不折不扣的理想主义者；对他来说，万物只是观念的倒影。"柯布在一旁批注道："是故万物维新必自吾手始，此诚世间创造者咸具之品格。"[11] 他有时会将自己的签名缩写为"L. C."，与神子基督的字头（J. C.）如出一辙。

假如说柯布跟某种信仰团体有着精神上的渊源，那也是个以反抗、持异端信念和被野蛮迫害而为人所知的组织。法国南部朗格多克和普罗旺斯地区的清洁派教徒坚持过一种简单的生活，他们盖教堂，不像罗马教廷那样披金挂银。清洁派也被称作阿尔比派，他们狂热地信仰玛丽·玛德琳娜，就是柯布在圣博姆方案中打算供奉的那位圣女。他们之所以让教会感到威胁，并非只是因为是个搞分裂的小团体，而是因为他们很可能会引发法国南北方之间的内战。教皇英诺森特三世发动了气势汹汹的十字军圣战，向清洁派集结的地区大兵压境，派遣多明我会教徒将清洁派教众五花大绑，脱光了衣服当街羞辱。他们遭受酷刑，甚至成为十字军战士的活靶子。在一次血腥的围城战役中，一位士兵担心误伤混在异教分子中的无辜基督徒，他们的长官却吩咐但杀无妨，上帝自会将两派间分得清清楚楚。这句话在好几个世纪之后还被征战沙场的无情刽子手引为至理名言。大难不死的清洁派余部逃到瑞士西北的汝拉山中，柯布相信他所属的让纳雷家族就是这群移民中的一员。或许这正解释了他何以时时感到南方地中海在发出召唤：那是来自祖先的血脉的牵引。与反叛者融为一体，也让他心荡神驰。

然而，正是那位玛丽·玛德琳娜，而不是耶稣，摇动着柯布的心旌。20世纪的多明我会教徒们——远古十字军的后裔，正是他们把朗香教堂的项目委托交到了这位清洁派后人的手中——对柯布精神上强烈的神秘主义倾向选择了视而不见。而“另一位玛丽”与柯布内心笃信的神秘力量本自同源，那是他内心里那个异教徒的小宇宙，容纳着音乐、色彩和数学——还有性。

他在古希腊神话俄耳甫斯的故事中汲取神秘的力量。俄耳甫斯用他的音乐打动诸神，他向柏拉图和毕达哥拉斯展示了宇宙的本质，说它不过是数学和几何——最终是建立在数学基础上的生命和谐，唯有通过两性之间的阴阳交流方能通达。朗香教堂那鼓胀圆润的形体让人想到孕育生命的子宫，它分明是奉献给全体女性的纪念碑——不只是圣处女玛丽、玛丽·玛德琳娜，也包括他的妻子伊冯娜，还有最最重要的，他自己的妈妈。在一处凸窗的玻璃蚀刻中有这样一行文字：

“玛丽，光芒万丈的太阳”。在柯布心中，玛丽·让纳雷就是他的太阳，他的灯塔，他永恒的神圣之光。

信徒们千里迢迢赶赴朗香朝圣，他们希望在教堂的羽翼下离上帝更近一步，殊不知在无意间走进柯布开启的异教之门，那就是在巴黎和拉夏德芳都有影响的秘密团契和共济会信仰，柯布私底下对它颇有好感。[12] 因此，通往朗香教堂的建筑漫步既可以看作是一次世俗感官之旅，又是在共济会“方形与指南针”徽标下的神秘信念的精神洗礼。柯布接下来就要反复用建筑来表达这一信念，他将之命名为“直角之诗”。

“对符号的狂迷深植我心，我渴望掌握一门语言，组成它的全部词汇只寥寥数个，”柯布在本子上写道。其时他正跋涉在土耳其、意大利和希腊的东方之旅上，风华正茂，前程似锦。[13]

毋庸置疑，他为建筑学奠定了新的基础，它建立在数学和几何之上，从黄金分割中衍生出来，也成为模度体系的基础。朗香教堂神秘的造型中隐藏着比例的魔力，只有在X光照射下才能为人所见。

“到处都是模度，”柯布说，“游客们怎么会知道，我使用模度为每一个角落确定了尺寸。”那看不见的标尺，隐藏在地板的纹路中，也决定了墙身倾斜的角度。[14]

这分明是一个戏法，糅合了圣处女的传说和俄耳甫斯的神话，再以斐波纳契数列推演，造出来这样一座天主教的圣殿。柯布将他的密码写进这个神秘的礼拜厅，成百上千的人聚集在那里虔诚地祈祷吟唱，对这一切都浑然不觉。这真是一次漂亮的渎神，做得不露痕迹。时至今日，朗香山顶的圣母小教堂依然矗立在那里，像一个谜，谜底永远也不会被彻底揭开。

尽管人们怀疑这个设计的动机，却还是热切地呼唤建筑师献出更多的杰作。这样的人大有人在，库蒂里耶神父就是其中一个。朗香教堂还没有竣工的时候，他就已经委托柯布设计位于里昂郊外拉布雷勒河畔的埃维克斯拉图雷特圣玛丽修道院。这位上了年纪的长老对前一位建筑师的保守的设计方案很不满意，他想要的建筑是一个静谧的隐修之地，它融合了教育、静修和冥想的功能，“为一百个身体和一百个灵魂带来安宁”。[15] 柯布毫不犹豫就答应了这个请求。他对另一位教士说：“我感觉我的内心深处住着一位僧人。”[16]

朗香教堂的基地在平坦的山顶，拉图雷特修道院的基地则位于半山腰的陡坡上，身后是郁郁葱葱的树林，眼前铺展着一望无际的风景。柯布决定这次建筑不再采用朗香教堂那种曲线和波澜起伏的造型，而是做一个巨大的长方形盒子，外围是建筑，中间围成内院，角部设置了一个避难所。主入口在建筑高处，从这里，建筑体沿斜坡缓缓下降，最底下立在底层架空柱上。整个形体倒置，上大下小，头重脚轻。

1953 年 5 月柯布第一次勘查现场后写道：“我来此地，像以往那样掏出我的小本子。我画出地平线，查看了太阳的朝向，又环顾了一圈地形。我先是决定了建造的场地，因为他们还没有作出决定。我来做这个决定，它要么是一次犯罪，要么是一次英雄壮举。我做的第一个选择，事关基地的自然状况，接下来是在这样的场地条件下进行构图组织……这儿的环境是如此流动，如此易变，起伏跌宕，奔流不息，我要说：我们不能从下往上建造，因为地面会流泄而去。”[17]

整座建筑包裹在他最信赖的建筑材料——粗混凝土中，粗糙的石块裸露在外，仿佛未加修饰。跟外立面上大片的玻璃彼此交杂，俯瞰乡间。

室内包括一些教室、一个图书馆、若干会面室和最主要的部分：一百个修士房间。采用与马赛公寓类似的格局，更远可以追溯到在柯布心中拥有重要地位的意大利艾玛修道院和位于法国南部勒托罗纳的西多会修道院。在拉图雷特，神圣的小房间被设置于建筑最上面两层，每个房间大约面宽 6 英尺，进深 20 英尺，内有一个床铺、一个带抽屉的木箱、一个洗脸盆、一面镜子以及一张书桌，空间使用效率极高。每个隔间都有独立的小阳台，僧侣们可以在那里俯瞰环绕着建筑的树林，一面陷入沉思。

从精心布置的门厅到通往屋顶花园的坡道，建筑师对细节的控制让人赞叹不已。洞穴般的小教堂被桶状的采光井照亮——那是一种圆锥形的天窗，让彩色的光线倾泻而下。这里绝对禁止混乱和肮脏，室内装饰也极尽朴实，墙上连个耶稣受难十字也没挂。柯布对此做过预先安排，让教堂门打开后与墙身上的光带构成一个十字架，整个建筑上上下下也有不少雕塑性的构件。但他却允许建造过程中的不完美留下痕迹。一名工人把窗扇装成上下颠倒，柯布听说了，让人们维持原状不要修改——他说，这是为了展示这座献给上帝的建筑是由人类建造的，而他们并不完美。

这座建筑的内部空间，按照柯布的话来说，“展示了彻底的贫瘠”。[18]但在这样的贫瘠中，他又一次达到了简单与复杂的对立统一，这是一座建造于模度之上的漫步建筑，把他的马丁岬度假小屋复制了100次，也是一座马赛公寓的精神性的版本。

同样，简单、贫瘠和真理成为他设计最后一座宗教建筑的出发点，那就是费尔米尼圣皮埃尔教区教堂。这是战后重建计划的一部分，其他还包括一个体育场、一个文化中心、一所学校和一座公寓，这所公寓建成了，也是他最后建成的一座单元居住体。教堂是这一组建筑群的核心，它是一座巨大的椎台，用混凝土浇筑而成，四周都了无装饰，但若仔细观察，会看见立面上分布着非常细小的孔洞，为肃穆的室内空间撒下点点星芒。这个漏斗形状顶部也有光桶，跟立面上的小洞和采光带一道，为室内提供了神秘的照明——有光柱，有光带，有星芒，好像水柱般倾泻而下，复又飞溅开来。

柯布设计的最后一个神圣空间，最后基本停留在纸面上。他的好朋友、也是项目的支持者欧仁·克劳狄乌斯·珀蒂从费尔米尼市长的位置上卸任后，项目也就搁置在那里。柯布去世之后又过了41年,教堂才以完整的形象出现在人们面前。拉图雷特修道院一直在使用，但也遇到了混凝土损坏、漏雨和管线错误等很多问题。它成了建筑朝圣者的必游之地，每年有成千上万来自世界各地的学生来到这里，在门厅和入口门洞下彼此拍照留念，人人都把手臂举得高高的，开心地模仿着那个模度小人。

但是，朗香教堂却始终未被超越。

诽谤中伤接踵而至。旦夕间，朗香教堂成为人们嘲弄的对象。即便从现代主义的视角来看，它也太前卫了、太新锐了、太与众不同了，注定成为众矢之的。有人把它叫作弹药库或防空洞，也有人将其命名为“基督教车库”。项目动土后没过多久，当地政府就开始打退堂鼓：矿业面临衰退，人们纷纷失业，这个时候真不该往工程项目上花钱。他们觉得，这个小地方为了扬名可真是豁出去了，下了这么大筹码，很可能会血本无归。

天主教会方面的保守势力吓得肝胆俱裂。一位德国大主教看到“媒体铺天盖地的正面报道，深感痛心疾首”，他说，“尽管教堂从建筑的角度讲有自己的一套，但从宗教的角度看则纯属精神错乱、一塌糊涂”。勒·柯布西耶“用史无前例的极端主义破坏了天主教建筑的传统，很大程度上也破坏了建筑学自身的标准……教堂建筑中最最要紧的是神圣气氛，无论花多少钱都要实现它，如今却在这座教堂中被彻底抛弃了。”[19]

即使是那些支持柯布设计这座建筑并乐见其成的人，也同样因最终的作品而大跌眼镜。建筑师似乎迷失了自己、找不到方向，一位耶稣会传教士这样认为，“一切都没安排好，全部乱糟糟。根本找不到轴线在哪里。”[20]

很多现代主义建筑的同仁也表达了自己的失望，不过是出于完全不同的理由。对于信众来说，朗香教堂只跟心灵有关，跟头脑无关。但在那些现代主义建筑的内行人看来，这座教堂恰恰缺少了柯布前期建筑中的理性因素。他们更喜欢建筑师那些机器一般的住宅和他的功能主义作品——建筑就是居住的机器——那样的建筑更强有力，需要投入更多的智力方能欣赏。朗香教堂创造的空间效果太容易领会了。实际上，它确实是个剧场，只是上演的是百老汇歌舞剧，而非严肃的正剧。

对这位建造了人生第一座教堂的设计师来说，眼前的局面多么错综难解。他既要屏蔽来自宗教方面保守人士的猛烈批评，又得无视本以为会是同一阵营的开明人士的风言风语。他必须静下心来，做自己认为正确的事情。

所有批评都在1955年朗香教堂的竣工仪式上戛然而止。乐队奏响《马赛曲》，柯布发表了简短的演说。

“设计这座教堂的时候，我希望为人们提供一个安详、平和的祈祷场所，内心充满喜悦。”柯布说。他感谢了所有参与教堂建造的工人、材料供货商、工程师和项目管理者，然后转身面向本地教区的大主教，以充满仪式感的口吻继续说道：

> 内心对神圣的感知，让我辈的努力得以维系。有些事物是神圣的，有些则不然；无论是与不是，都在信仰的笼罩之下。感谢我们辛劳的工友，是他们让这项艰难的事业精益求精，粗犷而有力量，同时又保持敏感，完成了这不可言喻的空间，让它在创造性的数学活动中展现自身活力。一些片言只语和零星迹象表明了人们对圣母的敬爱。十字架，真实的受难刑具，安置在穹顶之下；基督的歌剧从此在这里上演。伟大的主，我将这座小教堂交到您的手中，它用忠诚的混凝土制成，代表着我的愚鲁和勇气，同样真实无欺。我们将赤诚镌入它的身体，希望能在您和那些翻山越岭前来朝圣的人心中找到它的回响，是我们共同的期望。[21]

在后来的日子里，朗香高地圣母教堂印到了数不清的现代建筑教材的封面上，也成了无数建筑朝圣者的目的地，甚至比去那里朝拜圣母的人还要多。在弗兰克·盖里用他的毕尔巴鄂博物馆的动感曲线惊动世界之前很多年，柯布就进入了这一全新的造型领域。有人说朗香教堂是第一座后现代建筑——这场运动是对现代主义的修正，投身其中的人们抱着一种玩笑的心态，抛弃了柯布当年确立的正交线条与直角体量。后来它引向了一场生物形态的建筑学探索，依赖计算机辅助设计和绘图软件，这些柯布闻所未闻的东西。建筑形体变得更加跌宕起伏、狼奔豕突，让人想起生物器官的样子：这是一场动物建筑学的狂欢。

朗香教堂、拉图雷特修道院、费尔米尼教堂——柯布通过他的神圣空间设计，引发了日益迷幻的教堂设计风潮，出现了诸如奥斯卡·尼迈耶的巴西利亚教堂和理查德·迈耶的意大利千禧年小教堂之类的作品。就像当地政府为盖里的博物馆欢呼叫好一样，很多基督教会也热切期盼一座教堂能引来像朗香教堂一样多的关注和兴奋。要不了多久，宗教界的保守人士就又会痛心疾首，对这场教堂设计的军备竞赛大加谴责，呼吁回归本质与原初了。

可在此刻，在朗香教堂的竣工仪式上，人们毫无保留地表达着对这个旷世杰作的由衷赞美。人群中有好事者涌上前来，把勒·柯布西耶扛在肩上。午餐会期间，柯布在很多朗香教堂的明信片上签名，它们上了礼品店和游客中心的柜台，卖了好几年。他又一次名声大噪，这一次成了神圣空间的创造者。“你的儿子柯布受到人们的爱戴，”他写信给妈妈，告诉她 1955 年 6 月的落成典礼有多么盛大，多么感人。他已经 67 岁了，可是仍然难以抑制内心的自豪，把这一切说给妈妈听，期待她的赞美。“多么快乐、美好，精神上无与伦比的创举……你的柯布来到了荣耀之地，来到了事业的巅峰。他得到了赞美，得到了爱戴，得到了尊敬。这是一个艰难的过程。这是建筑学领域长久以来最富革命性的作品。”[22]

玛丽，他心目中那光芒万丈的太阳，此时已经将近100岁了，却依然是柯布在这世上最想取悦的一个人。必须不断地向她证明自己。年复一年，柯布往沃维写了不知多少封家信，讲述他的冒险经历、告诉她自己上了电视又接受电台采访、邀请妈妈和哥哥参加盛大的揭幕仪式。然而，这位在伟大之路上跋涉的旅人，却极少受到母亲的肯定，哪怕是片言只语。

在漫漫长的人生旅途上，柯布早已习惯将一部《堂吉诃德》带在身边。

昌迪加尔首府秘书处大楼，王欣拍摄。

昌迪加尔议会大厦，王欣拍摄。

# 捌　昌迪加尔

印度航空的飞机在喜马拉雅平原上空优雅地侧身转弯，从头等舱的舷窗中，可以看到辽阔的平原一路向北抬升着海拔高度，直到山脚下，那里是西姆拉，英国统治时期的夏都。河流蜿蜒流淌，像长长的泥巴绸带，淤泥从岸边向河床中堆积，只留下中间一条涓涓细流。卡其色的土地平缓无垠，其上分布着一丛丛的灌木和乔木，有零星的小屋点缀其间。柯布凝视着窗外，不禁想起当年在齐柏林伯爵号飞艇上看到巴西大地的景象，与眼前颇有些相似，那是在20年前，却好像是上辈子的事了。那片土壤也充满了喧嚣和生机，却是另外一种情形，大河在雨林中疯狂地打着弯。如今，在半个地球之外的印度上空，透过飞机椭圆形的窥视口望着辽阔的大地，柯布在心中勾画着一套方案，来让这里的人居环境得到妥善的组织，为这个越来越拥挤的国度建立秩序，为这个刚刚获得独立的共和国建造一座配得上的纪念碑。眼前的土地分明是一张洁白的画布。柯布要用建筑让它改天换地。

飞机开始下降，女空乘送上热腾腾的毛巾。这是一次漫长的旅途，飞机从日内瓦起飞，在空中不知飞了几个小时，经停孟买，最终抵达德里。柯布屈指一算，看来已经在这个疾速行进的铝合金舱体中度过整整一天了。但对他来说，空中飞行的时间仍然是非常值得珍惜。他曾作为首批乘客搭乘多家航空公司的飞机，从洛克希德到福克再到波音，他最爱看它们带着棱纹的银色机身在太阳底下闪闪发光。机舱内的座位舒适又经济——这让他着迷，忍不住掏出笔记本把它画下来，包括那个装着空调温度调节旋钮和阅读灯开关的控制面板，还有头顶上那个可以下拉的储物箱。[1]舱内空间的组织安排证明内置嵌入式设计的正确性，还有其他高效利用空间的设计手段，他曾把它们应用在自宅和海边小木屋的室内空间设计中，正如他最初进行跨国旅行使用的交通工具——远洋巨轮一样，这些现代交通机器总能让他大开眼界。而且，空中的旅行创造了极佳的隔离环境，让他能静下心来，享受一段独处的时光，或读书、或思考、或画画，远离电话、业主、会议以及事务所里的忙乱场景。飞机就像一个最高级的观察器，当它向天空和云层飞去时，从它那小小的窗口中，可以全景式地俯瞰大地的褶皱和海浪的奔腾。

前往南亚次大陆的旅程超乎寻常的漫长，但也非常值得。他正在抵达他毕生的梦想之地，在这里，他将在一块白地上开始建造属于自己的城市。

他知道，等飞机一降落，他将受到贵宾级的款待，因为他是新任总理请来的贵客。贾瓦哈拉尔·尼赫鲁是一位多么富于远见卓识的领导人！他原来只是印度军队的一名普通士兵，现在却抵达了权力的顶峰，在他治下，印度从英国手中获得独立，迎来前所未有的历史机遇。在两百年的殖民统治之后，尼赫鲁要与人民一道建设民主制度，把古老的国度带入现代世界。此时，印度的人口已经达到了3.5亿，在德里或孟买这样的大城市也好，在广袤的乡村也好，大多数人都还在难以置信的贫困线上挣扎。就在飞机上看到的那片喜马拉雅山脚下的平原上，尼赫鲁有机会建设一座新的城市，用它来向全国人民和全世界宣示这个国家的新生。他希望勒·柯布西耶能玉成此事。

印度北部地区被称为旁遮普邦，当时应该说是世界上时局最为紧张的地带。印度独立伴随着民族分裂，印度教与锡克教教徒为一方，穆斯林为另一方，双方争执不下，为了避免战火重燃，大家一致同意划疆而治，西巴基斯坦占据一边，东巴基斯坦，也就是后来的孟加拉占据一边，旁遮普邦夹在中间。分裂后上百万人背井离乡，需要重新安置，这一过程伴随的暴力和反抗一时甚嚣尘上，让政府极为头疼，今日回看，这不是普通的划疆而治，而是悲剧性的分裂。一些世世代代以此为家园的人一夜之间发现自己成了信仰上的少数派，不得不选择逃离。对印度政府来说，最大的危机来自拉合尔，那里原来是地区的首府，1947年之后却被划到巴基斯坦一边，成千上万的家庭逃回旁遮普邦，必须妥善安置他们。而旁遮普邦急需一个新的首府，此事迫在眉睫。

新的任务预示着新的开始，各种各样的可能性摆在面前。一些人建议新首府选在维多利亚城市西姆拉，被尼赫鲁否决了。西姆拉与殖民宗主国有千丝万缕的联系——拉迪亚德·吉卜林的《丛林故事》就是在那里写成的，而且过于靠近边境，崎岖蜿蜒的边境线另一边就是两个新兴国家巴基斯坦和中国。尼赫鲁希望新的首都能代表印度的独立主权，从英国殖民时代的阴影里彻底走出来。尼赫鲁对外宣称，他要建立的这个新城市“必须摆脱所有旧城和传统的羁绊，获得完全的自由，”他说，“让它成为我们无穷创造力的第一次全面展示，让它在我们刚刚赢得的自由中奔流。”[2]

尼赫鲁希望找到一个新的地块来建造首府。他也是从飞机上勘察，并将目光锁定在德里北方150英里的一块沃土。那里被两条季节性的河流滋育着，当时只是散布着一些小村落，房屋破败如同窝棚；在寥落的人迹中间，是印度力量之神昌迪（Chandi）的庙宇。总理发出命令，宣布旁遮普邦新的现代首府应选址于此，名字就叫“昌迪加尔”（Chandigarh）。接着他又作出了具体说明：不要新古典主义或布扎的宏伟壮丽，必须是现代主义的建筑和城市规划：一座与殖民时代彻底一刀两断的新城。

资深旅行者柯布下了飞机，住进宾馆，很快就摆脱了时差的困扰。他抖擞精神，准备好迎接人生中最重大的项目委托。这里空气湿热，烟雾弥漫，俨然另一个世界。他脱下黑西服、领结和鸭舌帽，换上卡斐绸的及膝大短裤和衬衫，钻进前来接他的吉普车后座。司机开车从德里一路向北，不停鸣喇叭以驱散路上的人群和牲口。在未来的时日里，印度的公路交通一直保持这样的风格。

很快，汽车驶离城市，穿过郊区，进入荒野，旁边都是一丛丛的灌木。沿途浅浅的水湾边长满干枯的芦苇，男人们赤裸上身、带着头巾，在水边放牧牛羊。他们直盯着这个头发花白、戴着黑框圆眼镜的外国人，毫不避讳。可当车子在一段泥路上陷入水坑时，一群人很快就乱糟糟地涌过来帮忙推车。

目的地到了，原来是一处干净的空地，旁边都是芒果树、印第安蔷薇木和柠檬桉树，搭着几个帆布帐篷。柯布费力地从吉普车中钻出来，眯着眼向地平线望去。天色柔和，高原沙地的花朵让空气中弥漫着一种特殊的薰香。远处巍然矗立的就是喜马拉雅山，强大而威严，守护着这片平原。

这些帐篷内的设施有殖民时代的影子，让人身心舒适。勒·柯布西耶非常开心。他的帐篷里有一张结实的小床，每天清晨醒来，床头都插着一束新鲜的三色紫罗兰，衣服扣子里还别着一枝刚刚摘下的铁线蕨。东道主希望他身心尽可能放松，因为在他面前还有一个巨大的任务等着呢。

昌迪加尔的新城设计注定要在柯布手中完成，但事情并非一开始就是这样。尼赫鲁最初选定的是一个美国人领头的设计小组。

阿尔伯特·迈耶是一位工程师，二战期间曾随美军驻扎在印度，遇到了正在印度军中服役的尼赫鲁，两人有过关于居住问题的讨论。战后，尼赫鲁曾请他来设计几个新的村庄。当尼赫鲁就任总理一职并决心建造新首都时，迈耶自然而然成了主持建筑师的第一人选。

迈耶曾在哥伦比亚大学和麻省理工学院就读，是一位保持着社会良知的城市规划师。这个世界上的城市正在以前所未有的速度扩张，人们从乡村涌向城市，为了寻找更美好的生活暂时栖身于城市中心，他们必须得到妥善的安置。迈耶与著名城市理论家刘易斯·芒福德一道，成立了一个由学者组成的住宅研究协会（Housing Study Guild），旨在为20世纪快速的城市扩张提供合理化的解决方案。像柯布一样，他也设计了一些大尺度的集合居住区，并投身于纽约的公共住房建设，他成立了一个城市规划事务所，自己是合伙人之一。解决城市问题的方案似乎就是盖房子，盖更多房子——可是更宏观的问题，即良好的基础设施网络建设，却经常被人们忽视。纽约城拥挤的铁道系统让他非常失望。必须重新进行总体规划，建造新的城镇，让一切合理运转起来，每个部分都不能停滞瘫痪，必须把不可预料的不良后果控制在最小范围。要做决断，要控制。

迈耶在昌迪加尔项目上的合作伙伴是马修·诺维茨基，

芒福德的另一位门生。他的著名设计作品是美国那座双曲线的体育场。诺维茨基是生在俄国的波兰人，曾在德军闪电战期间操纵高射炮，波兰战败之后，他隐姓埋名，在课堂上偷偷教授建筑学和城市规划课程，却让德国人以为他在教学生如何砌砖。在跟迈耶合作之前，他曾设计过一个体育中心和一家赌场。

两个人接受尼赫鲁的委托之后，又有两个人加入进来，他们是来自伦敦的建筑师马克斯韦尔·弗莱和简·德鲁，两人都是采用现代风格的建筑师，对学校和住宅设计很感兴趣。四个人先后来到印度，在那里考察了好几个星期，希望能对当地文化有所了解，然后，他们联手完成第一个初期方案，包括一个首府行政综合体，南面是居住区，蜿蜒纵横的铁路线从此穿过。总体上看，这个方案是花园城市的一个变体，战后这种规划在美国越来越普及，从加州鲍德温山到马里兰格林贝尔特都是实例。美国的规划师在英国城市规划理论家埃比尼泽·霍华德和雷蒙德·昂温的感召下，接受了他们倡导的城市发展模式，目标是建造价格适中的卫星城，每个部分的人口大概在 32 000 人左右，把城市与乡村的优点都吸收进来。花园城市是在寻求平衡，一方面使聚居人口达到一定水平，以保证社区不至于失去活力；另一方面又要保证一定的距离，以使居民享有充分的私密空间。景观设计则沿袭了弗雷德里克·劳·奥姆斯特德的传统，充满田园色彩。从一开始，昌迪加尔就是被当作一个美国郊区小城被设计的，只是它位于遥远的印度而已。

迈耶很得意地看着这个伟大的方案一步步推演，最终变成现实。“我怀着郑重之心，意识到这将成为印度城市建筑与规划的动力之源，”他对尼赫鲁说，“但我同时意识到，这也将成为迄今为止世界上最完善的城市规划方案，过去30年中人们研究的、谈论的、设想的，在此达到了最高程度的融会贯通，只是之前没有人有机会让它成为现实。我们实在是太幸运了。可是我却认为我们有充分的能力让它带有强烈的印度色彩，在功能上却完全是现代的。”[3]

可是，意料之外的情况发生了。1950年夏天，诺维茨基从印度返回美国途中，他所乘坐的美国环球航空公司航班在开罗附近坠毁。印度方面决定，方案必须重新来过，同时必须找到新的领衔建筑师人选来当此大任。于是印度政府派遣两名代表前往欧洲去寻找这个人，结果遇到了法国重建部部长欧仁·克劳狄乌斯·珀蒂，后来的费尔米尼市长。他向他们推荐了勒·柯布西耶。他们就去问决定留在方案小组里的马克斯韦尔·弗莱和简·德鲁的意见：如果请这位法国人来担任总建筑师，您二位意下如何？两人回答道：“对您来说，这是至高无上的荣誉；对我们来说，则意味着无法估量的痛苦。”[4] 尼赫鲁思虑再三，还是派出使节前往巴黎塞夫尔大街35号去了。

建筑师粗暴地告诉他们，他不可能在印度耗费那么多时间。如果他接了这个项目，他只能在巴黎工作。大家都知道柯布难打交道是出了名的，这天总算见识到了。但是，他的创造力和想象力让人无法抗拒。勒·柯布西耶有时候会欲擒故纵，他开始不也是假意拒绝了朗香教堂的委托吗？但是，从一片白地开始建造一座完整的城市，显然要比建造一座教堂更有诱惑力，这是不证自明的。但在最终答应之前，柯布提出了一系列的条件，排在第一位的就是完全的设计决定权，然后是由堂弟皮埃尔·让纳雷担任设计团队的主任。一个明媚的周日早晨，双方在巴黎签署了合同——听说刚刚独立的印度人每周七天都在工作，柯布肃然起敬。[5] 尼赫鲁听到这个消息喜不自胜。1951年初，柯布就踏上了前往印度的旅途。

柯布在营地中，内心既平静又兴奋。在命运的牵引之下，他终于来到此地，有幸亲手建造一座完整的城市。很多年前他曾在波哥大、里约热内卢和阿尔及尔追求梦想却屡受挫折，如今都成了往事。没有人懂得他那现代主义原则统领下的城市之美，谁也不给他建造一座完整城市的机会。直到这一天，尼赫鲁出现了。

这真是一张白纸，太完美了。不必推倒基地上现存的房屋，不必毁坏原有的城市网格，不必像瓦赞方案那样清除掉整个玛海区。而且，也不需要某座城市在大火或地震中夷为平地。这里只是一片空白，自古皆然。他可以信马由缰，任意挥洒。这个方案计划容纳一个行政中心和一个城镇，设计居民人数为15万，接下来会增长到30万，远期将容纳50万人。居民将涵盖各个社会阶层，包括最贫穷的贱民，必须为他们提供体面的居住空间。只要柯布能满足上述要求，他可以随意调配社会资源，想怎么设计都行。40 年来，他不断提出理论，指出好的城市环境能让人更好地发挥作用，得到更充分的发展和调节，这次都能一举实现，在这喜马拉雅山南麓的平原上成为现实。

方案已经在他头脑中慢慢显形了，他需要把它画在本子上，就像画下白日梦一般。在此之前，在普瓦西萨伏伊别墅的基地上，在朗香的小山丘上，他曾无数次经历这个过程。但是，他这次为昌迪加尔准备的笔记本上，一页接着一页，都画满了整整一座城市的各种元素和细节。在印度北方初春尚可忍受、甚至让人愉悦的暖风中，柯布构想着未来将在这片土地上出现的城市景观，要想的和要画的与从前相比都有指数级的激增。他指挥若定，信手拈来，让浩如烟海的细节各就其位，就像小说家刚刚展开面前的笔记本，他踌躇满志，在下笔之前，就已经想好故事的结尾了。

美国人的方案在很多方面都有其可取之处，比如将邦政府的行政中心置于整个规划的北面，非常合理。但方案中弯弯曲曲的道路和星星点点的开放空间却没什么价值。迈耶和诺维茨基还试图在方案中复制印度传统建筑的格局，这让城市显得异常拥挤，向外铺展达到了 21 000 英亩，或 33 平方英里，比曼哈顿的面积还要大。这个方案必须好好修改一番；柯布收紧了城市边界的范围，又把原来的曲线都改成直线，制定了严格的网络系统——可以说是南亚次大陆上最有序、最理性的城市网格了。到处都是方块街区和笔直的林荫大道。这套网格系统包括 47 个街区，每个街区都有足球场那么宽，长 0.75 英里，内部有横 9 排、纵 5 排房屋，一个人类居住的棋盘格。这也是柯布迄今为止创造的最大规模的黄金比街廓。为了体现这套规划系统的秩序感，街区将采用数字来命名——这样，将来住在这里的人们互报家门时就不必说我住在公园旁或大橡树底下，所有 19 世纪烦琐的街区命名方式都被抛弃了，人们只需要简单地说：我住 16 区。

城市功能也同样按照行为方式划分成不同的区域：行政区、学校和医院等公共机构区、商业区和住宅区。每个街区中都散布着花园，但主要的城市休闲区域位于行政中心旁边，中央有一个人工开凿的苏赫那湖。柯布设计这个公园的时候非常享受，在其中点缀了一个帆船码头和一个湖滨俱乐部，还有弯弯曲曲的散步道，穿行在优美的湖滨景观中。

但是他真正发力、任由自己的想象彻底喷发的地方，是行政中心建筑群。项目任务书中包括三栋主要建筑：供政府工作人员办公的秘书处大楼、议会大厦及大法院。三座建筑都位于城市网格系统的东北角，周围是开敞的城市空间。在柯布的设想中，这组建筑群独立成为一个组团，与城市的其他区域离开一段距离，从老远的地方就能看见它们雄浑的身影。整体效果具有强烈的纪念意味，也带着显著的个人印记，从里到外皆然。柯布希望用混凝土来完成这一组纪念性的建筑，他想在前面修一个镜面般澄澈的水池，四周都是宽阔的广场。议会大厦有一个高高耸起的屋顶，在议会大厅里将悬挂着他自己设计的挂毯。想当年他曾加入联合国总部大厦的设计委员会，构思一栋同样宏伟的建筑。回头看看，已经是很多年前的事了。

方方面面都要各就其位。他在这个网格系统的中央放置了一个市场，那里有各种各样的店铺，提供居民生活所需。这些店铺一家接一家，门前是连续的柱廊。公共机构区包括一所大学和一个医疗中心，位于城市的西南角。其余的街区都留给住宅，基本上都是紧凑的三层高独栋公寓，让人想起当年为亨利·弗吕日的方糖加工厂工人设计的佩萨克住宅区。多数住宅都在屋后留有进户车行路，前面还有个小小的庭院。住宅区有意识地与喧闹的市场区和繁忙的新首府行政区分离开来。

这里绝对没有孟买的混乱和污秽。通过几何法则的恰当应用，所有的事物都整齐有规矩。柯布下定决心，让这么大的尺度中的一切都井然有序、和谐高效，又一次，一种神秘的力量借助高度的秩序感得以发挥作用。同时，柯布对印度的神庙和农夫充满了敬意，因此他的设计从头到尾既不是欧洲的，也不是美国的，而是地地道道的印度趣味。最后，还有一个锦上添花的公共艺术作品，那是一只巨大的张开的手掌，向天空斜斜伸展，代表着亲切、欢迎和开放的民主制度。

这片广袤的平原太讨人喜欢了。柯布构思方案的日子里，时而躲在帐篷里写写画画，时而在沙地和灌木丛中漫步，一只手在裤子口袋里翻转着从巴西带回来的大硬币，这枚硬币他走到哪儿就带到哪儿。他也一直随身带着一个口袋装得下的木刻模度人。他拍了很多照片，多数都是摆拍，其中一张照片里，他朝着阳光高高地举起这个模度人雕像，背后是宽幅的昌迪加尔总体规划方案。

这个任务太艰巨了，太漫长了，却反而为他带来了内心的安宁。接下昌迪加尔的项目委托之时，柯布已经过了耳顺之年，内心依旧壮怀激烈，一种此前从未体验过的平和安详却慢慢占了上风。

“我从未感到这样平静，这样孤独，身心被自然界的诗意占据，被诗意本身占据。”他在给伊冯娜的信中写道。

“我在这座未来城市的基址上漫步，头顶上的天空壮观无比，这个国度似乎被时间遗忘了……万事万物都平静、舒缓、和谐、可亲可爱——人们开口跟你说话，语调全都低沉、克制的。”[6]

每次到基地上去漫游，都让他确信这里的人民和这里的土地都是为了他的伟大城市实验而量身定做的。印度让他感觉如此神奇，他在伯蒂亚拉土公的花园里好奇地窥探，让自己沉浸在乡土艺术中，到城镇广场上跟聚集在那里的猴子玩耍。他四处跟人们开玩笑，就像他在芝加哥时候那样肆无忌惮，把自己的眼镜戴在一块石头上，看起来就像一张核桃皮的老人脸。他全身心地投入工作。“我们夜以继日地工作，像是着了魔一般，”他给伊冯娜的信中说，“我跟你说，冯，我正在创造这块土地，这是我事业的桂冠，我要跟这些人一起完成它，这些印度人，他们是多么有教养啊！”[7]

伊冯娜当然仍住在巴黎的寓所里。柯布只是在给她写家书的时候比较忠诚；人在异乡，内心对罗曼蒂克的小期待又破土而出了。去纽约的时候有玛格丽特·哈里斯，还有另一位美国女士海德薇格·劳伯，一位身材高大、容貌靓丽的金发记者，他在她瑞士的公寓中与她相识，两人暗通款曲。[8]他严格规定他的情人们必须管好自己的手，不得给他写语气亲密、感情深沉的情书，不许谈到他们之间的交往，不许让自己的信看起来像是私人通信，以防办公室秘书窥破天机。现在，人在印度，谁也不能妨碍他跟一个可爱的女建筑师共浴爱河，他与她在英国相遇，当时是去参加 CIAM 会议期间，她要算是他的学生那代人了，名叫明妮特·德·席尔瓦，是斯里兰卡（当时还叫锡兰）人，那里离印度不远，柯布对这一点非常满意。[9]她很崇拜这位老建筑师，于是开始学法语，以便跟他更好地交流，这一点给柯布留下了极深的印象。对他来说，她代表着东方的理想主义版本。[10]年龄并没有令他放缓脚步，包括拈花惹草的兴趣。

柯布的空闲时间本来不多，还要花时间跟德·席尔瓦寻开心，尽管如此，他还是要继续探索带着异国情调的世界。他又给自己找了新项目来做，他在印度很多精力都花在这方面。他应邀来到印度中部的棉纺织中心艾哈迈达巴德，圣雄甘地有时会住在这里，那里有一大堆艺术家和现代艺术的赞助人。在印度，柯布对能干的巴克里斯纳·多西非常倚重，他早先来到塞夫尔大街35号工作，昌迪加尔项目开始后，他先是作为双方的关键联络人，后来成为柯布印度项目的合作伙伴。多西为柯布的旅途操心，让他能够顺利往返于德里和古吉拉特邦的孟买之间。柯布在那里受到衷心的欢迎，一下子拿到四个项目。头一个就是一座博物馆——一个特点并不鲜明的巨型盒子，红砖贴面，立在底层架空柱上。其他项目还包括两个豪华的私人住宅。马诺拉玛·萨拉巴伊女士是一位现代艺术收藏家，柯布为她设计的别墅有红色陶土砖贴面的拱形屋顶，还有一部小滑梯，从二楼一个孩子的房间直接通向楼下的室外游泳池。他还为艾哈迈达巴德另一个名门望族的族长塞阿穆巴伊·肖特汉设计了一座周末度假别墅，也是一个素混凝土的几何体的集合，室内空间与室外的热带花园完美地结合在一起。柯布似乎对这个设计特别满意，称之为一座宫殿，同时也是一个功能性极强的房屋。“用他的钱和我的混凝土为原料，加上几笔色彩，我就给他创造了夏日的荫翳和冬天的暖阳，这里通风良好，四季皆凉爽。”[11]

艾哈迈达巴德的最后一个项目来自棉纺织企业主的协会组织，这群富有的工业家委托柯布建造一个总部大楼，同时也为工人提供一个集会空间。这群企业主已经与工人达成一种进步的合作关系。柯布在这座建筑中使用了一系列斜向直立的混凝土翼板，也就是他著名的遮阳板。棉纺织中心总部共四层，由混凝土楼梯充当垂直交通，也有一个修长的坡道通往室内。内部空气流通状况优良，建筑向四面敞开，没有传统意义上的门和窗，就像一个优雅的取景器，从这里可以眺望周围的乡村景色。柯布正在慢慢成为印度最受欢迎的建筑师。他这样描述棉纺织中心："工人们在沙地上浣洗、晾晒棉布，身边尽是一些鹭鸶、黄牛、水牛和驴子，它们半浸在水中乘凉。为了将这幅风景画尽收眼底，我决定让建筑成为取景框，这样，辛勤劳作的人们就能从建筑的各层、从集会大厅的平台，甚至从屋顶上欣赏这幅画卷，不管他们是在日常工作中间，还是在节日的夜晚。"[12]

是建筑让灵魂苏醒，在伟大的环境中，平常的生命变得新鲜活泼，日复一日的劳作不再冗长乏味。这就是柯布心目中昌迪加尔的未来图景。

尽管在开始的时候宣称他没可能经常到印度去视察基地，后来又委派他最信得过的堂弟皮埃尔担任驻场建筑师，柯布还是忍不住一次又一次地往返于巴黎和德里之间。皮埃尔此时早已原谅了柯布在维希时代的所作所为，他也同样被印度深深吸引着。设计团队中包括马克斯韦尔·弗莱和简·德鲁，他们在昌迪加尔市中心的一座房子里办公，这里就是他们的项目总部，未来将位于新城的第 19 区。开始他们住在帐篷里，后来搬到了西姆拉，往返都要靠通勤，人人精疲力竭。因此，当他们搬到城中的新房子，心情别提多愉快了，这毕竟说明这座新的首府城市已经开始运转了。

印度政府征调过来建设昌迪加尔的工人一共有5000名，男人、女人和孩子都有。工地上的场面让人想起金字塔的建造过程。沉重的建筑材料装在篮子里，人们站成一排，像消防队员一样一个传一个，或者肩扛背负，不一而足。一捆一捆的钢筋到处竖立着，脚手架歪歪斜斜地搭起来，远看比干枯的树枝粗不了多少，让人头晕目眩。这幅疯狂的画面，既让人兴奋不已，又感觉不可思议。夜里柯布给伊冯娜写信："人人都睡在茅草棚里，只有两片简陋的矮墙支撑，夜里四处都是男人和小孩。这些都在工地上发生，水泥袋子和砖石瓦块扔得到处都是，一片尘土飞扬。孩子们光着屁股四处乱跑，女人们从来都没有属于自己的地方。这些人全部都是流浪者。"[13]

对于一座从平地开始建造的城市来说，分阶段竣工是自然而然的事情。昌迪加尔的建造过程从1953年持续到1965年，整体效果非同凡响。面对这么巨大的建设体量，柯布仍能做到精益求精，每个照明灯具和门把手都精心设计，检修孔的金属盖子上印着这座城市的网格。皮埃尔为普通家庭和办公建筑设计了家具，使用光滑的木材、白藤和竹子，从书架到桌椅一应俱全。他还为人工湖设计了脚踏船。柯布则设计了色彩丰富的巨幅挂毯，挂在了议会大厦和法院的室内。每个十字路口都张贴了地图，清楚地标明本地所在的区号和重要建筑的方位。行道树都被认真调配过，它们的树冠可以交叉到一起，在街道上空形成穹顶，因为荫凉在这座城市里有多少都不够。

最终，所有的建筑都完成了。揭幕仪式是一场正式的茶会，尼赫鲁戴着他标志性的白帽出席，身着印度式高领长外套，柯布还是那身双排扣西装，打着黑领结。两人在新城中四处观看，对景色和细节指指点点。尼赫鲁心情不错，不断安抚着心怀疑虑的记者们，他们觉得这些建筑奇奇怪怪，一点都看不明白。建筑师的自信溢于言表——他不辱使命，说到做到。无论怎么想，人们不得不承认，这座城市中的建筑让人大开眼界。

秘书处大楼有八层高，包括很多行政办公室、会议室和餐厅，总长度将近300码——跟联合国总部大厦一样长。立面与马赛公寓有点相似，分布着很多长方形的遮阳板，上面顶着一个大大的屋顶，可以用作天竺葵花园兼观景平台。议会大厦是建筑群的核心、皇冠上的珍珠。这座建筑的正面有一排壮丽的混凝土伞状雨棚，截面形状让人联想起牛角。在屋顶的正中央，一个抛物线形、顶部倾斜的混凝土塔覆盖之下，是主要议会大厅的所在，形状就像是工业建筑中的冷却塔，其实来自于柯布小时候在拉夏德芳看到的农舍烟囱。[14]建筑前面的大水池反射着建筑沉稳厚重的纪念性体量，与远处那气势磅礴的山脉珠联璧合。

大法院和议会大厦遥遥相对，中间是一个巨大的广场和草坪，柯布希望人们在节假日聚集在这里。大法院建筑也很好地体现了设计师的意图，这座建筑包括八个法庭和若干办公室，外面有个巨大的框，像一把撑开的混凝土巨伞。入口处是三根雕塑感极强的巨柱，分别涂上了绿色、浅黄色和橘红色，也就是印度国旗的颜色。建筑上部从混凝土外框向外探出，好像是从一团迷雾中现身。大法院是昌迪加尔首府建筑群中第一座竣工并对外开放的建筑，尼赫鲁出席了剪彩仪式，并夸赞这个设计“简洁有力，不同凡响”。柯布在信中向妈妈炫耀道：“这是一场建筑的交响乐，完全地超出了我的想象。它在光线中显现出形体，在空气中闪闪发光，它的美妙让人永远都无法想象。不管是在近处细细观看，还是在远处遥望它的身形，它总是那么让人震惊，让人眩晕。可是它纯粹是用混凝土铸成的，我们的武器就是水泥浆喷枪。”[15]

这组行政办公建筑群是城里最早交付使用的，政府工作人员顺理成章地成了居住区中的首批住户。设计师进行城市规划的过程中，就已经提前设定了居住方式。柯布给每户居民发放了使用说明书（其实是一堆规矩），来指导在“美丽城市”中的生活方式，“美丽城市”是人们给昌迪加尔新城取的新名字。颁布这部“昌迪加尔法典”的目的是“让当前和未来的昌迪加尔公民知晓城市规划的基本概念，从而自觉担当城市捍卫者的职责，使之免于成为人们一时兴起和随性而为的牺牲品”。这座城市“是按照人体比例来设计的。它让我们与无尽的宇宙和广袤的自然保持亲近。它为我们提供了广场，提供了建筑，所有人的所有活动都能在这里得到妥善安排，保证居民享受充实、和谐的生活。在这里，自然与心灵的光彩触手可及。”接下来，柯布不厌其烦地列举道路系统和十字路口的分级方式，并列出了一大堆“真实”的建筑材料如混凝土、粘土砖和石头。最后，柯布还对市民行为提出以下严格要求：“在带状公园中严禁机动车辆通行，那里的宁静和安逸非常珍贵，绝不允许被噪音干扰。”还有：“昌迪加尔的道路旁边和公园里严禁树立个人雕像。规划意在使城市沉浸在纯粹的艺术精神中。对个人的纪念仅限于精心设计的铜质铭牌。”[16]

如果建筑师觉得自己能对居民的行为指手画脚，那么工程的最后阶段对柯布来说就是一个恶兆。随着竣工临近，他开始对印度团队变得越来越不耐烦，看他们哪里都不顺眼。他一封接一封地写信表达他的愤慨，一点点粗心大意都让他发狂，如果有人胆敢对他的设计动手脚，他立刻就会勃然大怒。其实，印度方面没有做出任何伤害他的艺术构思的行为——那些惹他生气的事无非是委员会成员的去留、一条小水沟开挖的位置、甲方拖欠他的设计费等等。但是这些口角表明柯布对自己创造的这座城市的感情投入有多深。他手足无措的时候就去骚扰尼赫鲁，给他发很多加急电报，跟他倒苦水，诉说自己的设计是如何被肢解、被践踏的，总理忍无可忍，最终彻底终止了与他直接对话。

世上有一些事情——其实是很多事情——你越想控制，就越要失控。广场撂荒了，野草在那里疯长。昌迪加尔气候干旱，连年用水短缺，镜面一般的大水池被抽干了水，法官们纷纷把汽车停在池底。宏伟的建筑群周围慢慢出现了很多机关枪掩体，以保护居民免遭充满敌意的邻国巴基斯坦的侵犯。同印度这个国家其他所有城市一样，昌迪加尔到处都是乞丐和贫民窟。而那宽大的马路，在城市刚刚落成时被人说成永远都不会塞车，现在也开始堵得水泄不通了。

“现代生活向我们提出要求，并且期待一种全新的规划模式，不管是住房还是城市本身都是如此。”40 多年前，柯布在《走向新建筑》中如此写道。[17]然而，似乎再多的规划也不能应对人口剧增的严酷现实，再多的法规也不能制止人们的一时兴起和随性而为。而且，昌迪加尔的规划中也的确有很多地方，现在看起来不太完美。街廓太大了，道路太长了，从住家去商店和工作单位都路途遥远，炎热的夏季让人望而生畏。秘书处大楼中的办公房间太热了，工作日里，人们不得不用电风扇来凑合应付。

但无论是在当时还是在当下，昌迪加尔都是不可超越的杰作。它在一个混乱的国度中奠定了秩序的基石。在这个刚刚从殖民统治中获得自由的国度里，它用一座现代主义的雅典卫城，赞美了民主制度的崇高价值。柯布于 1956 年最后一次来到印度，当他登上返程的飞机之时，心里清楚地知道，他播撒的种子迟早会生根发芽。

# 玖　重返美国

柯布之所以会重返美国，还要归功于哈佛大学。

20 世纪 50 年代，如果有谁声称要请柯布来为这全世界最知名的大学建造一座现代主义建筑，旁人定会大摇其头。传统在这里太根深蒂固了：那些红砖、石头和护墙板，自 1636 年建校起就已确立了这所学校的建筑风格，任何一点改变都要三思而后行。那句著名的校训，“veritas”，拉丁文的“真理”之意，也让人感受到这个任务的难度之大超乎想象。事情不可能突然发生变化。

直到 20 世纪中期，哈佛一直是恪守传统的楷模。每天早上，一队女服务员会蜂拥进入宿舍房间打扫卫生，那里住的全部都是男生；教授俱乐部只向哈佛大学的绅士们开放。到大餐厅用餐需要严格遵守着装要求，长长的大木桌上枝形吊灯熠熠生辉。教授去给学生上课，除了西装领带之外，其他装束都不必考虑。除了在商业、经济、人文、法律等方面多有建树之外，哈佛大学还批量制造着工商管理硕士、稳健保守的法律公司合伙人、总统、公司总裁和诺贝尔奖获得者。

当时的哈佛校长内森·普西是一位受传统教育的历史学家，为人和善但不苟言笑，他于1953年就职，给人的印象是稳健守成，不大可能有什么创新之举。他生在爱荷华，长在爱荷华，是哈佛大学首位非新英格兰背景的校长，但他处事冷静克制，没人能看出他跟那些北方背景的前任有何不同。

可是该发生的总会发生，只是变革来得非常缓慢。校董们希望普西校长专注于文科和本科教育，因为他的前任詹姆斯·布莱恩特·科南特只对研究生教育感兴趣。普西让教授和员工的数量达到原先的三倍，提高了薪水，在任职期间建成了30余栋新建筑，又将人力物力投入边缘学科和神学教育。他还促使哈佛向女性敞开大门，设立了第一座实验性的男女同寝宿舍，引得一位校友哀叹："文明在此终结了。"[1]

与此同时，这位校长认为哈佛应该在艺术方面有所作为。其实哈佛在这方面有着骄人的历史传统，比如说，他们曾授予查尔斯·艾略特·诺顿艺术史教授称号，这在全美大学中是首例。查尔斯·赫伯特·摩尔，一位著名的景观画家，曾担任美术初级课程教授，授课内容包括绘画、雕塑、水彩和素描，此事也是尽人皆知。大学的重要艺术品都收藏在佛格美术馆中，它于1895年就开放了，馆藏的绘画、雕塑、摄影和其他艺术作品不计其数，时间跨度从中世纪直到当代，毕加索的《格尔尼卡》曾一度在这里展出。

但是从没有人想过让哈佛的学生也成为艺术家。哈佛对麾下诸学科的态度是自由放任，八仙过海、各显其能。虽然五花八门的学科很多，却从未设立过任何与高雅艺术相关的学院，甚至从未纳入考虑范畴。艺术与设计的教学和研究只能在罗德岛艺术学院或帕森斯设计学院之类的地方容身。普西此时却希望尝试各种可能性，把此事提上议程，来对哈佛大学涉足艺术教育作全面评估。1956 年，他成立了一个专门的委员会来推进此事，并提交了一份《哈佛大学视觉艺术委员会报告》，一卷红色封面的精美册子，建议推进一项耗资数百万美元的发展计划：创办一个新的设计学院，教授艺术史、艺术理论和艺术实践；在此基础上，探索其他艺术领域的学科发展。这份报告中称："也许自人类发明印刷术以来，人与人之间的交往就开始诉诸视觉传媒，但这种行为，在历史上任何一个时刻都不像今天这样广泛而深入。"[2]

新的设计学院需要一个新的空间，那里要有照度良好的工作室、一个剧场、一系列的展览空间。还要建造一个服务于全校的设计中心，校方认为它应该占据校园的最佳地理位置，靠近佛格美术馆与当时建筑学院所在的罗宾逊楼。建成之后，三座建筑共同组成校园中的"艺术区"。委员会左挑右选，最终锁定了一个区域，那里离佛格美术馆和教授俱乐部不远，现在被一栋木结构的建筑物法罗楼占据着。哈佛有很多腰缠万贯的校友，听到这个消息格外支持。其中有一位 1905 年毕业的校友名叫阿尔弗雷德·卡彭特，在俄勒冈种植梨树发了大财，他一下子捐了 175 万美元来支持这项发展规划，取得了新艺术中心的冠名权。

资金和选址问题都解决了，现在最大的问题变成：这座建筑该采用什么风格呢？该请哪位建筑师来设计呢？幸运的是，勒·柯布西耶的一位老朋友此时身居高位，参与决策。

何塞·路易斯·塞尔特年轻时代在巴塞罗那学习建筑，一次到巴黎探望姑妈期间无意中读到了几本柯布的著作。他立刻就被迷住了，不仅在家乡成立了一个粉丝团，1929 年还设法邀请柯布到西班牙旅行。那次旅行妙不可言，他们一起在安东尼·高迪那起伏盘旋的作品中漫步。接着，塞尔特成为塞夫尔大街 35 号中的一员，参与了柯布不同阶段的好几个项目。他也是 CIAM 成员，并曾一度担任秘书长；他参与了波哥大城市规划项目，并帮助协调毕加索去法国参观马赛公寓。后来，塞尔特选择在美国定居，他来到马萨诸塞州剑桥市，在那里开设了建筑师事务所，并成为哈佛大学建筑学院的院长。正在此时，哈佛大学视觉艺术委员会开始讨论新的艺术中心的建筑风格问题，他们委任艺术与科学学院院长麦克乔治·邦迪来主持项目的建造。塞尔特找到普西和邦迪，跟他们说，他恰好有一个不错的建筑师人选。

1958 年 6 月，塞尔特向委员会阐述了他的建议。他说，勒·柯布西耶是欧洲最著名的建筑师，当前可能也是全世界最著名的建筑师。但他在北美还没有一件作品，这难道不是咄咄怪事吗？他向他们发问：这就好比是说，我们盖了一座伟大的现代艺术博物馆，里面却没有毕加索的作品。[3]

普西和邦迪动心了。他们越琢磨越觉得时机到了，必须采取一些大胆的行动。麻省理工学院的校园里有阿尔瓦·阿尔托的建筑，那是一座俯瞰查尔斯河的曲线形宿舍大楼，目前已开放入住。埃罗·沙里宁，那位设计了纽约国际机场TWA候机楼的建筑师，如今在麻省理工学院设计了一座醒目的小教堂和观众厅，在一片新古典主义的穹顶和柱廊中显得格外动人，进一步表明了麻省理工学院投身于现代建筑运动的决心。更让人担心的是，哈佛的主要竞争对手耶鲁大学，似乎也决定在纽黑文的哥特式校区中引入现代建筑，非常引人注目。勒·柯布西耶的同代建筑师路易斯·康为耶鲁设计了一座艺术博物馆，一夜之间成为国际式建筑中的新经典；沙里宁也在那里设计了两个作品；还有一位保罗·鲁道夫，他善于操纵复杂的形式，采用所谓的“粗野主义”建筑风格，近来刚刚设计完成了耶鲁大学艺术与建筑学院教学楼。

这场现代建筑的竞赛日新月异、时不我待，而哈佛大学显然已经落后于其他对手了。想到这些，邦迪对塞尔特说：去问问，看柯布是否有兴趣。

得到了这个答复，塞尔特不喜反忧，心中不禁掠过了一丝惊慌。他想到接下来的一幕又一幕：无休无止的吹毛求疵，不容分说的颐指气使，还有排山倒海的最后通牒。他的哈佛同仁还不知道他们将要面对的是何种情形呢。但他终于鼓起勇气，去跟他的老朋友和昔日的导师取得了联系。

塞尔特很清楚，柯布开始很可能一口回绝。1958年，因为马赛公寓、朗香教堂、拉图雷特修道院和印度昌迪加尔建筑群，柯布的名气如日中天，日程早就排得满满的了。最要紧的是，尽管柯布对塞尔特这位昔日弟子深信不疑，这个项目委托毕竟是来自于美国——这个国家在1935年曾让他栽过一个大跟头，十年后又在联合国总部大厦方案设计时涮了他一把。所谓事不过三，他干吗非得去吃这口回头草？即便项目委托人是世界上最了不起的高等学府，那也不行。

很快，带着哈佛大学信头的正式邀请函呈于柯布案头，语气恭谨但切中要害。校方希望建造的是一座能够更好地容纳艺术成就和社会价值的国际会议场所，一座功能上高度综合的特殊建筑物。校方同时希望这个任务能够吸引“同时作为建筑师、画家和雕塑家的勒·柯布西耶先生”主持。[4]

预算最高可达120万美元，建筑面积为57 000平方英尺，建筑高度控制在一定范围，以免惹恼周边的居民，也不能超过庄严的教授俱乐部。项目立项全过程一直都有主要赞助人卡彭特家族的参与，他们对聘请柯布主持设计并无异议，只是提出建成环境中必须有“大面积的树林、灌木和花花草草”，以带来快乐的情绪，激发年轻艺术家的灵感。艺术家工作室应当灵活布置，拥有良好的采光和通风条件。展览空间应该让人感觉宽宽敞敞。[5]但是这些要求中其实没什么具体的限制，这让柯布觉得条件尚可接受。他最讨厌别人在设计过程中指手画脚。

可是，当他与塞尔特在巴黎会面磋商细节时，柯布开始发难了。哈佛提出的功能又多又复杂，都要在一栋单体建筑中实现，而规划用地仅有一英亩左右，还夹在周围的新古典主义建筑中间。事情看起来有些让人难以接受：本来可以成为一个伟大的建筑，却在种种限制条件中内耗。“这么大的国家，搞这么小的项目。”柯布不屑地说。[6]

就像擅长解危济困的雄辩外交家，塞尔特想办法让柯布保持冷静，没有拂袖而去。他说，卡彭特中心虽小，对哈佛的意义却非比寻常。现在耶鲁大学和麻省理工学院都有现代建筑了，他们洋洋得意，却不知哈佛大学正在酝酿一座属于美国的朗香教堂——等这个建筑建好了，它的意义甚至会超过朗香教堂也未可知，每个细节都同样振奋人心。他万没想到，柯布心里盘算的竟然是设计费。“见鬼，你觉得我是救苦救难的活菩萨吗？”柯布反驳道，“这么小的项目，他们能出多少钱？”[7]

但是，很多迹象表明，这座卡彭特视觉艺术中心日后确有成为哈佛校园空间枢纽的潜力。人们并不知道，一个正在酝酿中的规划方案将校园向东推进了一大块，吞掉了紧靠在基地后身的住宅街区。这是剑桥城市发展规划的一个部分，引导它从传统向现代转型。

除此之外，这个项目还有其他先天的吸引力。这个机构成立之后，不仅能够容纳严肃的智力活动，也为年轻人提供了一个身体力行参与制造过程的场所。按照柯布后来的说法：“让头脑与双手在此相遇。”[8]他本人最看重的艺术活动——绘画、设计和雕塑都将在此蓬勃发展，同时还有摄影、电影，以及目前还不能想象的新生事物。在这里，教师和学生会把这些艺术门类融为一体，让新思想得以创生；也许这里会产生下一个莱普拉特涅，教导出下一位勒·柯布西耶。

经过反复思考，1959 年 8 月离开巴黎前往马丁岬之前，柯布往塞夫尔街 35 号的项目列表中加入了一行新的条目——“波士顿 /VAC”，其中 VAC 代表视觉艺术中心，并委任他最信赖的助手之一，智利人圭勒莫·胡里安·德·拉·福恩特担任项目负责人。他还叮嘱当时在哈佛和麻省理工教书的老朋友西格弗雷德·吉迪翁（他管他叫“吉迪翁船长”），让他帮忙协调方案，后者殚精竭智，耐心协调大西洋两岸间复杂的交流，直到这个柯布口中的“美国问题”告一段落。柯布向业主提出的最后一项要求是将设计费提高到五万美元。他给他们提供了银行账户，等着对方给他转账，然后手足并进地匍匐在他脚下，对他能答应他们的请求感恩戴德，而且他们最好趁他还没回心转意就把这一切办妥当。“你在哈佛大学这边有忠实的朋友，”塞尔特向他保证道，“即便你像个王爷一样，对他们和他们的国家看都懒得看上一眼！”[9]

穿过拱门，眼前就是静谧的哈佛大学校园。柯布和塞尔特一路走来，将马萨诸塞大街的喧闹抛在身后。他们一起步入四方庭，周围是纵横交错的步行道，草坪中种植着猩红栎和美国榆，在醒目的位置上摆放着约翰·哈佛的铜像。铜像的一只脚向前伸出，成百上千的学生路过这里都要摸一摸祈求好运气，结果这只脚被摸得油光锃亮。他们路过了威德纳图书馆的大台阶和纪念教堂雪白的尖顶，来到端庄的洛叶布楼跟前。很多年间这座建筑都被用作哈佛大学校长的私人住所，直到后来迁往昆西街上另一栋黑色大铁门的红砖房。在洛叶布楼前，哈佛大学的院长代表们和校董们等一干西装革履的绅士早已恭候多时，在北美 11 月的寒风中瑟瑟发抖。内森·普西从人群中迎过来同柯布握手，并把他礼貌地介绍给在场诸位。[10] 柯布并没有认真听，他已经开始观察这块未来的建造场地了。

在他左边是佛格美术馆，一座笨重的新古典主义建筑，占据了街道的一角。该建筑由一家本地事务所设计，团队中包括伟大的美国建筑师查尔斯·宝凡弛的曾孙。在他右边，是那座新乔治亚风格的教授俱乐部，全部都是红砖、白柱子和方格玻璃窗。这里原先是文学巨匠亨利·詹姆斯的故居，后来拆毁了，在基地上建成了这座教授俱乐部。昆西街对面是塞佛楼，设计师是亨利·霍布森·理查德森，19 世纪美国最受尊敬的建筑大师；还有一座建筑叫罗宾逊楼，是由城市美化运动的核心力量、设计了波士顿公共图书馆的迈金、米德和怀特建筑师事务所设计的。正前方是建于 19 世纪的全木结构的维多利亚风格建筑——法罗楼，这是一栋行政办公建筑，新的视觉艺术中心就是要把它拆除，然后原地建造。

巴黎来的客人对场地进行了测量。然后他来到普西身边，耸耸肩，仿佛是在说：“如果你打算就用这么小的一块地盖房子，那就盖吧。”[11]建筑师打开一个黑皮的笔记本，开始画草图。

鉴于场地条件如此局促，建筑必须扭转一个角度。柯布设想的是两个气球状的形体，边角有柔和的曲线，好像两只颠倒放置的鹦鹉螺。这样的摆放能为室内争取到更多使用空间。为了保证区域内正常的交往环境，柯布构思了一条坡道，从昆西街缓缓升起，在空中从建筑的较高部分贯穿而过，再落回到普雷斯科特街，再往前，就是规划中的校园新区，校方向柯布保证了这一点。人们走上坡道，有一段会从建筑内部穿过，那种感觉就像是在参观水族馆，人在管道中行进，两边都是凹龛般的艺术家工作室。

柯布很久以前就爱上了坡道，它既能满足使用功能，又是一个象征性的建筑部件。他在萨伏伊别墅中用到它，在苏联的项目中用到它，也在艾哈迈达巴德项目中用到它。这次在剑桥，坡道会像正弦曲线一般扭转两次，象征着以 24 小时为周期的昼夜转换。这条有升有降的道路也是在向这所校园中纵横交错的步行系统致敬，柯布非常喜爱那些绿树成荫的散步道。哈佛大学的校园布局，让他恍惚感觉置身于一个缩小版的光辉城市中，那些学生在公共空间中穿行，经过彼此相似的建筑物，就好像奔驰在高架桥上的小汽车。欢迎仪式之后，大家坐下来开会，校方项目委员会成员注意到柯布经常溜号，不时朝窗外看。柯布告诉他们，他无意中发现了美好的事物：有一阵四方庭忽然安静了，一个人影也没有；

忽然间下课铃声响起，学生们涌入广场，从四面八方向他们的目的地走去，好像是被一些有目的的直线牵引着，让空间顿时变得生动起来。从卡彭特中心穿过的坡道一定好好设计，给他们引出一个新的方向，从平地上升到空中。所有这些年轻的灵魂都会因此得到提升。

建筑材料将采用砾色混凝土，与周围的红砖和花岗岩建筑形成强烈的对比。虽然没人认为柯布会使用除此之外的任何建筑材料，柯布本人却有点担心美国并没有为建造他所钟爱的粗混凝土建筑做好充分的准备，没办法表达那种粗粝的表面质感。因此，他向他们保证，这座建筑的外表会像婴儿的皮肤一样光滑，不管是那些直棱直角的部分，还是那些曲线的部分。他还设计了一系列窄长的竖向采光窗，从地面一直通到屋顶，以音符的节奏排列，就像一帧帧的影片从放映机中闪过。窗外是一片片斜向平行布置的混凝土墙片，跟他同期设计的艾哈迈达巴德棉纺织中心立面上的墙片差不多。整个建筑都立在强有力的混凝土柱上，这些柱子穿过楼板一直通达顶层，让工作室空间看起来像是宁静的林间空地。屋顶上仍然是一个花园，师生可以在这里越过昆西街眺望这座古老的校园，而在他们脚下，则是一个现代式的崖岸。

柯布来美国之前，已经做好准备迎接一次新的失望。可是当他置身于剑桥，目睹这么多精英荟于一处，很像当年在圣日耳曼街酒吧的感觉，积郁的心情舒缓了不少。他到塞尔特家做客，主人为他举办了一次宴会，他是无可争议的主角。

柯布穿着黑色西服套装，打着红蓝相间的领结，精神矍铄，妙语生花，在座的客人们竖起耳朵听他讲的每一个字。吉迪翁和另外一位曾经出席过 CIAM 会议的女士也在场。人们都在塞尔特的小院子里品着法国绿茴香酒，这时一位女士不小心被旋转门夹了一下，柯布向主人讨来一把卷尺，亲自动手测量那扇门是否合乎模度——结果客人们开始测量一切东西，自己的脚跟到屁股也没有放过。[12]

他热爱年轻人，哈佛的年轻人也爱他。1935 年他来美国，也被年轻人簇拥着。建筑学院的年轻人特意在罗宾逊楼为他举办了一场晚会，他们在墙上画了一个巨大的模度人，还有一副巨大的黑框圆眼镜，来向他表达敬意。他站在室内的小挑台上用法文夹杂着结结巴巴的英文发表了简短的演讲，向学生们呼吁道："人必须有勇气！"以及"多么伟大的精神！"[13]学生们报以热烈的掌声，一时万人称颂、盛况空前。柯布醉醺醺、飘飘然，开始跟在场的女士调情，跟男士搂背捶肩。闹够了往外走，在门口看见一个学生生着一张锥子脸，像极了他的画家朋友费尔南·莱热。他走上前去拉了拉他的小胡子说"再会了，莱热"，走出去好远，还在不断朝他挥手。[14]

暮年将至，柯布的感受力依然保持着年轻时代的活跃。在巴黎到波士顿的飞机上，他眼望窗外，在笔记本上画下弯弯曲曲的大西洋岸线；在剑桥的校园里，他抬起头看着蔚蓝的天空中一道飞机留下的白色蒸汽，久久不愿离开。

在人们热切的期盼中，方案的模型运抵美国。普西和他的同僚聚集到马萨诸塞楼，等着看未来的卡彭特中心到底长什么样。等模型运到了打开一看，塞尔特有点惊讶：方案显然还不够成熟，模型的做工也不太好，随便找个学生做的可能都比它强。这位精干的西班牙人定了定神，开始为在场的诸位介绍柯布的设计说明，说完了，他面带微笑看着这些迷惑的听众，他们慢慢反应过来，眼前这个疯狂的建筑即将出现在他们身边。

对于普西来说，最难接受的就是那个大坡道。他的疑问纯粹出乎实际考虑：这样的设施，在新英格兰冰雪皑皑的冬季真的不会造成危险吗？柯布向他保证，他将在坡面上浇筑礓礤，起到导流和增进摩擦的作用。哈佛校长还有一点迷惑，就是柯布为什么没有认真考虑一层大厅的空间使用问题；他把主要的展览空间和咖啡厅都放到了三层，把建筑最热闹的部分举到了半空。双方就这些问题不断来往信件，过程单调乏味。但是普西其实都没说出他的同事们的疑问：为什么这座建筑不能像校园里其他建筑那样用红砖罩面？

但是，方案在哈佛教工中引起了不错的反响，视觉艺术委员会的成员也乐于接受它，他们都觉得这将带来一个历史性的突破。一位委员说："这个老头子……做得比我们想的还要好，现在我们都很兴奋。"另一位艺术系的建筑史学家约翰·柯立芝也说："我们其实都不知道自己期待的是什么。

一套精细入微的图纸？还是一些错综复杂的表格？——但是看到这个方案，我们还是大吃一惊。它太美了，我们都屏住了呼吸。”[15]

卡彭特视觉艺术中心的设计和建造一共耗时五年，其间勒·柯布西耶总共两次赴美，每次都只逗留几天。解决了最后的预算问题和工期问题之后，他把实际建造任务完全交给塞尔特和哈佛方面的项目经理。事情进展还算顺利，塞尔特很好地扮演着剑桥和巴黎间协调人的角色，耐心处理大洋彼岸传来的紧急谕旨。“我坚决反对在室内使用空心砖，它们纯属垃圾！”柯布在美国方面修改过的一套方案图纸上写道。[16]又有一次，他否决了美方关于机械设备的位置安排，从个人趣味出发，他觉得那样太显眼了。这是建筑，不是汽车，他写道。塞尔特一直与柯布保持沟通，把他的意见反馈到设计中，同时让它们不至于太不实际。[17]

实际建造过程于1962年开始之后，方案立即面临诸多修改，从窗户的尺寸到空调系统的位置都有所调整。威廉·勒梅萨里尔，这位美国未来最重要的摩天楼结构工程师，此时加入项目承包方，协助处理复杂的结构计算，如大量的悬挑和屋顶花园上泥土、石头和植物的承重问题。柯布的设计方案全部采用米制单位，现在要一一转换成英制单位；哪怕是最微小的错误也会让全部努力前功尽弃。那时钢筋混凝土作为一种建筑材料在波士顿地区刚刚进入市场，对本地建筑工人来说不啻为一场挑战。团队从加拿大新斯科舍省请来一些制造渔船的工匠，向他们咨询最难处理的曲线模板的制作方法。有些悬挑部分荷载太大，必须用粗笨的辅助梁加以支撑，而后将之小心地隐藏起来，最后视线中只剩下干净的混凝土柱支撑着光滑的水平楼板。多数情况下可向做好钢筋固定的胶合板模具中浇筑混凝土，但有不少承重柱需要手工捆扎钢筋。[18]

与窗户的创新设计相应，柯布构思了一种全新的通风系统，这也给波士顿地区的工人造成了极大困扰，他们中的大部分都住在简易的三层板房里。建筑师希望工作室能沐浴在充足的光线中，这些光线一部分来自于精心设置的天窗，一些来自于侧墙上狭窄的通高玻璃窗。但柯布又设计了一些像门一样的小窗，专门留作自然通风之用，学生们可以在他们的工作区域前开启。柯布给项目团队写信，说“空调对美国人根深蒂固的鼻炎有好处”。柯布这么说事出有因，他自己一生都受鼻炎的困扰。但是 HVAC——也就是供暖（heating）、通风（ventilation）和空调系统（air-conditioning）无须 24 小时无间断开放。建筑只要在最寒冷的几个月进行集中供暖，春秋开启，夏天最热的几个月关闭即可——“如果那段时间诸位先生没在科德角赤身裸体度假的话，”柯布开玩笑道。[19]

塞尔特尽心尽职地将哈佛方面的微调请求和工程变更通知单发送到巴黎，柯布却忙着在家中画画，多数未予理睬。工程逐步推进，预算的拮据显现出来，这也是柯布参与的工程项目必然会遇到的问题。造价追加到两百万美元，还在继续攀升。现场建造团队不得不临时想办法节约开支，他们砍掉了通往佛格美术馆的地下通道，还要更换外墙使用的玻璃品种。柯布对此非常不以为然，觉得对于这么富有的学校来说，想方设法在这些细枝末节处节省几个小钱纯属自欺欺人。当年他在昌迪加尔项目中遇到同样问题，也是一样地不肯妥协。“现在，我必须强硬起来，向你们发出警告——波士顿方面必须同意，应该由我的图纸来决定建筑的样子！”他在一封信中吼道。[20]

1963年元旦前夕，建筑基本竣工。只有景观还没有完成，这又是双方争执的一个焦点所在：柯布希望种上一丛一丛的野木莓，哈佛方面则坚持铺上干干净净的大草坪，再栽几株紫杉。这个问题是否能妥善解决，还涉及最后一个连带问题：勒·柯布西耶是否肯返回哈佛校园参加建筑的剪彩仪式。校方打算举办一次合乎规格的正式仪式——哈佛大学的各类仪式都非常讲究，比如每年六月第一个星期四举行的毕业典礼，校方代表要全部头戴礼帽，身着燕尾服。对于校方来说，虽然还没得到确切消息，但在心里已经默认柯布定会参加。

柯布思虑良久，最终婉拒了校方的请求，理由是健康状况不佳、事务繁忙，以及去美国的诸多麻烦。柯布大概是想起一件往事：他上次去波士顿之前曾到巴黎的美国使馆面签，工作人员问他此前是否加入过共产党，柯布扭过脸去拒绝回答。

1963年秋，卡彭特视觉艺术中心的竣工仪式还是如期举行了，主角却未现身。卡彭特家族成员也来了，他们从坡道上缓步走下，手里端着香槟酒杯。出资人非常开心，把这座建筑看作开启未来之门的钥匙，“人们从坡道上轻盈地穿过建筑，各自从中领略到一份喜悦”。[21]

各界对建筑的评价褒贬不一。最终建成的作品非常引人注目，与周围的建筑迥然有别，对于一些人来说，这座建筑自成一格，无非是在自命清高，好像是在对昆西街上其他的建筑竖起中指。《纽约时报》的建筑评论家阿达·路易斯·赫克斯特布尔就持这一观点：“对体面的波士顿人来说，这么做相当不礼貌。”[22] 一位教授皱着鼻子说这栋建筑看上去就像两架钢琴在交欢。[23] 佛格美术馆的馆长则抱怨道：“在我们身边出现了一条搁浅的白鲸，尸体还被插到了桩子上。”[24]

可对另外一些人来说，卡彭特中心并无不妥，它与周边建筑相处融洽，只是模样有些特别，就像一张民谣专辑里出现了一首乡村摇滚乐。建筑北面较高部分确实也在同佛格美术馆的檐口取得一定的呼应关系。建筑南面，主体支撑于底层架空柱之上，那些柱子整洁又精致，从下面能看到对面的草坡和教授俱乐部，视线与景观保持连续。白天，舒缓的坡道欢迎人们走进建筑；到了夜晚，那些隐藏在倾斜混凝土遮板后面的细长玻璃窗闪烁着神秘的光芒。

建筑刚盖好不久，人们就迫不及待地搬进去、用起来。学生们好奇地涌入明亮的工作室，立刻开始工作。他们在室内和室外没完没了地交谈，到咖啡馆里小坐，就像柯布希望的那样。这座建筑大胆的形象激励着人们的想象，甚至教授们也受惠于此，他们在这里上课的时候，课堂气氛也同校园中的其他建筑有所不同。这里的绘画课是关于观察与想象的；老师给学生留作业，让他们签上自己的名字，正序签一次，倒序签一次，最后再大头朝下签一次。

这里有摄影课、电影课，还有跟电视相关的课程，研究形状与声音。这里的展览五花八门，有关于设计中色彩的极端应用，也有无名艺术展如市场里捡来的破筐，还有光滑的现代艺术品索奈特椅，以及苏联时期的城市规划。不久，艺术中心开始推出一本杂志名曰《连接》，让人想起柯布的《新精神》。杂志涉猎题材不限；一位学生写了一篇评论，内容是关于柯布的派萨克项目中的住宅设计。最重要的是，所有的学生都亲自动手，他们赤膊上阵，满身都是颜料和灰泥，在工作室中新设立的机械加工中心里弄得浑身都是木屑和粉尘。一天天过去，他们爱上了自己用双手创造这个世界。

卡彭特中心还开创了另一个传统，自它建成以后，哈佛大学接受现代主义建筑的步伐显著加快。哈佛的第一栋现代建筑要算是沃尔特·格罗庇乌斯的哈克尼斯公共食堂，格罗庇乌斯曾与柯布同在彼得·贝伦斯事务所工作，后来成为哈佛大学建筑系的主任。但卡彭特中心的意义远不止此，它成了新建筑观念的催化剂。在它之后，塞尔特在哈佛广场中心设计了体量巨大、色彩繁多的霍利奥克中心，现在被称作史密斯校园中心；他还设计了查尔斯河畔纪念大道上的皮伯蒂公寓。20世纪60年代到70年代间，昆西街成了新建筑的舞台。街道尽头是哈佛最高的建筑威廉·詹姆士楼，心理学、社会学和人类学系所在地，建筑师是纽约世界贸易中心双塔的设计者雅马萨奇。紧挨着它的是澳大利亚建筑师约翰·安德鲁设计的冈德楼，哈佛设计学院的标志性系馆，它的主要使用空间立在底层架空柱上，也使用了萨伏伊别墅的水平带状长窗。从新古典主义的罗宾逊楼开始，到钢筋混凝土的现代建筑结束，哈佛大学的眼光和心胸慢慢发生了转变。一代又一代的建筑师在钢筋混凝土的冈德楼那巨大阶梯状的绘图教室中学习建筑，他们定会研究并模仿勒·柯布西耶的设计作品，踩着他的脚印一路前行。

波士顿的其他建筑师也成了柯布的追随者，他们的作品取法于柯布的设计，最典型的要数波士顿市政厅，看到它会让人立刻联想起拉图雷特修道院。40年前曾在麻省理工大学校园遇见柯布的青年学生贝聿铭设计了约翰·汉考克大厦，将联合国总部大厦的设计风格推向极致。

卡彭特视觉艺术中心的故事还未结束。这座建筑是柯布在北美的唯一一个设计作品，同样经受了时间的考验。跟柯布其他建筑一样，它也遇到了漏水和泛潮问题，混凝土因年深日久而失色，时不时需要大修一次。有些功能也不再跟得上时代的发展。对这里的艺术生来说，用双手来创造世界仍然是训练的核心部分，但随着世界进入数字时代，计算机屏幕并不需要被天光照亮。电影制作是卡彭特中心最成功的课程之一，但电影的制作和观看都并不需要照明，甚至必须保持黑暗，柯布在设计过程中没有考虑到这一点。[25] 三楼的咖啡厅有着良好的校园视野，但因为经营不善，后来也倒闭了。

20 世纪 60 年代那场席卷一切的学生运动中，一切都被颠覆了。普西不幸卷入了校园抗议和学生占领马萨诸塞楼的事件，风潮平息后不久就下台了。当年，他曾力主建设的以创新为宗旨的艺术类学科，在这次运动中加入到愤怒的抗议大军，掉转矛头向他开火。

当年校方向柯布许诺的校园东扩计划根本就是空头支票，接下来的若干年，哈佛大学的确逐步扩大了势力范围，却是朝着另一个方向进行的，它跨过了查尔斯河，进入波士顿的奥尔斯顿区。不管是新区还是老区，哈佛大学的文化氛围对现代建筑逐渐变得不利。21 世纪来临之际，新任校长拉里·萨默斯除了古典建筑风格之外几乎一律都不接受，他公开宣称卡彭特中心难看得无以复加。

但柯布为美国注入的现代精神代有传人。也许在他全部的作品谱系中卡彭特中心并非杰出，但作为大师在美国土地上的唯一作品，它毫无疑问已经成为建筑领域的历史遗产，虽然人们并不会像朝拜流水别墅一样去朝拜它。这座建筑也培养了一大批忠实的捍卫者，他们在旁人眼里也许是一小撮奇怪的精英，就像那些舍得一掷千金去买沃霍尔的画作的人。

几十年后的今天，每当建筑受到威胁，这些捍卫者就会挺身而出。不久之前，哈佛官方又打算在现代艺术方面有所作为，遂决定建造一座新的美术馆，地址选在纪念大道上，靠近塞尔特著名的皮伯蒂公寓。结果这个方案遭到附近居民的强烈反对，校方只好以佛格美术馆扩建方案取而代之。剑桥市政当局要求设计师伦佐·皮阿诺必须保留老博物馆的新乔治亚风格立面，除此之外的建筑部分都可以掏空、拆毁、改造。皮阿诺的方案需要在佛格美术馆的背面进行大规模的拆建，这样就得腾空普雷斯科特街这一段，而那正是柯布的坡道落下来的地方。

技术上最可靠的解决方案是将这段坡道截断 3/4，把拆下来的一截包装好予以保存，等建筑完工以后再运回来组装到原来的位置。但项目的咨询委员会委员全部都是柯布的粉丝，他们坚决不同意对卡彭特中心进行破坏性的保护。最后采纳的方法是把整个坡道都包裹起来，让佛格美术馆的施工队绕着走，小心翼翼地加以保护，这样一来增加了很多费用。皮阿诺曾经设计了朗香教堂游客服务中心，那是一座谦逊地隐藏在山坡下的建筑。他本人可能也已经预料到，乱动柯布的杰作是绝对不会被容忍的。人们掏空了一座建成于 19 世纪的建筑，却不舍得触碰一座建成于 1963 年的建筑，柯布的作品在不知不觉间已成为历史保护的对象了。

伦佐·皮阿诺的哈佛艺术博物馆让昆西街五花八门的建筑大串烧告一段落。这里有威廉·詹姆士楼、纪念堂、冈德楼、修复后的佛格美术馆、理查德森设计的塞佛楼，以及教授俱乐部。在 1/4 英里的街面上，居然分布着从古典主义到现代主义的各种各样的建筑风格，以及两者的杂糅。

是柯布开启了这扇大门，但他对此一无所知。他不知道卡彭特中心唤起的创造力，也不知道这座建筑在哈佛大学甚至波士顿市引领的现代主义风潮，更不知道它日后获得的了解与尊敬，在卡彭特中心建成50周年纪念盛典上达到顶峰。不过，如果柯布知道此事，他对这一切肯定也不会觉得奇怪。

“创造，就是平心静气，上下求索。”柯布常把这句话挂在嘴边。他太爱这句话了，把它当作一本书的书名。[26]

他已经完成了他的壮举。那么，拒绝参加剪彩仪式可以看作是以退为进，就像被通知荣获奥斯卡奖，却拒绝领取那个金光闪闪的小金人。君子报仇，十年不晚。不管对哈佛大学印象如何，柯布通过这种方式，在名望的顶峰给了美国一张冷脸，谁让美国当年曾经那样对待他。

但这些对他都不再重要了。那段日子，柯布唯一进行的长途旅行就是从巴黎去往马丁岬，再从马丁岬返回巴黎。他越来越多地独自待在海边小木屋中，在他临时的工作室里画图，在海之星咖啡馆发呆。他安静地坐在酒吧门口，越过礁石注视着大海的波涛。

马丁岬，金秋野拍摄，2015 年 4 月。

# 拾　鼎成人去

1957年，伊冯娜先柯布一步离去了。她经受折磨，一路上都在承受，忍了这么久，让人动容。在生命的末尾，她憔悴虚弱，骨瘦如柴。伊冯娜的眼睛上仍然涂着厚厚的睫毛膏，但眼窝却深陷下去了。同柯布一起出席社交场合或与朋友见面的时候，她会给每个人散发香烟，不管对方抽不抽烟。[1]她似乎认为别人的肺部都该像她的一样，片刻也离不开香烟的滋润。放眼望去，人人不都开心地捧着那个装着鸡尾酒的玻璃杯吗？所以，人人都该烟不离手。

这位从前的模特自从维希时代身体开始衰弱后就必须借助拐杖出行了。实际上，从关节炎到骨坏死到胃炎，她身上毛病不断，其实这些问题都源于她对茴香酒的依赖。勒·柯布西耶从未认真对待过她的酗酒问题，他能做的只是好言相劝，让她多吃点东西，或者饭后慢走二百步，其实这些对她没有任何实际益处，只是做做样子。她仍然毫无节制地自我戕害，痛饮终朝，不省人事。她长久以来都营养不良，瘦成一把骨头；最后两条腿逐渐失去知觉。在生命的末尾，她觉得自己这副样子耻于见人，宁愿独自一人在黑房间里发呆——正是她的丈夫努力为人类创造的光明的对立面。

这场婚姻的危机早已显现。他对她，可能相当粗暴。有一次伊冯娜未经允许闯入朗吉瑟－高利大街24号自宅的一个房间，恰好柯布正在那里跟一位同事说话，见她进来怒不可遏地大吼一声："你有什么权利到这里来！"[2]每当这种情况发生，她会毫不示弱，污言秽语脱口而出，不管有没有人在场。面对她的枪林弹雨，柯布往往会变得讷讷不能言，躲在角落、呆若木鸡，就像一个男人在家庭危机大爆发的当口忽然开始对刷盘子表现出极大的兴趣。

这时候，他唯一能做的，就是去回忆往日的点点滴滴。在巴黎，伊冯娜年轻的时候，对生活怀有格外的热情。他们曾一起去勒毕垓，开着他们的瓦赞牌小汽车去兜风，在田野里漫步，到大树底下野餐。一位来自摩纳哥的时装模特——这对柯布该有多大的吸引力哦！当他跟她搭上话，对年轻的他而言意味着多么宝贵的机会，他在女人面前一向是手足无措的。从前他的欲望只能在妓女身上得到满足，如今却可以跟伊冯娜约会了，这难道不是一个飞跃吗？只是，一直都有一种传言，说柯布实际上是在烟花柳巷邂逅伊冯娜的。作为来自摩纳哥的吉卜赛人，伊冯娜对此不置可否。[3]

但当他得到了她，小鸟归笼，他的心思就转到别的地方去了。他的浪子情怀无远弗届，这场婚姻一直伴随着各种各样的无法直言的细节。他背地里偷腥，从一夜情到长久关系无所不有。这样的双重生活，其实是欧罗巴风俗画的一部分，有所作为的男人都会蓄养情妇，宁可付出大量的时间精力也在所不惜——一旦进入这种状况，他就要认真谋划见面的日程，细心掩盖来往的秘密。对柯布来说，最重要的女友莫过于玛格丽特·哈里斯，他甚至考虑过让哈里斯和伊冯娜一道生活在他身边，实实在在地比邻而居。他和他的美国恋人曾认真考虑过在托马斯·勒布塔托的马丁岬私人地产上投资，参与初期五座小房子的建造，并将其中一间作为她的住所。事情已经开始推进了，直到有一天，柯布突然毫无缘由地终止了这个计划，也未对玛格丽特作出任何解释。也许，即使对柯布这样胆大妄为的人来说，让妻子和情人在同一块海滩上散步的想法也还是太出格了。

很难想象伊冯娜会对这些风流韵事一无所知。柯布经常好久都不在家，她独守空房，漫长的等待吞噬着她的活力。她会找点家务活来干，不断地收拾房间，但那同样是一种无谓的消耗。面对这么多孤单的长夜，她不得不被动地进行自我疗愈，以免精神失常。真正的问题未尝不会在他的头脑中一闪而过：她为何会对他不离不弃，陪在他身边整整30年？当着别人，她毫不掩饰对他审美趣味的厌恶——他们的房间里一尘不染，沐浴在明亮的光线下，四壁皆白，任何多余的装饰都不许存在，连一个茶歇用的小沙发也不行；他们的度假小屋里也一无所有，这些都让她发狂。他们基本上没有任何共同爱好，很久以前她就禁止在家里讨论工作。他们没有自己的孩子来倾注共同的爱与关怀，她可能对组成一个真正的家庭还有点兴致，他却什么都不想要，只乐意亲近无名无分的“养子”，像哈里斯的儿子，还有罗伯特·勒布塔托——那些别人家的孩子，他爱来爱去，也不必真的负什么责任。她留在他身边，到底能得到什么呢？归根结底，也许人们选择结婚的真正目的在于抚慰与被抚慰，用这种方式挨过一生中无尽的苦楚。她就这样一直坚忍地陪在他的身边，直到65岁的这个夜晚，确切地说是凌晨4点钟，在巴黎的一家诊所里，她的呼吸渐渐停止，饱受折磨的肉体慢慢僵硬。她的手依然握在他的手里。[4]

在葬礼准备期间，柯布对伊冯娜的思念与日俱增，可他思念的方式让人毛骨悚然。柯布先是把她的尸体从巴黎的那家诊所搬到家里，在自己的房间中停灵好几天。朋友们前去吊唁，他对他们说“你们瞧，她是多么可爱”，这一幕把夏洛特·佩里昂吓得够呛。[5]接着柯布又把其他人都吓坏了。葬礼当天，大家在火葬场举行了一个简单的告别仪式，柯布溜进门后，从骨灰中捡了一小块伊冯娜的骨头——一块经历了大火焚烧仍然保持完好的颈椎骨。柯布把它包在报纸里带走了，接下来一段时间里逢人便拿出来展示，把它放在口袋里四处走，工作的时候摆在办公桌上。[6]是伊冯娜而不是别人让他有所寄托，毫无悔意、一往情深。以这种独特的形式，他把她的一部分永远地留在了身边。

伊冯娜的埋骨之处在海滨小木屋山上的墓园，比可可·香奈儿的别墅地势还要高，到那儿去要通过马丁岬一带特有的之字形山路，崎岖危险。一位石匠朋友为她精心制作了混凝土墓碑。伊冯娜的墓地在这个山地墓园的中段，勒布塔托家人和其他一些住在附近、与伊冯娜相友善的邻居来参加葬礼，人们在墓碑旁围成一圈，静默无语。伊冯娜终于得到了安宁。现在勒·柯布西耶已经70岁了。来参加葬礼的人不多，大家注意到伊冯娜的坟前还有一小块空地。这是年迈的建筑师为自己准备的。[7]

送走了伊冯娜，柯布回到海滨小木屋，精神立刻恢复到常态，冷静又现实。他给妈妈玛丽和哥哥阿尔伯特写信，先是谈了一些生意上的事，接着催促哥哥赶紧来看飞利浦馆中的“光电之诗”，这是他为即将开幕的1958年布鲁塞尔世界博览会奉献的一座帐篷一样的小房子，里边采用了最先进的电子设备，效果让人瞠目。

对于任何男人而言，妻子先于母亲离开人世都是不寻常的。但是，对于柯布来说，似乎妈妈玛丽会永远活在世上。她已经老得有点糊涂了，身材变得又矮又壮，皮肤像皮革般坚韧，长满了老年斑。她的头发变成纯白，无所顾忌的白。她永远戴着眼镜，脸上的表情半是生气噘嘴，半是茫然若失，看起来跟她的小儿子柯布惊人的相像，而她的大儿子则更像30多年前就离开人世的爸爸乔治。1959年9月，兄弟俩回到沃维，为妈妈办了一场百岁生日宴会。这场盛会在湖滨别墅举行，瑞士一家大报纸还做了报道。实际上，她这一年是99

岁，但勒·柯布西耶等不及要庆祝这世纪老人的生日，就偷偷给她加了一岁。他们同声歌唱，欢声笑语，玛丽还在她心爱的钢琴前弹奏一曲。[8] 为了这场盛会，柯布从印度坐了整整一夜的飞机。

第二年冬天，玛丽也离去了。她的生命持续了 100 年，前半生在拉夏德芳度过，后半生住到了日内瓦湖畔的小房子里，眼看着旁边豪华别墅一栋接一栋地拔地而起。洗盘子的时候，她抬起头，透过儿子为她设计的朝向湖面的窗口，就能望见日内瓦湖的美景。她是一位坚韧朴素的大家长，艰难时日里靠她广受欢迎的钢琴课补贴全家的生活。她那持续一生的苦行，以及对儿子的人生显现出来的漠然置之，让母子二人都颇受折磨，无法释怀。直到生命的最后时刻，陪在玛丽身边的依然是长子阿尔伯特，柯布则在全世界纵横厮杀，在建筑的国度里开疆辟土。得到这个消息，他立刻起身奔赴日内瓦湖畔的旧居，在一场无声的大雪中，目送一辆黑色灵车载着母亲的遗体消失在视线之外。

直到最后，母子二人之间的关系依然很不寻常。他向她吐露心声，内容不仅包括职业上的成就，甚至还有他在异性方面的私人战果。柯布与约瑟芬·贝克的故事之所以为人所知，就是靠他写给妈妈的信件。在妈妈面前，他袒露无遗，如同赤子。她去世之后，在一封写给哥哥的信中，柯布提到曾经做了一个关于妈妈的梦，梦见她在火车月台上等人，穿着一身粉红色的衣裳。[9] 他画了一幅画：玛丽，那光芒万丈的太阳，他的女神，他用自己最美好的作品向她称颂，那就是朗香教堂。

很多年前，在他父亲去世的那些日子里，柯布感到精神受到极大的冲击。每当情绪发生剧烈的波动，无论是喜悦还是悲痛，柯布都会靠画画来求得缓和。他为乔治画了一幅病床上的肖像。悲伤的浓雾包裹着他，刺骨的寒冷让他无力摆脱。对于柯布这种希望掌控一切的人来说，一定是非常不快；死亡的痛苦紧紧攫住他的心，让他无处逃脱。但当妈妈去世的时候，他有些释然了。毕竟她的生命这样漫长，长到给了他足够的时间去跟死亡达成和解。因为，不久之后，他自己也要与它坦诚相对。

就这样，柯布在世界上变成了孤孤单单的一个人。在巴黎，他上午仍然待在朗吉瑟－高利街 24 号的房子里画画，穿着那件黑白格子的对襟汗衫。他率性地挥洒着颜料，认为自己早晚能和毕加索、莱热一道跻身 20 世纪伟大画家之列，这个愿望终究没有实现。基本上每个下午他都尽职尽责地赶赴塞夫尔大街 35 号。项目委托一点都没有减少的迹象，甚至比以往任何一个时期都要多。

昌迪加尔的新城一个区域接着一个区域地完工了，每开放一处就会得到嘉奖。日本人也为国立东京西方艺术博物馆的落成而欢呼雀跃，这个建筑选址于公园中，看起来像是缩小版的联合国总部大厦。博物馆是个几乎没有开窗的大方盒子，内部空间为了展示艺术品而进行了精心设计。[10] 东京项目使用了柯布一直以来思考的“无止境博物馆”原型，几十年前他打算在巴黎郊区设计这样一座建筑但未获成功，这次在东京建成，让他颇感欣慰。[11]

费尔米尼的项目也在大兴土木。柯布在那里不仅设计了那座戏剧性的教堂，还有最后一座单元居住体以及一所青少年活动中心，它有一个倾斜俯冲的立面，让人想起迎面而来的大船。柯布在事业的后半段，一直努力尝试各种各样的新造型。朗香教堂就已经让人惊讶了，接下来是昌迪加尔的曲线和枕形、飞利浦馆的双曲线，以及位于塞纳河畔讷伊的一对私人住宅——加乌尔别墅的拱形屋顶。

柯布能不断创生全新的观念，这份能力尤其让意大利人肃然起敬。二战后意大利用了很长时间进行重建，现在正急切地希望恢复元气。很多年前，柯布曾向墨索里尼徒然示好，现在可以在当年摔倒的地方爬起来。意大利好利获得公司以生产打印机枢轴著称，如今进入了新型的计算器和计算机制造领域，他们请柯布设计一座新的总部大楼。柯布设计了两座加长的马赛公寓形状的长条体量，一直一弯，下面还有一些变形虫一样的自由曲线形体，由一条长长的坡道盘绕在一起，所有的部分都立于底层架空柱之上。这个带有未来色彩的综合体的建造意图是激发研究的激情和创造力，选址于米兰的卫星城罗镇。[12]

威尼斯市政当局请柯布在圣约伯区造一座庞大的医院

综合体，为本地的重病患者提供医疗服务。他们把建造基地选在了水面上，项目非常具有挑战性。柯布提出的方案从总平面上看是一个钢铁和混凝土组成的棋盘格图案，水平伸展，铺得很广，好像一堆彼此成 90 度角排列的骨牌，中间围出若干内院。这一图案有着清晰的内在逻辑结构。柯布仍然安排最信任的助手圭勒莫·胡里安·德·拉·福恩特担任项目负责人，自己则跑去勘察场地状况，并参加了意大利政府和商界精英为他举办的欢迎会，这些人西装革履、戴着墨镜簇拥着他，人人都争先恐后地与这位举世闻名的建筑师合影留念。[13]

项目委托从世界各地雪片般飞来。世界上的敌对势力可能在很多问题上意见不一，但大家有一点共识：都对柯布敞开胸怀。菲德尔·卡斯特罗邀请柯布为古巴设计一座建筑。巴格达邀请柯布设计了一座体育馆和体育综合体。美国方面，约翰·肯尼迪总统希望他能为纽约城新的发展规划贡献力量。

这个项目位于曼哈顿西区第 57 大街和第 72 大街之间，是一块 35 英亩的空置土地。这显然是柯布初访美国期间曾极力争取而未果的那一类大尺度规划。这块地沿着哈德逊河长向铺开，是一块天然的飞地，上面没有需要拆除的建筑，位于纽约市城市化区域的边缘，差不多正好与曼哈顿东端的联合国总部大厦处于对称位置。这块价值不菲的土地所有权握在美洲联盟旗下的联合平版印刷公司手中，他们打算将它开发成一个巨型多功能综合体，包括住宅、商业、办公楼、图书馆、公园以及体育场等组成部分。玛格丽特·哈里斯的儿子希拉里·哈里斯，也就是当年柯布和他的妈妈一起漫游纽约城时坐在汽车后座的小孩，如今已经长大成人，主动请缨去说服柯布接受这个项目委托。希拉里曾在塞夫尔大街 35 号短期实习，后来成了一名独立电影导演，他希望把城市建设拍成一部纪录片。肯尼迪总统对现代建筑的热情只是被其夫人倾向的传统风格激发起来的，尽管如此，他仍希望亲自为这个项目奠基，也非常高兴能在奠基仪式上同柯布站在一起。但是，年迈的建筑师拒绝了。他太老了，已经无法应付远在美国又如此复杂的项目委托了。[14]

其实事务所接下多少新项目对他来说已经不再重要了。很久以前，他就将这世界上所能得到的荣誉全部揽在怀中。戴高乐总统亲自为他颁发荣誉勋章，在那场盛典上，他被夸张地称为“世界上最伟大的建筑师”。他在尤素福·卡什的镜头前面摆姿势，这位亚美尼亚摄影师以拍摄当代名人而著称，曾为丘吉尔、海明威、海伦·凯勒和伊丽莎白·泰勒拍过肖像。除柯布之外，卡什拍摄的唯一一位建筑师就是弗兰克·劳埃德·赖特。这张照片是在柯布自宅中拍摄的。柯布向摄影师简要地介绍了他的居所的一些特点，比如那个旋转楼梯，他自豪地告诉卡什造价只有区区 200 美元。然后他就再也不开口了。他端坐在照相机前，穿着他那双排扣的三件套粗花呢西服，打着领结，上衣口袋里插着白手帕，把眼镜抬到额头的位置。卡什曾经拍摄过总统、首相、电影明星和教宗，很清楚如何与人沟通，建立好感，然后再开始拍摄，捕捉到人物比较自然的一面。但是这一招对柯布无效。看起来，多年面对记者的经历，让他习惯了各种各样的盘问刁难，也早就学会三缄其口，免得说出来的话被故意曲解。[15]

在他的晚年，似乎只有一个地方对他并不是衷心欢迎，那就是巴黎。柯布热切地参与了塞纳河畔的奥赛火车站的改建方案竞赛，这里原先是城郊火车线路的终点站，规模非常庞大，后来被停用了，年久失修。塔楼立面上的玻璃碎裂破损了，候车大厅里到处都是垃圾，成了免费的停车场；智神墨丘利雕像的脸上写满了“到此一游”，神色哀伤地望向隔壁的荣勋宫美术馆。竞赛的目的是对这块废弃的土地重新开发。柯布提交的方案是一个 330 英尺长的板楼，让人想起联合国总部大厦和他在阿尔及尔设计的未建成的综合体建筑。与底层那些形态复杂的综合体一道，这座建筑将容纳会议中心、旅馆、展览馆，以及多功能会议室等功能。[16]

其他参赛方案也颇具创新精神，其中一个造型似竖立的火炬或巨大的松果。最终获胜的方案是由勒内·古龙和吉拉梅·吉莱设计的，有点像是把柯布的板楼水平放倒了，延续了好几个街区长，把河对面的卢浮宫和杜乐丽花园都比下去了。结果这个获胜方案也没能实施，市政府经过重新考虑一番，取消了大动干戈的开发计划，只把火车站改造成了一个很不错的美术馆，游客来此处参观，经常排几个小时的队，就为了目睹塞尚和莫奈的作品。奥赛博物馆成了巴黎最著名和最受欢迎的旅游观光地之一——这座建筑被挽救下来，重新焕发了生机，避免了在落锤破碎机下变成一堆瓦砾的命运。柯布的方案又一次落选了，自从当年瓦赞规划时就开始了，一路走来也没有改观，似乎他的名字说出来就会让这座城市感到恐惧。

无论如何，要把工作节奏放缓再放缓。为了达到这种效果，没有比躲到马丁岬更好的办法了。对于小镇居民来说，这位来自巴黎的老先生已经成了常客了。镇里的小姑娘看他在山坡上笨拙地寻路而下，步履沉重、行动缓慢，都咯咯地笑。他仍然戴着那副黑框圆眼镜，但看起来并不像他自己画的那只敏捷神秘的黑鸟，倒像是一只迟暮的猫头鹰。[17]

“别再为我这种又老又丑的人浪费时间了，”他对一位等着约定下次拍摄时间的摄影师说，“你该去拍格蕾丝王妃，她就住在那座小山后面，或者到圣特罗佩去拍碧姬·芭铎。”[18]

在海滨小木屋独居，他总觉得自己是堂吉诃德，其实在旁人眼里更像是鲁滨逊·克鲁索。伊冯娜去世以后，柯布撤了地铺，睡到她之前的小床上，小木屋终于按照当初设想的方式被使用了：独自一人，离群索居，像梭罗一样。到开饭时间，勒布塔托会让人端来饭菜，放到小木屋门口的一张桌子上。柯布就坐在那里的板凳上，赤裸上身，戴着一顶白帽子，一边吃一边眺望远方的海面。

安静的日子里，柯布有时会回顾自己的职业生涯。他的设计总是得到超乎寻常的关注，甚至引起剧烈的反响。有人当他是疯子，说他是列宁的政治工具或地产商的狗奴才，有人说他是共产主义者，有人说他是资本主义者，有时在同一年中他同时被冠以上述两种称号。建筑界同样是个是非之地，残酷又不公。有萨伏伊别墅和朗香教堂这样的惊喜，就有国联总部、苏维埃宫、里约热内卢、波哥大、阿尔及尔这样的失望。在他设计的300多个方案中，实际建成的只有78个——对于任何一位建筑师来说，这都不是什么新鲜事，不过单从数字上来看，比起他的美国老对手弗兰克·劳埃德·赖特还是逊色多了。

勒·柯布西耶对一切事物的感知都深沉，无论是成功的喜悦还是失败的痛苦。我们很难想象那是怎样一种情形，永远保持在情感的高位，发条绷得紧紧的。柯布时时刻刻都在思考，用他内心的X射线分析这个世界，就像一位气象学家，眼前呈现出来的已经不是真实的太阳和白云，而是大气压力变化和气团的流动。

柯布就像个高压消防水龙，他身边的人要随时面对他突如其来的喷发。员工们经常经历以下考验：熬了一整夜，第二天一早被劈头盖脸地训斥；或刚刚当了爸爸，在圣诞节发现桌上摆着一个大孩子才能玩的足球。柯布无论是扮演白脸还是黑脸都拿捏不准分寸，他对普通人的内心似乎缺乏响应。刚刚还在吵架，不一会就像什么都没发生一样，就像拳击赛场上，上一秒拼得你死我活，下一秒又退回角落蓄势待发。

柯布也不止一次把自己比作拳击手。他喜爱的另一个体育项目是篮球。从那里他悟出一个道理：一个球手想要达到巅峰状态，必须在比赛中让自己愤怒起来。

柯布的同事安德烈·沃根斯基回忆，有一次他请柯布到家中做客，给他介绍自己的德国牧羊犬帕克。柯布刚开始的时候轻轻抚摸它的皮毛，突然间，他掐住了它的后颈，越勒越紧。牧羊犬开始挣扎，主人看不下去了，跟柯布说，再这样下去它会咬人的。“我就想试试它的底线在哪儿，”柯布笑着说。[19]

不知他是否对自己的为人有所反省，至少他从未对人说起过这件事。只有一次，他几乎吐露了心声，那是在他最后一次出访纽约的汽车里。1961 年他赴美协调卡彭特中心的建造事宜，其间应邀到哥伦比亚大学做一场讲座，并接受颁发给他的荣誉学位。关于费用和行程经过了几个月艰难的协商，柯布终于答应了这个请求。他在机场接受了一大群学生热烈的欢迎，在车上向人们挥手致意，然后赶赴第 116 大街和百老汇，与数千名学生和他们自豪的家长见面，当时圆形大厅前大雨倾盆。他坚持要来一顶学位帽，说否则他是不会接受荣誉学位的。拿到那大得吓人的学位证书后，他把它展开冲进雨中，顶在头上当作雨伞来保护自己的头不被淋湿，任凭油墨在雨水的冲刷下糊成一片。后来在晨边高地上了车之后，他似乎是想跟同行的人解释他为什么这么难以取悦，自顾自地说：“你可能会想，这人脾气怎么这么差。”他眼望着雨水打湿的窗外渐渐退后的城市街道，继续说："因为我发现，要想做个建筑师，这是一项基本素养。"[20]

毫无疑问，柯布这种与整个世界为敌的性格，反过来也会伤及自身。每次开始一段交往，柯布都默认对方会轻视他，或者他的天才与权威会遭到质疑，其结果就是，人们不得不尽量减少跟他打交道。即使是对他极为仰慕的人，也不得不在跟他打交道之前三思而行，见面更要鼓足勇气，尽量挑不得不说的话来说，让自己的语气尽量缓和，避免触怒柯布。有些人，像尼赫鲁，最后忍无可忍，对他退避三舍。通过这种方式，柯布清理掉了很多朋友关系。高冷而多变的个性是他天才人格的一部分，有一位传记作者甚至认为他可能有一点轻微的自闭症。[21]

1965 年夏天来临之前，柯布与人交往的愿望似乎到了强弩之末。工作室里另一位当年的核心成员，后来成为哈佛大学设计教师的杰基·索尔丹，曾说起他在那年 7 月前去拜访老建筑师的经历：

> 那是在柯布踏上他每年例行的度假之旅的前夜。那时候他的夫人已经过世了。我到他的工作室去拜访他。他持续了几十年的"神圣节奏"当时发生了很大变化。实际上是颠倒过来了。柯布当时上午去工作室，下午就会疲惫不堪，没力气走来走去。但是他不肯承认他改变了生活作息。他的心脏出了大问题，他自己清楚

> 得很，他身边的人也都清楚得很。
>
> 那天我们在他的工作室会面，乘出租车回到他在朗吉瑟-高利大街的家中。我们一起吃了午餐。柯布给我倒了一杯酒。屋顶花园里阳光明媚，植物都欣欣向荣。远处，瓦勒良山在暑热中显得有些缥缈；身边，蜜蜂和苍蝇营营飞舞……你想喝点什么？口味清淡点的。那就来一杯杜邦内吧。你呢？你喝什么？柯布给自己倒了双份的茴香酒，几乎一滴水都没有兑。这么喝太疯狂了，我略微劝了劝。柯布对此浑然不予理睬。他笑着，但其实表情严肃。他在世的时候，从来不纵容自己的贪心。你活着，就要活得有滋有味！午餐之后，他虚弱不堪，一望便知。是的，他想躺一会，睡个地中海午觉——仅此而已。他示意我离开，很亲切，但也很坚决。[22]

第二天，柯布到圣日耳曼酒吧吃午饭，顺便跟他的私人医生雅克·安德梅耶见面，每年巴黎人集体外出避暑之前，柯布都要跟他见上一面。两人谈了很多事情，包括如果互换了职业会做些什么。勒·柯布西耶说如果他是一位医生，就会让人们离世的时候更有尊严。这时安德梅耶出去接电话，等他回到餐桌边，看见柯布已经脱掉了衬衫。“我感觉很不舒服，”柯布说，“那种感觉，就像是老鼠在水管里跑来跑去。”医生赶忙抓起听诊器给他做了检查。他发现建筑师严重心律失常。[23]

安德梅耶力劝柯布不要去马丁岬，去了也不可以游泳。柯布不以为然，但答应医生会把游泳的量减少到每天中午一次。次日柯布仍然按计划从巴黎飞往尼斯，然后乘坐汽车来到他的度假胜地。

在晚年的信件中，柯布经常谈起人终究会死去这件事。他说，如果一个人的人生是积极的，那么死亡对他而言就是一件美妙的事。他说他已经累了，但不是像古稀之年那样疲惫，而是像个五十岁的人。他的哥哥阿尔伯特对此一直保持关注。这一年八月底，柯布给他写信，向他保证说勒布塔托把他照顾得好好的，不仅为他提供健康饮食，还让他保证充足的休息和放松。“他们小心翼翼地，好像我是一根脆巴巴的灶糖。”[24]

1965 年夏末发生的一件事让罗伯特·勒布塔托感到非常奇怪。一直以来柯布都把他当作义子来看待的。这一天，建筑师交给他一份手稿，让他带回巴黎。那时候罗伯特已经在事务所里工作了一段时间，怀着伟大的建筑师之梦，希望能像导师那样设计出了不起的建筑作品。罗伯特接下了柯布交给他的东西，说自己很乐意效劳，但同时也疑惑地问柯布，因为自己还要逗留一段时间，肯定比柯布本人回到巴黎还要迟些。柯布没有多说，只是让他照办。罗伯特心想，柯布大概是临时改变计划，有其他打算了吧。[25]

早些时候，柯布会从海之星露台旁边直接下到海边，沿一条布满乱石土块的小路走到突出的崖石边，然后从那里一头扎进水中，从水里钻出来的时候也会猛地爬上礁石，好像被大浪卷上了岸。有一天，一位朋友关切地注视着他费力地往礁石上爬，用了好久才爬上岸。他过去帮忙，骄傲的建筑师跟他开玩笑说，上帝只是在跟他这个“小顽童”闹着玩——看看他还能挣扎多久。[26]

1965年8月25日，柯布推开小屋的前门看看天气。大海波光粼粼，草木在微风中摇摆。那年夏天，他开始沿另外一条路下到海边，那是一条跟铁路平行的小径，通往马丁岬那半月形的海滨浴场，海滩上布满了卵石和深色的沙子。他踩着细碎的卵石、贝壳和玻璃残渣往下缓缓而行。对他来说，穿过这些障碍，从滩涂下到浅水区，需要花费不少力气。他迎着温柔的波涛继续往深处走，当海水没到腰部的时候，就一个猛子扎进水里开始游泳。他的自由泳是40年前在勒毕垓自学而成的，有条不紊但略显机械。

他在海浪的冲击下起起伏伏，就像35年前在路特西亚号远洋巨轮上一样。海水盐分充足，浮力很大，让他保持在水面上。在没有保护措施的开阔海面上游泳，绝非胆小之辈所能胜任。这跟在乡间公路上慢跑完全不同，你无法停止，无处躲藏。大海只是按照它的节律起伏运动着，绝不会为谁而停下来。

第一波绞痛袭来的时候，他离海岸大概有100码，一刹那间，双手双脚都不听使唤了。他的头沉入水中，左右摇摆。

在那一刻，不知他是否看见了在这一带海底经常出没的海胆，它们躲在栖身之处，黑色的尖刺露在外面。几年前，罗伯特每天都要下海捉海胆，带给伊冯娜。它们的身体在柯布眼里慢慢模糊了，彼此融合在一起，就像不小心滴在图纸上的中国墨水，慢慢扩散，直到整个世界都沉入黑暗。

这一天是 1965 年的 8 月底，天气晴好，阳光明媚。上午 10 点，两个从巴黎以北某处来此度假的年轻人注意到海中那具绵软的尸体，脸朝下漂浮在海面上。他们当时正在离海岸 25 码的地方游泳，不久前曾注意到有人似乎在海中短暂地挣扎了一会儿。他们游过去，奋力将尸体拖上布满卵石的海滩。其中一位叫奥齐布洛的年轻人似乎感觉到一丝细若游丝的脉搏，赶忙实施了人工呼吸，但是他很快意识到已经无力回天。一缕细细的血流从柯布的嘴角沿着脸庞蜿蜒而下。当地消防队派出了一支救援小组赶来为他输氧，并注射了一针可待因。全部都是白费力气。[27]

第二天，全法国的报纸都出现了同一个大写字母标题：勒·柯布西耶逝世。勒布塔托家的一条德国牧羊犬登上了一些新闻报道的版面，他们错把它当成了柯布本人的狗。尽管如此，它让这则消息带上了一点戏剧效果：忠实的狗翘首等待，主人却再也没有回来。

根据尸检报告，柯布的死因是心脏骤停，跟雅克·安德梅耶当初预言的一模一样。柯布对私人医生的命令的故意忽视，加上那年夏天发生的其他一些事情，都让人猜想这个意外事件是否是一次精心谋划的自杀行动。柯布是否已经做好了准备,如果不是在那一天实施,也会在第二天,或者第三天。不管是职业生涯还是个人生活，他都不允许一丝失控的情形出现；他也许真的会对自己的死法也设计一番，这样的推测并不算离谱。尽管他的身体一向比伊冯娜好得多，在伊冯娜的晚年，他曾跟别人皱着眉头说起带她出行的种种不便——从巴黎到马丁岬的火车上，需要为她安排特殊的包厢，从火车上下来,又要雇人用独轮手推车把她从火车站运到马丁岬,因为当地没有轮椅。他不经意地谈到，等他年事已高，不希望最终变成一个废物。在这个夏天里最后一次跟安德梅耶的会面当中，他也曾提到死亡与尊严的问题。学者肯尼斯·弗兰姆普敦指出，阿尔比派教徒中流行一个传统做法，即“神圣自毁”，当一个人来日无多的时候，教会会组织会众聚集在他的床前，为他举行圣礼，然后他会通过绝食或绝水自我了断。阿尔比派，就是柯布自认为血脉相连的清洁派的别称。“在大海中游泳，迎着太阳死去，是多么美好的事。”柯布曾对杰基·索尔丹满怀憧憬地说。[28]就像海明威一样，柯布也看破了红尘。有一件事可以肯定：他为自己选择度过人生最后一段时光的地方是马丁岬。

柯布生前从未要求死后为他举办隆重的葬礼，有一次甚至明确表示那样的场面跟假面舞会差不多。[29]但是，法兰西为这位养子的去世准备了一场盛大的仪式。他的遗体被送上了一条告别之路，跟总统去世的待遇一样高。从马丁岬出发，第一站到了最近的城市芒通，在市政厅庄重地停灵一夜，接下来到了他倾心设计的神圣空间，里昂郊外的拉图雷特修道院，在那里度过了另外一晚。僧侣们围坐在遗体旁边为他守灵，向他致以静默的谢意，因为他给世人设计了如此独特的静思祈祷场所。接着，遗体运抵巴黎，一辆黑色的灵车载着他的棺椁到达塞夫尔街 35 号，数十位友人聚集在这里等着看他最后一眼。1965 年 9 月 2 日夜，灵车驶过精心设定的路线，最终抵达卢浮宫的内院。20 名军人手持火炬迈着整齐的步伐护送灵柩缓缓前行，棺椁上斜盖着带流苏的法兰西三色旗。前来参加告别仪式的人数达到 3000 人，宫殿广场里容不下，有人站到了外面的街道上。戴高乐政府的文化部长安德烈·马尔罗致辞，称赞这位世界上最伟大的建筑师是一位创造者，他向现实发出挑战，并引发了建筑学领域的革命。他引用勒·柯布西耶本人的话来歌颂他的丰功伟绩：“奋力工作，为满足当今人类最迫切的需要：寂静与和平。”巴黎的报纸盛赞柯布“用成就征服了太阳”，他们忘记了他曾扬言要把城市的中心区夷为平地，颂扬他“把我们从专制的历史中解放出来”。[30]

繁华散尽，最后的荣光也慢慢消退了。柯布的尸身被送回马丁岬，按照建筑师的遗愿，这里将是他最后的长眠之地，半山腰有他的墓地，紧挨着伊冯娜。葬礼在墓园的陡坡上举行，人们仿佛站在舞台的楼梯上，上上下下都能看得见墓碑。

墓碑背对大海，这样前来悼念的人群就可以在辨认碑上人名的时候，瞥见远方地中海的粼粼波光。罗伯特·勒布塔托仍然在场，他站在墓碑旁边，跟伊冯娜葬礼时同一个位置。为了纪念这位大人物在15年前与他结下的忘年之谊，他们让他担任葬礼的主持。

没过多久，铺天盖地的荣誉大量涌现，一般都是主流公众人物去世了，才能得到这么多的关注。他的头像被印在10法郎的瑞士钞票上。首都伯尔尼有一个广场，日内瓦和马丁岬各有一条街道，都以他的名字命名。在巴黎圣日耳曼区，由巴比伦街、拉斯帕伊林荫道和塞夫尔街围成的三角地被命名为勒·柯布西耶广场。但是，当人们从路特西亚饭店和乐蓬马歇商场门前匆匆走过，没有谁会记起就在第6区的这个街角，世界上最伟大的建筑师曾设计出最了不起的作品。这些作品已经潜移默化地融入了我们的日常生活。无论如何，现代已经浸透了这个世界上的种种，从内到外，一切像柯布生前曾预料的那样如期展开。

# 跋　空谷回声

2013年11月的一天，傍晚时分，哈佛大学设计学院内灯火通明，学生们正在为即将到来的评图准备刷夜做模型和渲染图。突然，白金唱片歌手坎耶·韦斯特出现在五层高的阶梯式绘图教室的底层。学生们不约而同地聚拢过来，或站在台阶上，或在绘图桌后面挤挤挨挨地站成一圈，想听听这位著名的饶舌歌手有何高见。过了一会，他开口了："我只想说，我真的相信这个世界可以靠设计来拯救。我非常清楚这个世界上最不缺乏传统的卫道士，他们对好点子一概排斥，也不缺乏坐在官位上对创造力横加阻拦的人……我衷心敬佩你们这些家伙愿意在这门手艺上花心思，让它精益求精，在创造方面毫不懈怠。来到你们这里，我感到自己都更有灵感了。"[1]

此前几个月，这位偶像歌手曾更加明确地说过他如何从设计中获得灵感，特别是一位建筑师让他佩服得五体投地。他在接受《纽约时报》访谈时说，勒·柯布西耶向现实发出挑战，与过去时代一刀两断，他重新出发，新鲜、干净、简单。

韦斯特说，他自己的音乐就带有这种简洁大胆的气质。“在我这副说唱乐手的皮囊里，”他说，“住着一位极少主义者。”[2]

哈佛大学声望卓著的建筑学院冈德楼中出现了这样一位自称是柯布粉丝的不速之客，一点都不值得奇怪。一代又一代的建筑师从柯布那里汲取灵感，其中很多人直接复制着柯布的方案，效果不尽相同。走进今天每一位执业建筑师的事务所，都极有可能从案头发现《勒·柯布西耶作品全集》的身影。但是，像坎耶·韦斯特这样的大众偶像、当红流行乐手都成了柯布的信徒，说明柯布的影响已经远远延伸到建筑领域之外。

在他生活的时代，勒·柯布西耶就已经是世界闻名的天才建筑师，他把自己的事业带入了名人和巨星的领域，就像一位公共知识分子或学科带头人所能做到的那样。在自我提升、公共宣传和思想传播方面，他无师自通、见识过人；他提出的“新建筑五点”，从自由平面到开放空间，就是一次绝妙的表演，将拗口的概念转化为汽车保险杠标语一般简洁明晰有力量的广告词。他对人造环境的探索包罗万象，不只局限在建筑风格方面，也涵盖了交通、经济、政治、家庭功能、人类福祉、公共卫生和社会住房等多层次、多向度的广大领域，并创立了一系列概念及标准。他为人类住居模式提供的解决方案从模度开始，它决定着个人家庭的设计方针，进而顺畅地发展出若干尺度层级，涵盖了若干家庭组成的集合居住区，再与工作空间和商业空间组合到一起，完成了整个城市的形态构思。他既是作家又是画家，也是雕塑家、设计师和公共演说家。他无所不能。

但时光并不总是友善的。每培养一个粉丝，就伴随着一个诽谤者。到处都有人攻击他是城市的破坏者，他把巴黎中心区全部夷平的想法特别引人嘲笑，让人觉得不可思议。对很多人来说，他的思想和作品是当代设计领域最糟糕的一部分：对造型的迷恋，对人与建筑的关系作出了荒唐的解释，误导了大众，造成彻头彻尾的谬误。住在他设计的房子里，连前门在哪儿都不知道。还有比这更糟糕的：这个世界开始遗忘他，记不起他做过什么，说过什么，给世界带来了什么。在美国，赖特的知名度远远高过柯布，被看作是现代建筑领域先锋人物和现代建筑师的原型。写一本柯布的传记，作者需要不断确认这一主题的受关注程度，以保证潜在的读者群，其实除了一个相对封闭的学者圈子之外，柯布的大名还是鲜有人知。尽管柯布对世界的影响这么大，在各大公司总部、各城市中心忙碌的人群中，听说过他的人还是凤毛麟角。简直不用怀疑，坎耶·韦斯特的粉丝们看到他提起柯布时的满脸崇敬，都会赶紧跑到网上去搜索，看看这位让他们的偶像都一见倾心的人物是何方神圣。

斯人已去，空谷余音。关于柯布身后的传奇——关于他的影响，无论是好是坏，以及他到底是何许人也——没有谁比柯布本人更有发言权，而他似乎在生前就对这一切做了安排。他对个人公众形象的刻意经营，让他在设计领域的全部成就都按照他事先设定的形式被人们了解，而在他去世之前很久，他就开始着手做这件事了。就像一位总统竞选人要早早考虑自己的图书馆里该放些什么书，柯布也早就开始琢磨如何将自己的作品、草图、信件、方案找一个特定的地方妥善保存起来。

1949 年，他给一位朋友的信中这样写道：

> 人生充满意外，说不定什么时候就一病不起……征得夫人同意，我打算将全部财产捐给穷人。但是，我所拥有的全部似乎都是些可以付之一炬的东西。在朗吉瑟－高利大街 24 号（以及塞夫尔大街 35 号的地下室里），我留有大量档案，包括各种东西：绘画、书稿、笔记、游记、影集，等等。我不希望它们某天被流氓劫掠一空，或者部分被毁，那将使之大为逊色，因为它的价值就在于它的完整性……我写这封信的目的是让您考虑此事并请求您，在那一刻来临之际，立刻把这些东西保护起来，或更干脆一点，您不妨直接占有这些资料，免得它们被误用或流落四方。[3]

柯布没有直接继承人，他花费了生命中最后 15 年时间，来构思并发展完善以自己的名字冠名的基金会，所有细节面面俱到。“我声明，为防止不幸与意外的发生，我将全部所有托付于一个管理机构——勒·柯布西耶基金会，或者其他有意义的形式，它将成为一个精神性的机构，意即，一个人毕生事业的保持与延续，”他在 1960 年 1 月这样写道。[4]

勒·柯布西耶基金会于 1968 年正式成立，地址设在拉罗歇别墅，这座房子是 1923 年至 1925 年间为瑞士籍艺术品收藏家拉乌尔·阿尔伯特·拉罗歇设计的，毗邻让纳雷别墅。房子位于巴黎第 16 区的一条窄巷里，当年拉罗歇先生搬进去的时候那里还是巴黎的郊区，如今附近街角小馆子里的午餐牛排已经卖到了 72 欧元一客。拉罗歇别墅已经被改造成一座博物馆，人们到了那里，可以一边欣赏整个建筑的每一个角落，一边欣赏柯布的一些画作。柯布基金会一共持有 8000 份草图、450 幅画作，还有成百上千的文稿、书信和设计方案。艺术家柯布留下的远远不止这些，还有 44 个雕塑和 27 幅挂毯底图，[5]以及保存在个人手中的一些部分，如大学女生从柯布手里抢走的讲座草图及柯布赠给某位女士的画像，当年不管什么东西，只要他觉得有趣，都会匆匆把它画下来。

基金会的办公机构则设在毗邻的让纳雷别墅中，那里收藏了柯布自己的著作以及所有以柯布为主人公或研究对象的书。柯布著作的收藏尤其完整，他一生写下了至少 34 部书，包括他死后出版的那些，其中就有那本自传体的《勒·柯布西耶其人》，也就是柯布去世前亲自编辑，并托罗伯特·勒布塔托转交给欧仁·克劳狄乌斯·珀蒂的、他去世前亲自誊写的手稿。他的一生中也写了不计其数的私人信件，他跟妈妈之间通信尤其频繁，另外还有写给一些亲密友人如威廉·瑞特的。在这些书信里，他倾诉了灵魂深处的秘密，记录了人生各个阶段的种种经历。无论是从职业上还是个人生活上，这都是一笔不可估量的财富。

柯布的公众形象经过了精心的设计，会不时流露出无法遏制的自信，从不轻易妥协。在公众面前，他雄辩滔滔；私底下，特别是在青年时期，他被持续不断的自我怀疑折磨着，甚至濒于抑郁的边缘。时来运转时，他心情一片艳阳高照，对生活和建筑都无比热爱；时乖运舛的时候则一蹶不振，内心常年被积怨壅塞，时常感到一阵阵沮丧袭来。他敏感易怒、至死不改，人们回忆起他来内心经常泛起苦涩，而他在维希时期的经历也常让他不堪回首，他努力去轻描淡写地对待那段经历，甚至刻意将其从记忆中抹除。他对希特勒和犹太人的评价，他与法西斯和鼓吹优生学的极右翼的关联，让他不可挽回地丧失了信用。2010 年，瑞士最大的银行 UBS AG 撤回了一则与勒·柯布西耶有关的广告；苏黎世政府则把中央车站附近一个以他名字命名的广场改了名。[6]

不知从何时起，柯布的 78 座建成作品——分布在 12 个国家，是 300 多个方案中有幸实施的部分[7]——纷纷被整饬一新，成为游人争相参观的对象。其中很多成为历史建筑遗产，更是建筑爱好者的朝圣地。伦佐·皮阿诺在山底下修建了那所游客中心之后，朗香教堂的参观人数排在柯布作品中的第一位，每年约有 8 万人次到此游览。萨伏伊别墅在二战期间差点毁于战火，战后普瓦西镇政府又想用这块地盖一座小学，几乎是九死一生，而今成为他第二受欢迎的作品，每年接待游客约 45 000 人次。根据勒·柯布西耶基金会的统计，拉罗歇别墅每年招待游客的数量大约是 2 万人。法国政府近年耗费数百万欧元，对拉图雷特修道院进行了彻底的整修。马赛公寓 2012 年曾发生火灾，所幸并未伤及主体，至今仍住着 1000 多位居民。游客可以通过“空中食宿”（Airbnb）来预订房间，体验公寓居民的生活；也可以住在公寓中的勒·柯布西耶旅馆里，那里有 20 世纪 50 年代风格的吧台，餐馆中的正餐有九道菜。对于那些希望住进最小房间的客人，经理说她总会先问一个问题：“您在恋爱吗？”柯布设计的屋顶健身房中最近开办了一间画廊。

每逢周六，南特-莱泽单元居住体中都挤满了前来参观的游客。在导游的引导下，他们依次进入一个模仿公寓房间建造的样板间。费尔米尼教堂直到 2006 年才最终建成，连同这里的单元居住体一道，成为建筑朝圣的对象。马丁岬政府发行了海滨小木屋和附近柯布工作室的参观手册。柯布去世后许多年间这里一直完全开放，可随意参观；不过最近发现蓄意破坏行为，因此被栅栏围了起来。海之星酒吧依然营业，游客可租住那五间小木屋，也可到附近艾琳·格蕾的别墅 E-1027 中参观柯布那几幅惹起轩然大波的壁画，它们都被修复并妥善保护起来。歌星阿兰妮斯·莫利塞特主演的一部片子还原了格蕾、巴德维希和柯布之间的纠葛，外景地就是这片海滩，以及重新修复后的E-1027。

在柯布的家乡瑞士，他给父母设计的白色别墅已经归属于一个非营利组织的名下，里里外外都得到了妥善保护。他早年在拉夏德芳设计的其他私人别墅也都仍在使用中，功能上也未有改变。柯布出生的那座公寓仅在门口安装了一个铭牌，那套房间也仍有人居住；公寓底层是一家零售商店。对于这座偏僻的内陆小城来说，勒·柯布西耶、建筑学和城市规划都是遥远的话题，城里唯一称得上是参观景点的地方也许就是那座钟表博物馆。一条孤独的铁路线穿过沃维，湖滨小住宅周末仍向公众开放，它就坐落在通往雀巢总部大厦的道路一侧，附近的山脚下已经盖满了豪华的度假酒店。这座现代主义风格的拖车房，几十年间是他妈妈和哥哥的住所，它那安静的湖畔庭院和柯布著名的取景框都被小心地保护起来，人们花费很多时间进行细致的维修，对墙壁的颜色进行认真的分析。

在苏黎世，海蒂·韦伯博物馆，也就是“勒·柯布西耶中心”，于1967年竣工，这座建筑的业主是室内设计师、艺术收藏家、柯布的忠实拥护者海蒂·韦伯，她在几十年的时间里充当着柯布作品的保护神。她和柯布1958年在马丁岬相识，她委托他设计这座展览馆和画廊，里面展出他的雕塑作品、挂毯设计、家居设计和出版物。他心怀感激，为她设计了一座钢与玻璃的彩色小房子，屋顶由一正一倒两个三角形组成，干净挺括。韦伯为此倾家荡产，卖掉了自己的房子和全部家当，才把这个博物馆造出来，以供图片展示和建筑讲座之用。

对于那些到印度旅行的游客，昌迪加尔往往不在他的旅行路线之上。那里的首府建筑综合体周围有戒备森严的军事防御设施，需要专门的批准才能进入，而拿到这个通行证需要三个以上部门的审批。这座“美丽城市”很大程度上像柯布设想的一样运转着，尽管人口已经达到尼赫鲁当年预计的上限的两倍，而且和印度其他地方一样，仍在持续增长。一些杂乱无章的临时房屋或贫民窟，已经让严格的网络体系的笔直街道变得支离破碎，交通拥挤不堪，跟次大陆上其他地方相比并未有何优势。勒·柯布西耶基金会向联合国教科文组织申请帮助，来维护昌迪加尔和世界上其他国家的柯布建筑。与此同时，从昌迪加尔建筑群中拆下来的门把手、搬出来的家具，甚至检修孔盖，每天都有人拿到拍卖公司或 ebay 上去兜售。2011 年莱特拍卖行就曾上架一个带软垫的柚木沙发，起拍价是 25 000 美元；还有一把来自于行政办公楼的红木文件架，起拍价是 15 000 美元。[8] 发生在昌迪加尔的砸锅卖铁行为引起了印度政府和柯布粉丝团的严正批评，柯布在印度的那些年，培养了一大批追随者和崇拜者，至今香火不绝。这种公开抗议的结果适得其反：大师作品继续零零碎碎地流出，并被标到更高的价格。

最为讽刺的是，柯布觉得最不能了解自己的国家，20世纪三四十年代让他品尝最深刻挫败感的国家，却是他的影响波及最广、效果最显而易见的地方。这就是美国。柯布1925年的瓦赞方案成了美国战后城市规划的样板——花园中的塔楼，高架公路从市中心穿过。马赛公寓被复制了一栋又一栋，可是学得一点都不像，只是开敞空地中一幢幢的塔楼公寓，从布朗克斯到芝加哥南区，整个国土范围内到处都能见到它们的身影。

每座穿城而过的高架桥，每座钢筋混凝土的中心区停车楼，每个城市更新过程中出现的政府办公建筑群，都要感谢勒·柯布西耶的发轫之功。纽约市的首席设计师罗伯特·莫西斯从柯布那里借鉴了一些城市远景设想，他不但建造了一些公共住宅塔楼，也建造了一些巨型板状集合公寓，例如华盛顿广场东南住宅区，就在广场公园的南边。他还从柯布的设计中汲取灵感，设计了布朗克斯高速路，以及其他一些横穿曼哈顿的快速交通系统。莫西斯的曼哈顿中区快速交通系统直接来自于柯布的设计图：架高的城市道路直接沿着建筑的顶层掠过城市，有时也会从建筑中部横穿而过，升降平台和步行道都设置在一个较低的独立层上。不管是大都市还是小城镇，一排一排的传统社区被抹除，为高速公路和宽阔的干道让路，辽阔的空地上十字形的摩天楼拔地而起，一切都像柯布当年为巴黎中心区所做的规划。美国郊区化过程中起到重要作用的高速路－城市干道系统，也和柯布当初构思的别无二致，美国的道路工程师在设计高速路与辅路系统时基本照搬了昌迪加尔的交通网络。这一系统后来顺理成章地成为全美城市郊区化的基本框架。

到处都有人模仿柯布所开创的现代主义风格。希望展示现代风貌的工业企业或国家政府，都忙不迭地从大学毕业生手里抢购他们的半吊子设计，其实这些人只是柯布不成器的追随者，而那些建筑更是三脚猫的仿制品。开发商也喜欢他的风格，因为建造起来成本较低；不管是独栋的公寓大楼还是高速公路下道口的企业总部大厦，去掉了所有装饰，使用混凝土材料，能省下很多钱。整个国土范围内的城市风貌无不与柯布相关。在华盛顿市中心的一个十字路口，街角的四座建筑都体现了如假包换的柯布风：混凝土柱或底层架空柱；平滑无装饰的混凝土立面；带遮阳板的凹入窗洞，就像马赛公寓或昌迪加尔秘书处大楼一样。水平带状的开窗方式，从萨伏伊别墅借鉴而来，出现在无数个郊区企业办公园区的方盒子建筑立面上。

当然，除了柯布之外，建筑领域的现代主义运动还有其他驱动力量。密斯·凡·德·罗那干干净净的玻璃摩天楼定义了城市商务区的形象，弗兰克·劳埃德·赖特的设计则引导了城郊低平伸展的住宅大流行。当年赖特对柯布颇有微词，而柯布则从未回应过。两人间的对手戏在他们故去之后仍不时上演。其实两人有很多相似之处（包括对罗曼史的渴望），只是方式方法不同，而在创新的力度和愿望上则如出一辙。有一个鲜为人知的事实是，古根海姆集团当年曾考虑过把曼哈顿博物馆委托给勒·柯布西耶，后来才交由赖特设计。赖特的方案采用了沿展览空间盘旋而上的连续坡道，跟拉罗歇别墅类似。

柯布的设计对美国的广泛影响普通民众可能一无所知，但是最猛烈的批评者却对他的负面作用一清二楚，他们觉得他滥用了现代主义，让它走向许诺的反面。20 世纪 30 年代从宾夕法尼亚州斯克兰顿搬到格林威治村的城市理论家简·雅各布斯，引领了一场针对柯布全部规划理念的抹黑运动。在 1958 年发表于《财富》杂志的一篇文章中，她对柯布的光辉城市理念发起了猛烈但实事求是的攻击，认为人们用它来制定美国城市中心区的复兴计划是彻头彻尾的错误。这篇文章构成了她 1961 年出版的名著《美国大城市的死与生》的基础。她在文中写道：“那里将永远都是绿意盎然。那里将永远都稳定、匀称、有条不紊。那里将永远整洁、感人、充满纪念精神。那里将跟一个悉心打理的、高贵庄严的墓地一样死气沉沉……这些方案绝不会换来城市中心区的重生，只能让它们死得更加彻底。”[9]

雅各布斯在费城中心东哈勒姆的居住塔楼间穿行，在大风呼啸的空旷广场上漫游，内心被一个不愿面对的事实刺痛：设计师面前摊开的发展规划或设计方案，与现实世界里的真实生活相去何止万里。居民们喜爱的街边商店被扫荡一空。他们在开放空间中缺乏安全感。她说，真正优秀的城市规划，恰好是柯布理想城市的反面：城市的各项功能，不管是店铺、居住区还是工作区，应该混合在一起，而不是像柯布设想的那样彼此分开。最佳的居住密度，不是60层塔楼中的小隔间，而是格林威治村那棕色石饰面的5层街坊式住宅，入口前有门廊，人们可以从那里观看街景，欣赏熙熙攘攘的人群和繁忙的城市生活组成的“人行道芭蕾”。宽阔的马路和高速公路杀死了城市生活；马路必须包括人行道和自行车道，城市居住区必须分布在公共汽车、地铁或轻轨等交通干线附近。柯布的大公园和纪念碑一般无表情的立面抹杀了人类活动的多样性；而较短距离的街区则可让多样性重生——就好像格林威治村，或者柯布希望从地图上抹去的玛海区，它们其实都是健康的城市生活不可或缺的组成部分。最终，需要改变的是自上而下的设计，不能任由城市首席设计师一拍脑袋就单方面作出决定，社区的规划建造过程必须有城市居民的实际参与。

简·雅各布斯的说教已经成为今天城市规划指导方针的一个重要组成部分，《美国大城市的死与生》也成了城市建设的圣经。人体尺度的、混合用途的、交通导向的社区规划在今天广为人知，它的名字就叫“精明增长”（smart growth），它还有个附加的环境效益，因为限制了居民对私人机动车的依赖，而这正是柯布和他的同时代人极力鼓吹的。建设可持续发展的城市，减少碳排放，预防可能出现的气候变化等不良前景，成为今日城市规划的目标。

美国城市复兴运动在物质与精神两方面都归于失败。曼哈顿的上西区，也就是今天林肯中心所在地，以及波士顿政府中心建筑群的西侧一翼都在 20 世纪 50 年代拆毁，见证了城市建设的黑暗时刻。当初这些建筑建起来之时，都精确地奉行着柯布近一个世纪前倡导的推平重建主张。今天，最好的城市规划方案其实都是在修复当时留下的伤口：把空旷的广场填满，拆掉那些穿城而过的高架路——波士顿的中央干线隧道工程、密尔沃基的公园东高速路、洛杉矶的内河码头高速、西雅图的阿拉斯加快速路皆属此类——然后将高耸的塔楼公寓替换成小尺度的、精细化的城市肌理。公园中的塔楼一个接一个地消失了，包括芝加哥著名的卡布里尼—格林住宅区，以及比它还出名的圣路易斯普鲁特艾格社会住宅。后者是雅马萨奇设计的，1954 年建成。这位雅马萨奇正是纽约世贸中心的设计师。普鲁特艾格住宅区包括 33 栋巨大的公寓建筑，周边都是开敞的空地，建造之前特意清理得片甲不留。这是在一个行将衰落的工业城推行的公共住宅解决方案，但是建成之后很快沦为犯罪与毒品交易的天堂，变得无法居住，政府决定于 1972 年开始拆除。房屋被定向爆破，整个过程以影像记录下来，成为错误的城市规划的典型案例，显示了真实生活与设计师一厢情愿的理想之间存在着多么巨大的反差。如果从天空中俯视，人们都不得不承认，普鲁特艾格社会住宅区正是光辉城市的一个美国摹本。与柯布的构思相比，这里只是更加精简，没有任何便利设施和娱乐设施，但水平延伸的板状建筑体量跟马赛公寓如出一辙。没有任何一处比圣路易斯的案例更能警醒人们伟大设计师犯下的低级错误，全美的规划者在这一事件中达成共识：再也不能重蹈覆辙了。

柯布创造的模度人代表着一种人类中心的设计概念，抛出它所有的象征意义不谈，人们经常诟病的恰恰是这套系统经常违反了人的实际使用感受：走廊或门洞口太窄了，卧室太挤了，水盆太浅了，打开龙头就会被水溅湿。柯布的遮阳板系统经常完全失效，逼迫住户临时采用各种办法，或者加装风扇，或者用厚厚的遮阳布把窗户罩起来。屋顶与墙身交接的地方经常漏水。但是人们最不满意的其实不是技术问题，而是现代主义设计本身。不管怎么说，小布尔乔亚的室内沙发就是比塞夫尔大街 35 号设计的高脚椅舒服，就像船形橡胶平底帆布鞋肯定比高跟鞋舒服。水平带状长窗虽然能把外界的景物框定得像一幅画卷，很多时候却让人困扰，因为严重限制了视线，还是竖长布置的传统垂直窗更适合直立的人类身体。勒·柯布西耶曾严厉批评 19 世纪的建筑、室内和家具，如今他提出的替代方案在时间的考验下证明也有很多一厢情愿的成分。向后看看历史，再向前展望未来，我们会明白柯布的一些革命性的设计主张其实是误入歧途，浪费时间。从粗野主义的空白墙壁到水平带状长窗，现代主义者的探索在很多人的眼里成为设计职业中不可重复的死路，一场注定要失败的实验，它给世界上那么多城市留下疤痕，注定要被抹去和遗忘。

反现代主义的狂热暴行一路发展到今天，对当代设计造成了极大影响。随着新传统主义的城市规划和建筑学大行其道，一种家庭作坊般的建筑批评也开始甚嚣尘上。柯布靠他的两个决定性的设计推动了现代建筑的发展，即萨伏伊别墅和朗香教堂；但每当一个新作品出现在人们视野里，势必引来批评，说它们古怪难看。可是，尽管朗香教堂被嘲笑为“天主教车库”，卡彭特中心被比作两架交欢的钢琴，这些恶毒话跟今天的建筑嘲讽相比只能算是毛毛雨。有些建筑被比作腌黄瓜（诺曼·福斯特的瑞士再保险公司伦敦总部大楼），有的被比作高速公路立交桥（雷姆·库哈斯的西雅图公共图书馆），还有扎哈·哈迪德构思的卡塔尔足球场，被比作女性的阴部。黑色预言家詹姆斯·霍华德·昆斯特勒的博客很受欢迎，叫“每月最恶心建筑”，专门刊载勒·柯布西耶的徒子徒孙们设计出来的既难看又难用的建筑作品。事情每况愈下，建筑师职业的遮羞布都被扯得精光。

柯布生活的时代还没有当代建筑师非常依赖的计算机辅助设计，而他又把建筑结构技术和新材料、新施工方法推到极致，在设计中难免留下瑕疵。他在萨伏伊别墅设计过程中经受的来自业主的考验和责难，赖特在他的流水别墅设计中也同样经历过。但在今天，人们似乎都对建筑师犯错误翘首以盼，好拿来当作茶余饭后的谈资。人们津津乐道地四处搜寻看起来有意思的新建筑造型，然后证明它们是多么可笑，多么可怜，多么不切实际。墙身或窗户漏雨。平屋顶的房子在雪荷载的作用下垮掉。公共场所不是阴风飕飕就是烈日暴晒。建筑管理者在墙上贴手写的纸条，防止晕乎乎的使用者迷路。伦敦芬丘奇大街的一栋摩天玻璃楼被称为“死光大厦”，因为它的玻璃立面反射的太阳光融化了停在路边的车辆。贝聿铭的汉考克大厦，波士顿最高建筑，因为玻璃板脱落掉在路边的人行道上，人们对此冷嘲热讽，不肯善罢甘休；直到今天，这座大厦的底层仍然狂风大作，无法逗留。在这里经常见到手持特制小风帆的滑板爱好者，他们发现这里风大，街道特别适合滑行。弗兰克·盖里设计的麻省理工学院斯塔特中心有着东倒西歪的造型，这让在这座建筑中工作的超级学者诺曼·乔姆斯基一坐在自己的办公桌前就头晕。他之前在20号大楼办公，那是一栋第二次世界大战之后建成的房子，与这个新大楼相比，让他好不怀念。

在这些质疑背后，其实不可否认，今日的“明星建筑师”，例如盖里、库哈斯和丹尼尔·李布斯金，似乎憋足了劲要搞一场建筑界的军备竞赛，一个比一个极端，一个比一个烧脑。所谓的“生物形态建筑学”逐渐成了舞台上的主角，它们有着波浪起伏的泡泡状身躯，拉斯·斯波布鲁克在荷兰设计的银亮亮的 Son-O-House 最能代表这种时髦倾向，相比之下，朗香教堂显得娴静又驯良。对造型的迷恋席卷世界上各大设计学院，也逼迫当代建筑师加入这场无止境的角逐，人们就像嗑了药一样沉溺其中。这向我们提出了一个核心问题：21世纪的建筑师到底应该成为什么？是做一个彻头彻尾醉心于自我表现的音乐家，就像加利·库柏在根据安·兰德的小说《源泉》改编的同名电影中那样，还是表现出更多的合作精神，收敛膨胀的自我意识，不再个个自命为社会变革的始作俑者？这个世界并不需要那么多变幻无常的造型和轰动性的博物馆来让所有城市都成为“世界级”，更需要可持续发展的城市和普通人住得起的房子。

伦敦的年轻设计师阿拉斯泰尔·帕尔温是“维基房屋”团队的成员，这是一个开源的建造平台，允许用户下载建筑部件的三维模型，并通过3D打印手段制造出来。按他们的话说，这是“真正的大型宜家装配体系”，继续发展下去，很可能终结传统的房屋设计建造模式，即业主支付高昂的设计费给个别建筑师，由后者为富有的业主建造独一无二的私人住宅。帕尔温说：“我们正在开启未来的建造模式，届时身边随处都是工厂……每个人都是一个建筑师团队。”[10] 全新的现代技术与传统的自家仓库的建造方法在此相遇，若将之应用于缓解当今严重的城市居住问题，也许能创造出一种全新的“众包建筑学”。在这个新世界的图景中，几乎没有像勒·柯布西耶这样的个人主义英雄的位置，再也不需要某个人来调配所有资源，控制每一个细节。但是，在这个严谨而朴素的新世界，也再不会产生朗香教堂那样的杰作了。

但是现代主义并未死亡，我们仍然能在塔吉特公司的货架上，在宜家的样板间里，在时尚家居杂志 *Dwell* 的封面上，在设计类博客和 Pinterest 这样的视觉社交网站上见到它的踪迹。国家历史遗产信托中心（The National Trust for Historic Preservation）近来发起了一项关于现代主义建筑的纪念活动，很多 20 世纪中期的现代建筑都入选了地标建筑的名录。萨伏伊别墅已经走过了 80 多个年头，今天看上去仍然是个美丽的居住机器。屋顶花园、自由平面的居住模式和车库如今已经无处不在，使用者似乎不费吹灰之力就接受了这些看似出格的新概念。勒·柯布西耶开启的事业，仍有相当大的一部分继续发挥着作用，需要我们认真地加以研究。如果不加辨别，把现代主义者的洗澡水连同孩子一起泼掉，是非常危险的。

无论是在建筑学还是城市规划领域，柯布身后发生的种种不好的事有多少应归咎于他，也仍然未有定论。那些模仿马赛公寓的设计往往不是用心之作，因而品质拙劣，既没有对居民人数作出精心的计算，也没有相应的附属设施如面包店和小学校，因而一开始就注定走向失败的命运。美国人更是没有得到柯布本人的指导，也没有配备使用说明书，这样的居住模式对居民来说根本就是被动接受。柯布的设计有宏大的世界观做支撑，立意深远、细节完善，有别于后来那些花哨拙劣的一次性山寨之作。

“勒·柯布西耶什么都尝试，什么都做得很漂亮。他是一位真正的大师。”在迈阿密开业的建筑师、柯布的崇拜者安德烈·杜安尼说。通过朗香教堂、昌迪加尔政府办公建筑群、马赛公寓那充满动感的立面和斯特拉斯堡议会宫那从地面盘旋到屋顶上的坡道，柯布为当代建筑学“播撒了种子”，在很多方面影响深远。杜安尼接着说，柯布对人造环境的态度背后有一以贯之的总体哲学构思，其深邃程度远远超过了单纯的形式探索。“万事万物之间充满了关联、彼此支持，它们结合在一起，共同组成了我们身边这个充满了种种体验和现象的世界——理论、经济、政治、美学、哲学，无一例外。现在的明星建筑师似乎只是一招鲜，从未有过类似的总体构思。试问理查德·迈耶和弗兰克·盖里的设计哲学是什么？他们从来都没思考过城市问题。他们有的只是造型花招。”[11]

杜安尼这个人，熟悉他的人会惊讶于他竟然会是柯布的粉丝。他是新城市主义协会（Congress for the New Urbanism，CNU）的创始人之一，该机构致力于新传统主义的城镇规划、混合功能的地产开发，是简·雅各布斯教义的奉行者，刚好处在柯布城市观念的对立面。但他认为，柯布以及他创建的 CIAM 有很多值得敬仰的地方。CNU 的组织架构就是模仿 CIAM 建立的。像 CIAM 一样，CNU 也有自己的章程，定期召开会议，并向政府寻求支持，推行它的反郊区化理念，就像当年 CIAM 试图说服市长和官僚们接受现代主义一样。杜安尼认为，CIAM 诸位先驱当年的努力让现代主义深深地烙印在世界各地的建成环境中。“他们建立了新的范式，改变了整个世界，以后这种情形大概不会发生了。从交通组织方式到看待城市的方式，都打开了新的视角，例如容积率和密度的概念。对全世界的人们来说，这都是一套通用语言，借助它，人们可以彼此交流，没有障碍。”

新城市主义者们为自己制定了一个新的目标，反对现代主义的教条，但是他们采用的方法与现代主义者如出一辙。但 CIAM 已经被证明是成功的，对于无意识形态差别的实用主义者来说，成功与否才是唯一重要的问题。“我是在柯布的观念下成长起来的一代人，”杜安尼说，“我崇拜关于他的一切。我控制不了自己。”

兰斯·菏西也是一位建筑师，同样不赞成瓦赞方案那冷冰冰的现代主义。他是著名建筑师事务所 RTKL 的可持续问题负责人，也是《绿之形：美学、生态与设计》一书的作者。表面上看，他的观念似乎与柯布相去甚远，但他仍然对柯布的模度体系赞赏有加。他认为，模度体系的度量标准的确存在一些问题，如对身材高大者空间运动自由度的支持欠佳；但模度体系赖以建立的基础即黄金分割比，一直以来都是优秀设计的保证，甚至已经成为形而上学层面的指导原则。借助模度体系，这一古老的美学原则得以新生。菏西最近痴迷于一项新的设计科学研究，探讨为何一个神奇的比例 5:8 在美学上对人产生独特的吸引力：不管是书的开本、iPhone 的机身、巴黎圣母院的立面和万神庙，还是蒙娜丽莎的脸庞，都是依照这个比例来确定的。[12] 柯布以几何和数学为基础建立了设计美学的神秘信念，这条道路无疑是正确的，发展到今天，又出现了分形和混沌理论——例如一根树枝、一束闪电、一个三角洲和一张波洛克的画中呈现出来的有机形式，可能都是由这些数学规则来决定的。很明显，好的设计中一定存在某种普遍性的道理，能让人感觉到幸福，帮助减轻压力，迅速恢复活力。通过深入探讨毕达哥拉斯定理和斐波那契数列，柯布希望找到适合我们周遭环境的最佳形式语言。在瓦赞方案那些高高矗立的60层塔楼顶上有阶梯状的屋顶花园和一望无际的风景，那就是他为我们准备的幸福的礼物。那些不屈不挠的批评者从未达到过这样的物质与精神高度；受限于狭隘的心胸，他们眼里只有大破坏，却看不到更加崇高的东西。

但是，对于21世纪的城市来说，勒·柯布西耶的精神财富中最重要的就是在居住模式方面的创造性探索，他比同时代人更早意识到必须以超大尺度来应对每年涌入城市的数百万人口，满足他们的安居需求。

为什么柯布在这方面的贡献特别重要？因为世界已然以一种戏剧化的方式进入了“城市纪元”。这个星球上的人口有一半住在城市里。可这并非终点。据推测，从2050年到21世纪末之间，城市人口会达到地球总人口的2/3，届时地球总人口将达到90亿人，而城市人口则将达到60亿，与今天地球的总人口相当。这60亿人的命运将很大程度上取决于城市的空间设计：住房与基础设施的整合水平，包括开放空间与公园、街道尺度与交通系统、基础环卫系统和排污系统、饮用水系统，以及技术和信息管理系统的建设水平。

未来的超级城市可能不会是伦敦、纽约或东京，它们应该会出现在中国、印度或非洲大陆。那里的人口规模可能不会是1000万甚或2000万，而会达到4000万或更多。

可是绝大多数城市对即将到来的人口爆炸式增长毫无准备。纽约大学教授、林肯土地政策研究所访问学者什洛莫·安吉尔对全球城市的扩张方式进行了记录。他在著作《城市星球》和《城市扩张地图集》中，呼吁制定更好的规划方针，以使城市的扩张更加合理，否则大量涌入的城市人口必将挤进低于标准水平的贫民窟里，一旦这种情况发生，城市将积重难返，无法进入下一步的转型程序。安吉尔进一步向联合国人类住区规划署提出建议，希望有关部门针对发展中国家的下一轮城市扩张做出部署，促使各国政治领袖对未来50年的城市发展做出规划，开辟宽达半英里的主要干道，现在就动手从城市周边区域征用土地，制定合理的详细规划。鉴于未来的城市化可能会占用大量的土地资源，安吉尔提出的这些建议具有突出的现实意义。他说，尽管柯布的瓦赞方案备受指摘，但他对未来城市化的尺度和规模的思考很可能是正确的。柯布眼里的图景要比平常人宏大多了。未来的城市发展要求我们具备同样的区域战略眼光，而不是把思维限于一时一地。

既然这样的未来不可避免，那么当前最紧要的问题就是为数以百万计的城市外来人口提供体面的、可负担的住房，而且要适合快速建造。想想看，数以百万计的低收入阶层人口涌入城市地区，将是未来时日里发展中国家面临的最严峻考验，不管是亚洲国家还是撒哈拉沙漠以南的非洲国家。而这恰恰证明了柯布的远见卓识，他的光辉城市方案和单元居住体难道不就是为了应对这种局面而诞生的吗？他当然是为了应对他那个时代的具体问题，即第二次世界大战所造成的巨大破坏，以及战后人们对栖身之所的迫切需求。如今摆在我们面前的重大任务是21世纪的超级城市，但来自乡村的外来人口一定会出于对美好生活的追求为自己和家人寻找体面的住房，这一点与柯布时代的境况何其相似。

马赛公寓的居住单元紧凑且具有极高的使用效率，这是由两个基本原则决定的：第一，每套公寓房间都能够满足使用者全部的生活需求；第二，居住单元的组合方式（酒瓶架结构）能够适应批量制造生产方式，且能以预制的方法降低成本。这一思路跟当今精品酒店的发展目标非常类似，例如纽约的哈德逊连锁酒店，即在有限的空间内通过最小化的客房设计来获取最大化的居住单元数量，来提高空间使用效率。这正是未来的城市必须解决的问题。规划领域中的“密度”这个术语听起来干巴巴的，但它却是决定城市未来的核心概念——一定要让城市的人口密度和土地使用密度保持在合理的水平，既不能太高也不能太低。目标是让城市能够有效地发挥作用，同时为人民的安居乐业打下坚实的基础。马赛公寓的居住密度大概是每英亩125人，与巴黎和纽约大体持平。世界上的城市各不相同，制定一个统一的密度标准并不明智，但从现实出发，我们可以认为未来的城市区域只要能保持与马赛公寓相似的平均人口密度，则大体不会出错。但是，在这样高密度的公寓和其他类型建筑设计中有一个至关重要的因素，就是设计师务必要为使用者提供充足的便利设施和人性化设计。优异的密度设计，能有效地提高居住密度，又不会让使用者感觉到丝毫拥挤。

严格地说，柯布是在寻求可批量生产的城市形态，整饬并高效，建立在可无限扩展的网格体系之上，以精心设计的居住单元为细胞，让居民品尝到生活的快乐。他心里非常明白，在这个星球上，并不是每人都有条件拥有一小块土地来建造自己的房屋，那么不如接受现实，努力通过合理的设计让普通人过上体面的日子。

一些人坚决反对建筑师和规划师扮演上帝的角色，将个人化的秩序观念强加给发展中的地球城市。像简·雅各布斯一样，很多理论家认为自上而下的规划模式与大尺度的集合住宅本身注定要失败，作为替代方案，人类的居住模式必须允许有机的自发组织，就像非正式住宅区或棚户区中那样。根据联合国的统计，全球大概有一百万居民生活在棚户区、城乡接合部和临时住房里。在撒哈拉南部的非洲地区，大约2/3的城市外来人口直接住进贫民窟，他们在无主之地随意住下，用波纹金属板和纸包装箱搭起临时的棚子，就这样成了城市的一分子。那些用不着日复一日生活在这种环境中的人，很容易对这里的建筑形态产生浪漫化的理解。的确，它们实现了功能上的经济性和完整性的统一，但同时也是无法直视的贫穷、痛苦和疾病的温床，缺少最基本的社会服务如公共卫生、饮用水和电力供给。我们难道不能做得更好吗？

作为一种替代方案，马赛公寓在人口密度和空间效率上的优势已经被人们清楚地认识到了。纽约市发起“微型住居”（micro-housing）运动，其中包含一个设计竞赛，为单身一族设计一个仅有 300 平方英尺（约 28 平方米）的居住空间，跟马赛公寓中单身住宅的大小差不多。纽约正在意识到严重的住房危机，现有居住区中的居民数量正在经历两倍到三倍的增长，让居住条件变得异常糟糕；其他城市如波士顿和洛杉矶也争相效仿，不断提高居住密度和居住区的土地使用效率。当然，亚洲的一些国家如日本，在探索超高密度居住环境和最小化房间设计方面早就积累了丰富的经验。

有时人们会把当代超高效率居住环境方面的探索归功于柯布的启发。丹麦建筑师、BIG 建筑师事务所的创始人比贾克·英格尔斯直接把“8 字住宅区”这一类设计的鼻祖推定为勒·柯布西耶，这是一个超级巨型的居住区，好像是马赛公寓和“洛克和罗伯”度假酒店方案的合体。这个居住区中每个单元都有很好的景观、独立的室内和室外空间、充足的阳光和新鲜空气，且都塞进了一个超高密度的综合体中。有时我们虽看不到柯布但他无处不在，最近有人为吉隆坡设计了一组集合住宅中就有他的身影。这个设计中塔楼都是上宽下窄，把地表空间让出来作为公园，种植着郁郁葱葱的植物。它的设计师是托马斯·西斯维克，他在描述这个方案的构思的时候，听口气好像是他自己想出来的。

没关系。重要的是，关于城市和建筑的新观念、新方法层出不穷。城市扩张的速度太快了，城市发展的规模太大了，必须有同这一进程相匹配的创新思维。从这个角度看，勒·柯布西耶的思考方式和解决方案对世界仍然极富价值。他把设计当作艺术创作看待，却并未因此而丧失严肃的现实感。他能在做出选择和判断之后折回原地，再探索其他方向，如此往复不停，举一反三。他喜欢出现在施工现场；他时时刻刻都在进行修正和完善，匆忙但有条不紊。本质上，他是个破坏大王，拒绝接受任何陈规陋习，带着鲜明的紧迫感走在创新之路上。

“创造，就是平心静气，上下求索，”柯布曾经这样说。人类仍未找到十全十美的居住模式，人们仍在探索，寻找高效的解决方案。尽管生前死后都要面对那么多的贬损和嘲弄，带着圆眼镜的老建筑师仍然有话要说，他的无私告诫，对我们来说都是金玉良言。这世上总有人认定他是城市的毁灭者，他们对他恶语相向，让他的观念蒙羞、价值受到贬抑。可是，这个星球仍然慷慨地为他留出一条归路，让他重新回到我们中间。他回来了，面无愠色，心平气和。

# 注 释

## 序 初涉尘世

1 Josephine Baker and Jo Bouillon, *Josephine*, trans. Mariana Fitz patrick (New York: Harper & Row, 1977), p. 81.

2 Jean-Louis Cohen and Timothy Benton, *Le Corbusier, Le Grand* (London and New York: Phaidon, 2008), p. 254.

3 Tim Benton, *The Villas of Le Corbusier, 1920–1930* (London and New Haven, CT: Yale University Press, 1987).

4 William Wiser, *The Crazy Years: Paris in the Twenties* (New York: Atheneum, 1983).

5 John D. Rosenberg, ed., *The Genius of John Ruskin*, 2nd ed. (Charlottesville: University of Virginia Press, 2000), p. 91.

6 H. Allen Brooks, *Le Corbusier's Formative Years: Charles-Edouar Jeanneret at La Chaux-de-Fonds* (Chicago: University of Chicago Press, 1997).

7 出处同上。

8 Le Corbusier, *Precisions on the Present State of Architecture and City Planning* (Cambridge, MA: MIT Press, 1991), p. 91.

9 Sambal Oelek, *L'enfance d'un architecte* (Paris: Éditions du Linteau, 2008).

10 Brooks, *Le Corbusier's Formative Years*.

11 Nicholas Fox Weber, *Le Corbusier: A Life* (New York: Alfred A. Knopf, 2008).

12 出处同上。

13 Ivan Žaknić, ed. and trans., *Journey to the East: Le Corbusier*, rev. ed. (Cambridge, MA: MIT Press, 2007), p. 216.

14 Cohen and Benton, *Le Corbusier, Le Grand*, p. 184.

15 出处同上 , p. 99.

16 Weber, *Le Corbusier: A Life*, p. 15.
17 出处同上 , pp. 292, 294–95.
18 出处同上 , p. 294.

## 壹 小试啼声

1 Flora Samuel, *Le Corbusier: Architect and Feminist* (Chichester, West Sussex, England, and Hoboken, NJ: Wiley-Academy, 2004).
2 Noel Riley Fitch, *Walks in Hemingway's Paris: A Guide to Paris for the Literary Traveler* (New York: St. Martin's Press, 1989).
3 Le Corbusier, letter to William Ritter, 1917, Fondation Le Corbusier, Paris, France.
4 Weber, *Le Corbusier: A Life*.
5 出处同上 , p. 143.
6 Cohen and Benton, *Le Corbusier, Le Grand*, p. 112.
7 出自柯布 1918 年 3 月给父母的信。勒・柯布西耶基金会提供。
8 Cohen and Benton, *Le Corbusier, Le Grand*, p. 112.
9 Weber, *Le Corbusier: A Life*.
10 Cohen and Benton, *Le Corbusier, Le Grand*.
11 出处同上。
12 出处同上。
13 Le Corbusier, "Plan Voisin, Paris, 1925: The Street," Fondation Le Corbusier, available at http://goo.gl/vW04hg.
14 出处同上。
15 Le Corbusier, *The City of Tomorrow and Its Planning*, trans. Frederick Etchells (Cambridge, MA: MIT Press, 1971[1929]).
16 Le Corbusier, *Urbanisme* (Paris: Flammarion, 2011[1925]).
17 Marybeth Shaw, "Promoting an Urban Vision: Le Corbusier and the Plan Voisin" (master's thesis, Massachusetts Institute of Technology, 1991).
18 Le Corbusier, *The City of Tomorrow and Its Planning*, p. 258.
19 出处同上。
20 Willet Weeks, *The Man Who Made Paris Paris: The Illustrated Biography of Georges-Eugene Haussmann* (London: London House, 1999).
21 Stephane Kirkland, *Paris Reborn: Napoléon III, Baron Haussmann, and the Quest to Build a Modern City* (New York: St. Martin's Press, 2013), p.117.
22 出处同上 , p. 191.
23 Weber, *Le Corbusier: A Life*.
24 Le Corbusier, *The Final Testament of Père Corbu*, ed. Ivan Žaknić (New Haven, CT: Yale

University Press, 1997), p. 21.
25 Charlotte Perriand, *A Life of Creation: An Autobiography* (New York: Monacelli Press, 2003), p.23
26 Antonio Amado, *Voiture Minimum: Le Corbusier and the Automobile* (Cambridge, MA: MIT Press, 2011).
27 Perriand, *A Life of Creation*.
28 出处同上。

## 贰 技惊四座

1 出自本书作者在 2013 年 10 月 11 日对皮埃尔·萨伏伊侄女 Monique Valery 的采访。
2 Jean-Louis Cohen, *Le Corbusier: An Atlas of Modern Landscapes* (New York: Museum of Modern Art, 2013).
3 Josep Quetglas, *Les Heures Claires: proyecto y arquitectura en la villa Savoye, de Le Corbusiery Pierre Jeanneret* (Sant Cugat del Vallès, Barcelona, Spain: Associació d'Idees, Centre d'Investigacions Estètiques, 2008).
4 Dominique Amouroux, *The Villa Savoye* (Paris: Éditions du Patrimoine,2011).
5 José Baltanás, *Walking through Le Corbusier: A Tour of His Masterworks* (London: Thames & Hudson, 2005), p. 13.
6 Cohen and Benton, *Le Corbusier, Le Grand*, p. 29.
7 Jean-Louis Cohen, *Le Corbusier, 1887–1965: The Lyricism of Architecture in the Machine Age* (Cologne: Taschen, 2006).
8 Cohen, *Le Corbusier: An Atlas of Modern Landscapes*, p. 60.
9 出处同上 , p. 62.
10 Cohen and Benton, *Le Corbusier, Le Grand*.
11 Brooks, *Le Corbusier's Formative Years*, p. 238.
12 Cohen and Benton, *Le Corbusier, Le Grand*.
13 Cathleen McGuigan, "*A View with a Room*," *Architectural Record*, September2013, http://archrecord.construction.com/community/editorial/2013/1309.asp.
14 Cohen, *Le Corbusier: An Atlas of Modern Landscapes*, p. 262.
15 Linda Wagner-Martin, *Favored Strangers: Gertrude Stein and Her Family* (New Brunswick, NJ: Rutgers University Press, 1995), p. 179.
16 Jacques Sbriglio, *Le Corbusier: la Villa Savoye* (Paris: Fondation Le Corbusier; Basel and Boston: Birkhäuser, 1999), p. 45.
17 出处同上。
18 Le Corbusier, *Precisions on the Present State of Architecture and City Planning*.
19 Sbriglio, *Le Corbusier: la Villa Savoye*.

20 出处同上 , p. 97.
21 Le Corbusier, *Toward an Architecture*, trans. John Goodman (Los Angeles:Getty Research Institute, 2007), p. 235.
22 Weber, *Le Corbusier: A Life*, p. 580.
23 Cohen, *Le Corbusier, 1887–1965*, p. 53.
24 Cohen and Benton, *Le Corbusier, Le Grand*, p. 282.
25 Weber, *Le Corbusier: A Life*, p. 580.
26 柯布 1934 年 4 月 29 日给母亲的信（勒・柯布西耶基金会提供），转引自 Cohen and Benton, *Le Corbusier, Le Grand*, p. 286.
27 出自作者在 2013 年 10 月 11 日对 Monique Valery 的采访。
28 欧仁尼・萨伏伊 1936 年 9 月 7 日给柯布的信。勒・柯布西耶基金会提供。
29 欧仁尼・萨伏伊 1937 年 10 月 11 日给柯布的信。勒・柯布西耶基金会提供。
30 Amouroux, *The Villa Savoye*.
31 柯布 1937 年给皮埃尔・萨伏伊的信。勒・柯布西耶基金会提供。
32. 出自作者在 2013 年 10 月 11 日对 Monique Valery 的采访。

## 叁 有客东来

1 Mardges Bacon, *Le Corbusier in America: Travels in the Land of the Timid*(Cambridge, MA: MIT Press, 2001).
2 Geoffrey T. Hellman, “From Within to Without,” *The New Yorker*, April 26,1947.
3 出处同上。
4 Le Corbusier, *When the Cathedrals Were White: A Journey to the Country of Timid People* (New York: Reynal & Hitchcock, 1947), p. 35.
5 Le Corbusier, “A Noted Architect Dissects Our Cities,” *New York Times*, January 3, 1932.
6 Hellman, “From Within to Without.”
7 “French Architect Shows Work Here,” *New York Times*, October 25, 1935.
8 Bacon, *Le Corbusier in America*, p. 55.
9 Hellman, “From Within to Without.”
10 Bacon, *Le Corbusier in America*.
11 出处同上 , p. 61.
12 Cohen and Benton, *Le Corbusier, Le Grand*.
13 Le Corbusier, *When the Cathedrals Were White*, p. 142.
14 Bacon, *Le Corbusier in America*, p. 99.
15 出处同上 , p. 115.
16 Cohen and Benton, *Le Corbusier, Le Grand*.
17 Le Corbusier, *When the Cathedrals Were White*, p. 168.

18 Cohen and Benton, *Le Corbusier, Le Grand*, p. 302.

19 George A. Dudley, *A Workshop for Peace: Designing the United Nations Headquarters* (New York: Architectural History Foundation; Cambridge, MA: MIT Press, 1994).

20 Charlene Mires, *Capital of the World: The Race to Host the United Nations* (New York: New York University Press, 2013).

21 Dudley, *A Workshop for Peace*.

22 Kenneth Frampton, "Le Corbusier's Designs for the League of Nations, theCentrosoyus, and the Palace of the Soviets, 1926–1931," in *Palais de la Société des Nations, Villa les Terrasses, and Other Buildings and Projects, 1926–1927* (New York: Garland Publications; Paris: Fondation Le Corbusier, 1982).

23 Dudley, *A Workshop for Peace*, p. 48.

24 Cohen, *Le Corbusier: An Atlas of Modern Landscapes*.

25 Raul Barreneche, "Oscar Niemeyer, 1907–2012," *Architectural Record*, December 11, 2012.

26 *A Workshop for Peace* (Peter Rosen Productions with UN Department of Public Information, 2011), United Nations Webcast film, 54:01, posted September 7, 2011, http://www.unmultimedia.org/tv/webcast/2011/09/a-workshop-for-peace.html.

## 肆 明珠暗投

1 Roger Price, *A Concise History of France* (Cambridge: Cambridge University Press, 2014), p. 298.

2 Hervé Laroche, "Divided France," *History of the Second World War,* Part 42, 1973.

3 Weber, *Le Corbusier: A Life*, p. 427.

4 Michael Robert Marrus and Robert O. Paxton, *Vichy France and the Jews* (New York: Basic Books, 1981), p. 53.

5 Weber, *Le Corbusier: A Life*.

6 Cohen and Benton, *Le Corbusier, Le Grand*.

7 出处同上。

8 出处同上 , p. 236.

9 Carola Hein, *The Capital of Europe: Architecture and Urban Planning for the European Union* (Westport, CT: Praeger, 2004).

10 Le Corbusier and Pierre Jeanneret, *Oeuvre Complet de 1910–1929* (Zurich: Les Editions d'Architecture [Artemis]), 1964.

11 Eric Paul Mumford, *The CIAM Discourse on Urbanism, 1928–1960* (Cambridge, MA: MIT Press, 2000).

12 Cohen and Benton, *Le Corbusier, Le Grand*.

13 出处同上 , p. 85.

14 出自本书作者 2014 年 10 月 11 日在巴黎时 *A Walking Guide of Occupied Paris: The Germans and their Collaborators* 一书作者 Alan Marty 的采访。

15 Robert Fishman, *Urban Utopias in the Twentieth Century: Ebenzer Howard, Frank Lloyd Wright, Le Corbusier* (Cambridge, MA: MIT Press, 1982).

16 Laurence Bertrand Dorléac, *Art of the Defeat: France, 1940-1944*(Los Angeles: Getty Research Institute, 2008).

17 Cécile Desprairies, *Paris dans la collaboration* (Paris: Seuil, 2009).

18 出处同上。

19 Laroche, "Divided France."

20 Peter Clericuzio, "Le Corbusier and the Reconstruction of Saint-Dié: The Debate over Modernism in France, 1944-46," *Chicago Art Journal* 20 (2010): 46-71. Available at http://goo.gl/IUUYjZ.

21 Weber, *Le Corbusier: A Life*.

22 出处同上。

## 伍 东山再起

1 Cohen and Benton, *Le Corbusier, Le Grand*, p. 418.

2 Cohen, *Le Corbusier, 1887-1965*, p. 58.

3 Weber, *Le Corbusier: A Life*, pp. 569-70.

4 "Unité d'Habitation, Marseille, France, 1945," Fondation Le Corbusier, http://goo.gl/BcoRo4.

5 Cohen and Benton, *Le Corbusier, Le Grand*, p. 420.

6 "Corbu," *Time*, May 5, 1961.

7 "Happy Hive," *Time*, February 2, 1948.

8 "Unité d'Habitation, Marseille, France, 1945."

9 Lance Hosey, "Why We Love Beautiful Things," *New York Times*, February15, 2013.

10 Cohen and Benton, *Le Corbusier, Le Grand*, p. 379.

11 Le Corbusier, *Le Modulor: essai sur une mesure harmonique a l'echelle humaine applicable universellement a l'architecture et a la méchanique* (Basel: Birkhäuser, 2000 [1950]), p. 17.

12 出处同上 , p. 58.

13 出处同上 ; "Unité d'Habitation, Marseille, France, 1945."

14 Jacques Sbriglio, *Le Corbusier: The Unité d'Habitation in Marseille* (Basel: Birkhäuser; London: Springer, 2004).

15 "Happy Hive."

16 "Corbu."

17 出处同上。

## 陆 海角天涯

1 Jean-François Lejeune and Michelangelo Sabatino, eds., *Modern Architecture and the Mediterranean: Vernacular Dialogues and Contested Identities* (London and New York: Routledge, 2010), p. 94 .

2 "Monaco," *The World Factbook*, Central Intelligence Agency, https://www.cia.gov/library/publications/the-world-factbook/geos/mn.html.

3 "Disparition Le Pirate de la nuit s'en est allé, et l'insouciance del la Côte avec," *Nice-Matin*, March17, 2010,
http://www.nicematin.com/article/societe/disparition-le-pirate-de-la-nuit-sen-est-alle-et-linsouciance-de-la-cote-avec.2241.html.

4 "Film Traveller Côte d'Azur: Film Memories at Hotel Le Roquebrune," YouTube video, 3:37, posted by "Jonathan Melville," April 9, 2013, http://goo.gl/owi4Qq.

5 Judith Thurman, "Scenes from a Marriage," *The New Yorker*, May 23, 2005.

6 Alice Rawsthorn, "Eileen Gray, Freed from Seclusion," *New York Times*, February 24, 2013. 另见展览画册 *Eileen Gray* (Paris: Centre Pompidou, 2013).

7 Alastair Gordon, "Le Corbusier's Role in the Controversy over Eileen's Gray's E.1027," *Wall Street Journal*, August 19, 2013.

8 Niklas Maak, *Le Corbusier: The Architect on the Beach* (Munich: Hirmer, 2011).

9 Weber, *Le Corbusier: A Life*, p. 240.

10 出处同上。

11 Alan Read, ed., *Architecturally Speaking: Practices of Art, Architecture, and the Everyday* (New York: Routledge, 2000).

12 Samuel, *Le Corbusier: Architect and Feminist*, p. 37.

13 Read, ed., *Architecturally Speaking*, p. 147.

14 Weber, *Le Corbusier: A Life*.

15 出自作者 2012 年 8 月 30 日在马丁岬对罗伯特·勒布塔托的采访。

16 Cohen, *Le Corbusier: An Atlas of Modern Landscapes*.

17 Cohen, *Le Corbusier, 1887–1965*, p. 63.

18 Cohen, *Le Corbusier: An Atlas of Modern Landscapes*, p. 222.

19 出处同上。

20 Weber, *Le Corbusier: A Life*, p. 580.

21 Cohen, *Le Corbusier: An Atlas of Modern Landscapes*, p. 222.

## 柒 圣女玛丽

1 Flora Samuel and Inge Linder-Gaillard, *Sacred Concrete: The Churches of Le Corbusier* (Basel:

Birkhäuser, 2013), p. 82.

2 Danièle Pauly, *Le Corbusier: The Chapel at Ronchamp* (Basel: Birkhäuser, 1997).

3 Association de l'Oeuvre Notre-Dame du Haut, *Ronchamp: The Pilgrimage Church of Notre-Dame du Haut by Le Corbusier*, trans. Katherine Taylor (Regensburg, Germany: Schnell & Steiner, 2008).

4 出处同上。

5 柯布在 1917 年给威廉·瑞特的信。勒·柯布西耶基金会提供。

6 Samuel and Linder-Gaillard, *Sacred Concrete*.

7 出自作者在 2012 年 8 月 28 日对朗香多特花园酒店所有者 Emmanuel Georges 的采访。

8 Pauly, *Le Corbusier: The Chapel at Ronchamp*, pp. 121–22.

9 Maak, *Le Corbusier: The Architect on the Beach*, p. 16.

10 Samuel, *Le Corbusier: Architect and Feminist*, p. 120.

11 Weber, *Le Corbusier: A Life*, p. 67.

12 J. K. Birksted, *Le Corbusier and the Occult* (Cambridge, MA: MIT Press, 2009).

13 Žaknić, ed. and trans., *Journey to the East*, p. 179.

14 Deborah Gans, The Le Corbusier Guide (Princeton, NJ: Princeton Architectural Press, 1987).

15 Samuel and Linder-Gaillard, *Sacred Concrete*, p. 124.

16 出处同上 , p. 123.

17 Cohen, *Le Corbusier: An Atlas of Modern Landscapes*, p. 218.

18 Adrian Forty, *Concrete and Culture: A Material History* (London: Reaktion, 2013), p. 188.

19 Maak, *Le Corbusier: The Architect on the Beach*, p. 9.

20 出处同上。

21 *Chapelle Notre-Dame du Haut Ronchamp*, Association Oeuvre Notre-Dame du Haut, 2012, http://s343802320.onlinehome.fr/_valide/chapelle/wp-content/uploads/2012/01/DP_anglais.pdf.

22 Cohen and Benton, Le Corbusier, Le Grand, p. 574.

## 捌 昌迪加尔

1 Cohen, *Le Corbusier: An Atlas of Modern Landscapes*.

2 Lawrence J. Vale, *Architecture, Power, and National Identity* (New Haven, CT: Yale University Press, 1992), p. 106.

3 出处同上 , p. 107.

4 Weber, *Le Corbusier: A Life*, p. 536.

5 出处同上。

6 出处同上 , p. 542.

7 出处同上 , p. 545.

8 出处同上。

9 Dennis Sharp, "Obituary: Minnette de Silva," *Independent,* December 14, 1998.
10 Cohen and Benton, *Le Corbusier, Le Grand*, p. 518.
11 Cohen, *Le Corbusier: An Atlas of Modern Landscapes*, p. 382.
12 出处同上 , p. 384.
13 Weber, *Le Corbusier: A Life*, p. 597.
14 Brooks, *Le Corbusier's Formative Years*.
15 Cohen and Benton, *Le Corbusier, Le Grand*, p. 489.
16 *Edict of Chandigarh, Statute of the Land*, Museum of the City of Chandigarh, Chandigarh, India.
17 Le Corbusier, *Toward an Architecture*.

## 玖 重返美国

1 Andrew L. Yarrow, "Nathan Pusey, Harvard President through Growth andTurmoil Alike, Dies at 94," *New York Times*, November 15, 2001.
2 Gökcan Demirkazik, "A Bauhaus Return to the Carpenter Center," *Harvard Crimson*, March 5, 2013.
3 Eduard F. Sekler and William J. R. Curtis, *Le Corbusier at Work: The Genesis of the Carpenter Center for the Visual Arts* (Cambridge, MA: Harvard University Press, 1978).
4 出处同上 , p. 46.
5 出处同上 , p. 43.
6 出处同上 , p. 47.
7 出处同上。
8 出处同上 , p. viii.
9 出处同上 , p. 49.
10 出处同上。
11 出处同上。
12 出处同上。
13 "Corbu at Harvard," *Time*, November 30, 1959.
14 Sekler and Curtis, *Le Corbusier at Work*, p. 52.
15 出处同上 , p. 96.
16 Le Corbusier Correspondence CCVA, Sert Collection, Frances Loeb Library, Harvard University, Folder E-34.
17 出自作者 2013 年 3 月 30 日对普利策建筑评论奖获得者 Robert Campbell 的采访。
18 出自作者 2013 年 4 月 17 日对建筑史学家 William J. Curtis 的采访。
19 Sekler and Curtis, *Le Corbusier at Work*, p. 169.
20 出处同上 , p. 174.
21 出处同上 , p. 218.

22 Ada Louise Huxtable, "Bold Harvard Structure; Le Corbusier's Carpenter Visual Arts Center Collides with Colonial Charm," *New York Times*, May28, 1963.
23 出自作者 2013 年 4 月 17 日在剑桥对 William J. Curtis 的采访。
24 Sekler and Curtis, *Le Corbusier at Work*, p. 53.
25 出自作者 2013 年 3 月 30 日在剑桥时对 Robert Campbell 的采访。
26 Le Corbusier, *Creation Is a Patient Search* (New York: Praeger, 1960).

## 拾 鼎成人去

1 出自作者 2013 年 10 月 1 日在巴黎对柯布友人 Patrice Tocme 的采访。
2 André Wogenscky, *Le Corbusier's Hands* (Cambridge, MA: MIT Press, 2006), p. 27.
3 Weber, *Le Corbusier: A Life*.
4 出处同上。
5 出处同上 , p. 18.
6 出处同上。
7 出处同上 , p. 713.
8 出处同上。
9 出处同上。
10 Le Corbusier, "Musée National des Beaux Arts de l'Occident a Tokyo" (1956), proposal booklet for the Musée National d'Art Occidental, Tokyo,Japan, Fondation Le Corbusier.
11 Le Corbusier, "Musée du XXe Siècle" (1931), proposal booklet for the Musée du XXe Siècle, Nanterre, France, Fondation Le Corbusier.
12 Le Corbusier, "Rho Olivetti" (1964), proposal booklet for the Olivetti Centre de Calculs Électroniques, Rho, Italy, Fondation Le Corbusier.
13 Hashim Sarkis, *Le Corbusier's Venice Hospital* (Munich: Prestel, 2001).
14 出自柯布 1963 年 2 月给玛格丽特・哈里斯的信。勒・柯布西耶基金会提供。
15 出自作者 2013 年 10 月 1 日在巴黎对尤素福・卡什遗产基金会策展人 / 馆长 Jerry Fielder 的采访。
16 Le Corbusier, "D'Orsay—Paris" (1961), proposal booklet for the Hôtel et Palais des Congrès, Paris, France, Fondation Le Corbusier.
17 出自作者 2012 年 8 月 27 日对马丁岬罗克博鲁尔酒店 Le Roquebrune 共同所有人 Patricia Marinovich 的采访。
18 Weber, *Le Corbusier: A Life*, p. 763.
19 Wogenscky, *Le Corbusier's Hands*, p. 8.
20 Mary McLeod, "Le Corbusier and Columbia, 1961" (presentation, *"Le Corbusier/New York" Symposium of the American* Institute of Architects New York Chapter, Museum of Modern Art, and Center for Architecture, New York, June 8, 2013).

21 Weber, *Le Corbusier: A Life*.
22 Jerzy Soltan, "Working for Le Corbusier," in *Le Corbusier: The Garland Essays*, ed. H. Allen Brooks (New York: Garland, 1987), p. 16.
23 Weber, *Le Corbusier: A Life*, p. 9.
24 出处同上 , p. 764.
25 出自作者 2012 年 8 月 30 日在马丁岬对罗伯特·勒布塔托的采访。
26 Weber, *Le Corbusier: A Life*, p. 703.
27 Le Corbusier, *The Final Testament of Père Corbu*.
28 出处同上 , p. 25.
29 Weber, *Le Corbusier: A Life*, p. 11.
30 出处同上 , p. 13.

## 跋 空谷回声

1 Scott Lapatine, "Watch/Read Kanye West's Lecture at the Harvard Graduate School Of Design,"Stereogum, November 17, 2013, http://www.stereogum.com/1569581/watchread-kanye-wests-lecture-at-the-harvard-graduate-school-of-design/video/.
2 Jon Caramanica, "Behind Kanye's Mask," *New York Times,* June 11, 2013.
3 "History," Fondation Le Corbusier, http://goo.gl/sq9l7W.
4 出处同上。
5 Cohen and Benton, *Le Corbusier, Le Grand*.
6 Bradley S. Klapper, "Nazi Praise Sparks Swiss Rethink of Le Corbusier," Associated Press, October 6, 2010.
7 Cohen and Benton, *Le Corbusier, Le Grand*.
8 Julie Lasky, "Chandigarh on the Block," *Design Observer*, March 28, 2011,http://goo.gl/sq9l7W.
9 Jane Jacobs, "Downtown Is for People," *Fortune*, May 1958; republished September18, 2013, http://features.blogs.fortune.cnn.com/2011/09/18/downtown-is-for-people-fortune-classic-1958/.
10 Alastair Parvin, "Architecture for the People by the People," TED Talk, 13:11, filmed February 2013, http://www.ted.com/talks/alastair_parvin_architecture_for_the_people_by_the_peop
11 Author interview with Andres Duany, in Miami, January 6, 2014.
12 Hosey, "Why We Love Beautiful Things."

# 译名对照表

## 序 初涉尘世

路特西亚号［邮轮］ Lutetia
约瑟芬·贝克 Josephine Baker
［柯布西耶家的一位祖先］布鲁塞尔的勒柯贝西耶先生 Monsieur Lecorbesier of Brussels
阿德利娜·勒库弗勒 Adrienne Lecouvreur
弗兰克·劳埃德·赖特 Frank Lloyd Wright
塞夫尔大街 rue de Sèvres
乐蓬马歇［百货商店］ Le Bon Marché
皮埃尔·让纳雷 Pierre Jeanneret
夏洛特·佩里昂 Charlotte Perriand
《时尚芭莎》 *Harper's Bazaar*
《走向新建筑》 *Vers une architecture*
布宜诺斯艾利斯赛马会 Jockey Club
维多利亚·欧坎珀 Victoria Ocampo
豪尔赫·路易斯·博尔赫斯 Jorge Luis Borges
［巴黎著名夜店］"莫德的森林" Maud de Forest
［约瑟芬·贝克的绰号］女野人 La emme Sauvage
［约瑟芬·贝克的绰号］黑色维纳斯 The Black Venus
香榭丽舍剧院 Théâtre des Champs-Élysées
蔚蓝海岸 Côte d'Azur
朱利奥·切萨雷号［轮船］ Guilio Cesare
舒格洛夫山 Sugarloaf Mountain
［柯布西耶的家乡］拉夏德芳 La Chaux-de-Fonds
夏尔·莱普拉特涅 Charles L'Eplattenier
工艺美术运动 Arts and Crafts Movement
约翰·拉斯金 John Ruskin
［瑞士西部城市］纳沙泰尔 Neuchâtel
汝拉山区 Jura Mountains
"钟表社经营制" établissage
［柯布西耶之父］乔治-爱德华·让纳雷-格里斯 Georges-Édouard Jeanneret-Gris
［柯布西耶之母］玛丽-夏洛特-艾米莉·佩雷 Marie-Charlotte-Amélie Perret
［柯布西耶的兄长］阿尔伯特 Albert
［柯布西耶的小名］"豆豆" Doudou
［柯布西耶的阿姨］宝莲 Pauline
路易－约瑟夫·雪弗兰 Louis-Joseph Chevrolet
里昂·佩兰 Leon Perrin
［意大利］艾玛山谷 Vald'Ema
卡尔特修道院 Carthusian monastery
［瓦格纳歌剧］《齐格弗里德》 Siegfried
古斯塔夫·马勒 Gustav Mahler

史蒂芬广场　Stephansplatz
特罗卡德罗广场　Trocadéro
西岱岛　Île de la Cité
厄内斯特·勒南　Ernest Renan
《耶稣的一生》　*The Life of Jesus*
威廉·瑞特　William Ritter
彼得·贝伦斯　Peter Behrens
通用电气公司透平机车间　AEG Turbine Factory
路德维希·密斯·凡·德·罗　Ludwig Mies van der Rohe
沃尔特·格罗庇乌斯　Walter Gropius
卡米洛·西特　Camillo Sitte
奥古斯特·克利珀斯坦因　Auguste Lipstein
[希腊国内一个特殊的神权自治共和国]
圣山　Mount Athos
帕提侬神庙　Parthenon
伊冯娜·嘉莉　Yvonne Gallis
达姆皮埃尔–伊夫林　Dampierre-en-Yvelines
佩比托·阿巴提诺　Pepito Abatino

## 壹　小试啼声

圣日耳曼大道　Saint-Germain-des-Prés
雅各布街　rue Jacob
《新精神》　*L'Esprit Nouveau*
格特鲁德·斯泰因　Gertrude Stein
柯莱特　Colette
娜塔丽·巴尼　Natalie Barney
巴勃罗·毕加索　Pablo Picasso
司各特·菲茨杰拉德　F. Scott Fitzgerald
花神咖啡馆　Café de Flore
可可·香奈尔　Coco Chanel
厄内斯特·海明威　Ernest Hemingway
双叟咖啡馆　Les Deux Magots
圣伯努瓦[小酒馆]　Le Petit Saint-Benoit
波拿巴大街　rue Bonaparte
蒙马特高地　Montmartre
阿梅代·奥曾方　Amédée Ozenfant
纯粹主义　purism
“立体主义之后”　Après le cubisme (After Cubism)
[法国葡萄酒产地]圣艾米利翁　Saint-Émilion
马蒂斯　Henri Matisse
塞尚　Paul Cézanne
斯坦培克　John Ernst Steinbeck
多米诺住宅　Maison Dom-ino
雪铁龙住宅　Maison Citrohan
雪铁龙　Citroën
戈多街　rue Godot
别墅大楼　Immeubles Villas
亨利·弗吕日　Henri Fruges
[法国城市]佩萨克　Pessac
“三百万人口的城市”　City for Three Million People
罗夏墨迹测验　Rorschach test
瓦赞方案　Plan Voisin
加布里埃尔·瓦赞　Gabriel Voision
鲁道夫·瓦伦蒂诺　Rudolph Valentino
墨利斯·雪佛莱　Maurice Chevalier
[巴黎著名的贫民窟]玛海区　Le Marais
孚日广场　Place des Vosges
雷恩街　rue de Rennes
乔治–欧仁·奥斯曼　Georges-Eugène Haussmann
万森纳林园　Bios de Vincennes
布洛涅林园　Bois de Boulogne
巴黎歌剧院　L' Opéra
加尼叶歌剧院　Palais Garnier
夏尔·加尼叶　Charles Garnier
佩雷尔[家族]　Péreire
卡米耶·毕沙罗　Camille Pissarro

维克多·雨果　Victor Hugo
夏尔·波德莱尔　Charles Baudelaire
卢森堡公园　Jardin du Luxembourg
[19 世纪美国政治经济学家] 亨利·乔治　Henry George
现代工业与装饰艺术国际博览会　International Exposition of Modern Industrial and Decorative Arts
新艺术运动　art nouveau
装饰艺术风格　art deco
克莱斯勒大厦　Chrysler Building
“新精神馆”　L'Esprit Nouveau
[美国家居品牌] 奎恩佰瑞　Crate & Barrel
费尔南·莱热　Fernand Léger
巴比伦街　rue de Babylone
拉斯帕伊林荫道　boulevard Raspail
路特西亚饭店　Hôtel Lutetia
圣日耳曼老夫人咖啡馆　grande dame of Saint-Germain
里沃利街　rue de Rivoli
杜乐丽花园　Jardin des Tuileries
阿斯托街　rue d'Astorg
圣伊格内斯教堂　Saint-Ignace Church
格列高利圣咏　Gregorian chants
皮埃尔·让纳雷　Pierre Jeanneret
日内瓦美术学院　L'École des Beaux-Arts
圣叙尔比斯教堂　Saint-Sulpice
秋季沙龙　Salon d'Automne
“家里的小酒吧”　Bar sous le Toit
查尔斯·伊姆斯和蕾·伊姆斯夫妇　Charles & Ray Eames
马歇尔·布劳耶　Marcel Breuer
LC4 号躺椅　LC4 chaise longue
“最小化汽车”　Voiture Minimum
乔治·坎迪利斯　Georges Candilis
纳达尔·阿方索　Nadir Afonso
坂仓准三　Junzo Sakakura
何塞·路易斯·塞尔特　Josep Lluís Sert

## 贰 技惊四座

皮埃尔·萨伏伊　Pierre Savoye
古斯塔夫·格拉斯　Gustave Gras
伦敦劳合社保险公司　Lloyd's
欧仁尼·萨伏伊　Eugénie Savoye
[法国城市] 里尔　Lille
夏尔·戴高乐　Charles de Gaulle
[凡尔赛] 拉保利俱乐部　La Boulie
[康涅狄格州] 费尔菲尔德县　Fairfield County
普瓦西　Poissy
星形广场　L'Étoile
伊夫林地区　Yvelines
罗伯特·马莱－斯蒂文斯　Robert Mallet-Stevens
保罗·波烈　Paul Poiret
维利尔斯城堡　Château de Villiers
阿弗莱市　Ville-d'Avray
亨利·丘奇　Henry Church
芭芭拉·丘奇　Barbara Church
勒内·沙帕雷　René Chapallaz
路易斯·法莱　Louis Fallet
阿尔伯特·斯托策　Albert Stotzer
尤利斯－朱尔·雅克梅　Ulysse-Jules Jaquemet
白色别墅　Maison Blanche
乔治·法夫尔－雅科　Georges Favre-Jacot
[瑞士西部城市] 勒洛克勒　Le Locle
西瓦和大万 [钟表厂]　Cyma and Tavannes
安纳托·施沃布　Anatole Schwob
“土耳其屋”　Villa Turque
雷耶大道　avenue Reille
蒙索利斯仓库　Montsouris reservoir
乌尔·阿尔伯特·拉罗歇　Raoul Albert La

Roche
雅克·里普希兹　Jacques Lipchitz
勃拉克　Georges Braque
[ 巴黎第 16 大区 ] 奥特尔　Auteuil
拉罗歇住宅　Villa La Roche
古根海姆博物馆　Guggenheim Museum
[ 柯布自创的 ] 建筑配色系统　polychromie
“漫步建筑”　architectural promenade
[ 瑞士地名 ] 雷沙布雷　Les Chables
[ 瑞士地名 ] 蒙特勒　Montreux
[ 瑞士地名 ] 科尔索　Corseaux
[ 瑞士地名 ] 里维埃拉　Riviera
湖滨别墅　Villa Le Lac
[ 湖滨别墅的别称 ] 小房子　La Petite Maison
迈克尔·斯泰因　Michael Stein
加布丽埃勒·德蒙齐　Gabrielle de Monzie
加歇　Garches
[ 巴黎第 16 大区 ] 布洛涅苏塞纳镇　Boulogne-sur-Seine
威廉·爱德华兹·库克　William Edwards Cook
乔治·格什温　George Gershwin
[ 一家壁纸公司 ] 萨鲁巴　Salubra
《今日建筑》杂志　*L'Architecture d'Aujourd'hui*
《建筑》杂志　*L'Architecte*
救世军大楼　Cité de Refuge
朗吉瑟－高利大街　rue Nungesser et Coli
罗兰加洛斯体育场　Roland Garros Stadium
布洛涅森林　Bois de Boulogne
[ 巴黎 ] 莫利特门　Porte Molitor
王子公园体育场　Parc des Princes
圣克洛公园　Parc de Saint-Cloud
[ 柯布西耶的宠物狗 ] 邦梭　Pinceau
[ 巴黎地铁站名 ] 米歇尔街 - 昂日街 - 奥特尔街　Michel-Ange-Auteuil
[ 巴黎 ] 贾维尔区　Javel
布拉萨依　Brassaï

## 叁 有客东来

豪华邮轮诺曼底号　SS Normandie
镜宫　the Hall of Mirrors
纽约现代艺术博物馆　Museum of Modern Art
弗兰克·辛纳屈　Frank Sinatra
丹尼尔·伯恩汉姆　Daniel Burnham
瓦瑟学院　Vassar College
苏维埃宫　Palace of the Soviets
罗伯特·雅各布斯　Robert Jacobs
路易斯·沙利文　Louis Sullivan
光辉城市　Ville Radieuse
大都会人寿保险公司大楼　Metropolitan Life Insurance Company Tower
伍尔沃思大厦　Woolworth Building
克莱斯勒大厦　Chrysler Building
洛克菲勒中心　Rockefeller Center
雷蒙德·胡德　Raymond Hood
帝国大厦　Empire State Building
威廉·兰姆　William F. Lamb
[ 北加州地名 ] 温斯顿塞勒姆　Winston-Salem
雷诺烟草控股公司　R. J. Reynolds Tobacco Company
罗伯特·莫西斯　Robert Moses
公园大道高速交通系统　parkway system
莎拉·纽梅耶　Sarah Newmeyer
约瑟夫·阿尔索普　Joseph Alsop
纳尔逊·奥尔德里奇·洛克菲勒　Nelson Aldrich Rockefeller
华莱士·哈里逊　Wallace K. Harrison
华尔道夫酒店　Waldorf Astoria
阿诺德·洛斯坦因　Arnold Rothstein
[ 美国康涅狄格州 ] 达连湾　Darien
长岛海峡　Long Island Sound

玛格丽特·哈里斯　Marguerite Harris
理查德·雅德　Richard Tjader
布林茅尔学院　Bryn Mawr College
奥弗顿·哈里斯　Overton Harris
西奥多·德莱塞　Theodore Dreiser
《方向》　*Direction*
希拉里 [· 哈里斯 ]　Hilary
[ 瑞士地名 ] 沃韦　Vevey
乔治·华盛顿桥　George Washington ridge
普拉斯基高架桥　Pulaski Skyway
普拉特岛　Pratt Island
韦兹沃尔斯博物馆　Wadsworth Atheneum
卫斯理公会大学　Wesleyan University
科普里广场酒店　Copley Plaza Hotel
路易斯·阿姆斯特朗　Louis Armstrong
贝聿铭　I. M. Pei
约翰·汉考克大厦　John Hancock Tower
约翰·肯尼迪总统图书馆和博物馆　John F. Kennedy Presidential Library and Museum
鲍登学院　Bowdoin College
阿尔伯特·巴恩斯博士　Dr. Albert Barnes
布扎风格　Beaux-Arts
蒙纳德诺克大厦　Monadnock Building
厄普顿·辛克莱　Upton Sinclair
《屠宰场》　*The Jungle*
德雷克酒店　Drake Hotel
壮丽大道　Magnificent Mile
湖滨大道　Lake Shore Drive
科德角小屋餐厅　Cape Cod Room
草原住宅　Prairie style
广亩城市　Broadacre City
埃罗·沙里宁　Eero Saarinen
[ 圣路易斯 ] 拱门　Gateway Arch
纽约肯尼迪国际机场 TWA 候机楼　TWA Flight Center at JFK airport in New York
匡溪艺术学院　Cranbrook Academy of Art
郁金香椅　Tulip Chair
诺尔家具公司　Knoll
利弗鲁日　River Rouge
《当大教堂是白色的时候：在怯懦者的国度旅行》　*When the Cathedrals Were White: A Journey to the Country of Timid People*
哥谭饭店　Gotham Hotel
老佛爷号邮轮　MS Lafayette
[ 美国纽约州 ] 韦斯切斯特县　Westchester County
[ 纽约皇后区 ] 法拉盛草地　Flushing Meadows
“血巷”　Blood Alley
威廉·泽肯道夫　William Zeckendorf
蒙地卡罗夜总会　Monte Carlo nightclub
[ 马萨诸塞州 ] 伍斯特市　Worcester
迈金、米德和怀特建筑师事务所　McKim, Mead & White
巴黎美术学院　École des Beaux-Arts
盖尔·苏瓦耶　Gyle Soilleux
加斯东·布朗法尔　Gaston Brunfaut
厄内斯特·科米尔　Ernest Cormier
斯万·马克留斯　Sven Markelius
霍华德·罗伯特森　Howard Robertson
胡里奥·维拉马霍　Julio Vilamajó
尼古拉·巴索夫　Nikolai Bassov
雷电华大楼　RKO Building
“后屋男孩”　back-room boys
德尔·佩佐　Del Pezzo
奥斯卡·尼迈耶　Oscar Niemeyer

## 肆　明珠投暗

雷乃·拉科斯特　René Lacoste
亨利·考克特　Henri Cochet

香榭丽舍大街　Champs-Élysées
阿登高地　Ardennes
贡比涅　Compiègne
布洛涅－比扬古镇　Boulogne-Billancourt
欧容　Ozon
亨利－菲利普·贝当　Henri-Philippe Pétain
蒙托瓦尔－上卢瓦尔　Montoire-sur-le Loir
公园饭店　Hôtel du Parc
皮埃尔·赖法尔　Pierre Laval
弗朗索瓦·达尔朗　François Darlan
约瑟夫·达尔南　Joseph Darnand
“法国民兵”　Milice
让·吉罗杜　Jean Giraudoux
亚历克西·卡雷尔　Alexis Carrel
圣特罗佩　Saint-Tropez
姆伦丁方案　constructions murondins
[法国左派政治团体]青年团　Les Jeunes
巴黎世博会新时代馆　Temps Nouveaux
[法国东南部城市]格勒诺布尔　Grenoble
“复兴法国”组织　Redressement Français
亚的斯亚贝巴　Addis Ababa
朱塞佩·柏台　Giuseppe Bottai
[莫斯科]中央局大厦　Centrosoyus
消费合作社中央联盟　Central Union of Consumer Cooperatives
构成主义运动　Constructivist Movement
国际现代建筑协会　Congrès International d'Architecture Moderne，CIAM
西格弗雷德·吉迪翁　Sigfried Giedion
海伦娜·德·芒德罗　Hélène de Mandrot
卡尔·莫瑟尔　Karl Moser
恩斯特·梅　Ernst May
拉萨拉兹堡　Château de La Sarraz
阿尔瓦·阿尔托　Alvar Aalto
“祖国号”邮轮　SS Patris
《雅典宪章》　*Charter of Athens*
杰基·索尔丹　Jerzy Soltan
“民族阵线”　National Front
夏尔·特罗胥　Charles Trochu
阿诺·布赫克　Arno Breker
约瑟芬咖啡馆　Café Josephine
谢尔什－米迪大街　Rue du Cherche-Midi
建筑革新职业协会　Association des Constructeurs pour la Rénovation Architecturale (ASCORAL)
拉乌尔·多特里　Raoul Dautry
[法国东部城市]孚日圣迪耶　Saint-Dié-des-Vosges
[意大利小城]墨西拿　Messina
城市与建筑使命小组　Mission on Architecture and Urbanism
[法国战后临时政府所在地]拉罗舍尔　La Rochelle

## 伍　东山再起

[马赛]单元居住体　Unitéd'Habitation
“粗混凝土”　béton brut
[蒙德里安的画作]《百老汇爵士乐》　Broadway Boogie Woogie
凯瑟琳·赫本　Katharine Hepburn
亨弗莱·鲍嘉　Humphrey Bogart
[电影]《非洲女王号》　The African Queen
[柯布西耶的城市构想之一]“垂直城市”　the vertical city
欧仁·克劳狄乌斯·珀蒂　Eugène Claudius-Petit
[法国中部小城]费尔米尼市　Firminy
安德烈·沃根斯基　André Wogenscky
斯特拉迪瓦里小提琴　Stradivarius violin
《维特鲁威人》　*Vitruvian Man*
莱昂·巴蒂斯塔·阿尔伯蒂　Leon Battista Alberti

《贝奥武夫》 *Beowulf*
米兰三年展设计博物馆 Milan Triennale Design Museum
[马赛]米什莱林荫大道 boulevard Michelet
[法国城市]南特 Nantes
光辉大厦 Maison Radieuse
加布里埃勒·谢罗 Gabriel Chéreau
[南特市地名]莱泽 Rezé
家宅公司 La Maison Familiale
勒·柯布西耶保育院 École Maternelle Publique Le Corbusier
[法国东北部城市]布里埃 Briey

## 陆 海角天涯

马丁岬 Roquebrune-Cap-Martin
格里马尔迪家族 Grimaldi clan
阿莫甘西特 Amagansett
康斯坦丁诺·尼沃拉 Constantino Nivola
夏尔·维勒 Charles Vaile
拉葆沙 La Pausa
休·格罗夫纳 Hugh Grosvenor
[伦敦]梅费尔区 Mayfair
罗伯特·斯特莱茨 Robert Streitz
艾琳·格蕾 Eileen Gray
[艾琳·格蕾设计的扶手椅]"龙椅" dragon chair
伊迪丝·琵雅芙 Edith Piaf
玛丽·路易斯·达米安 Marie Louise Damien
让·巴德维希 Jean Badovici
《活力建筑》杂志 *L'Architecure Vivante*
[法国地名]勒毕垓 Le Piquey
[法国地名]维泽莱镇 Vézelay
玛丽·玛德琳娜 Saint Mary Magdalene
[意大利边城]芒通 Menton
[柯布画笔下的阿尔及尔女性]卡斯巴女人 femmes de casbah
海之星[餐馆] L'Étoile de Mer
托马斯·勒布塔托 Thomas Rebutato
[柯布在马丁岬给自己设计的]海滨小木屋 le cabanon

## 柒 圣女玛丽

威廉·布莱克 William Blake
朗香 Ronchamp
玛利－阿兰·库蒂里耶 Marie-Alain Couturier
布勒芒山 Bourlemont Hill
高地圣母教堂 l'Œuvre Notre Dame du aut
[巴黎]圣心教堂 Sacré-Cœur
[法国地名]阿尔萨斯 Alsace
安东尼·高迪 Antoni Gaudí
[巴塞罗那]圣家族教堂 Sagrada Família
[芝加哥]橡树公园 Oak Park
唯一神教堂 Unity Temple
[巴黎地名]勒兰西 Le Raincy
圣母神慰小堂 Notre Dame de la onsolation
[威尼斯]玫瑰园小教堂 Chapel of the Rosary
沙尔特大教堂 Chartres Cedex
[法国地名]圣博姆 Sainte-Baume
拉撒路 Lazarus
阿尔勒 Arles
圣马迪拉莫 Saintes-Maries-de-la-Mer
爱德华·特鲁安 Édouard Trouin
约翰·凯奇 John Cage
《当代建筑与城市规划中的精确性》 *Precisions on the Present State of Architecture and City Planning*
[法国地名]朗格多克 Languedoc
清洁派 Cathars

阿尔比派　Albigensian
教皇英诺森特三世　Pope Innocent III
多明我会　Dominican Order
共济会　Masonic lodges
[ 法国地名 ] 埃维克斯　Éveux-sur-l'Arbresle
拉图雷特圣玛丽修道院　monastery of Sainte-Marie de La Tourette
[ 法国地名 ] 勒托罗纳　Le Thoronet
西多会　Cistercian
圣皮埃尔教区教堂　Parish Church of Saint-Pierre
弗兰克·盖里　Frank Gerhy
[ 意大利 ] 千禧年小教堂　Jubilee Church

## 捌　昌迪加尔

[ 印度北部城市 ] 西姆拉　Shimla
贾瓦哈拉尔·尼赫鲁　Jawaharlal Nehru
阿尔伯特·迈耶　Albert Mayer
刘易斯·芒福德　Luwis Mumford
住宅研究协会　Housing Study Guild
马修·诺维茨基　Matthew Nowicki
马克斯韦尔·弗莱　Maxwell Fry
简·德鲁　Jane Drew
[ 美国加州 ] 鲍德温山　Baldwin Hills Village
[ 美国马里兰州 ] 格林贝尔特　Greenbelt
埃比尼泽·霍华德　Ebenezer Howard
雷蒙德·昂温　Raymond Unwin
弗雷德里克·劳·奥姆斯特德　Frederick Law Olmsted
苏赫那湖　Sukhna Lake
[ 印度旁遮普邦东部城市 ] 伯蒂亚拉　Patiala
海德薇格·劳伯　Hedwig Lauber
明妮特·德·席尔瓦　Minnette de Silva
[ 印度中部城市 ] 艾哈迈达巴德　Ahmedabad
巴克里斯纳·多西　Balkrishna Doshi
马诺拉玛·萨拉巴伊　Manorama Sarabhai
塞阿穆巴伊·肖特汉　Shyamubhai Shodhan
“ 美丽城市 ”　City Beautiful

## 玖　重返美国

内森·普西　Nathan Pusey
詹姆斯·布莱恩特·科南特　James Bryant Conant
查尔斯·艾略特·诺顿　Charles Eliot Norton
查尔斯·赫伯特·摩尔　Charles Hertert Moore
佛格美术馆　Fogg Museum
[ 毕加索的画作 ]《格尔尼卡》　Guernica
罗德岛艺术学院　Rhode Island School of Design
帕森斯设计学院　Parsons The New School for Design
罗宾逊楼　Robinson Hall
法罗楼　Farlow House
阿尔弗雷德·卡彭特　Alfred St. Vrain Carpenter
麦克乔治·邦迪　McGeorge Bundy
查尔斯河　Charles River
路易斯·康　Louis Kahn
保罗·鲁道夫　Paul Rudolph
粗野主义　Brutalism
卡彭特视觉艺术中心　Carpenter Center for the Visual Arts
圭勒莫·胡里安·德·拉·福恩特　Guillermo Jullian de la Fuente
约翰·哈佛　John Harvard
威德纳图书馆　Widener Library

纪念教堂 Memorial Church
洛叶布楼 Loeb House
昆西街 Quincy Street
查尔斯·宝凡弛 Charles Bulfinch
新乔治亚风格 neo-Georgian
亨利·詹姆斯 Henry James
塞佛楼 Sever Hall
亨利·霍布森·理查德森 H. H. Richardson
普雷斯科特街 Prescott Street
约翰·柯立芝 John Coolidge
威廉·勒梅萨里尔 William LeMessurier
[加拿大]新斯科舍省 Nova Scotia
阿达·路易斯·赫克斯特布尔 Ada Louise Huxtable
索奈特椅 Thonet chair
《连接》杂志 *Connection*
哈克尼斯公共食堂 Harkness Commons
霍利奥克中心 Holyoke Center
史密斯校园中心 Smith Campus Center
皮伯蒂公寓 Peabody Terrace towers
威廉·詹姆士楼 William James Hall
雅马萨奇 Minoru Yamasaki
约翰·安德鲁 John Andrews
冈德楼 Gund Hall
波士顿市政厅 Boston City Hall
[波士顿]奥尔斯顿区 Allston
拉里·萨默斯 Larry Summers
伦佐·皮阿诺 Renzo Piano

## 拾 鼎成人去

飞利浦馆 Philips Pavilion
国立东京西方艺术博物馆 National Museum of Western Art
“无止境博物馆” infinite museum
塞纳河畔讷伊 Neuilly-sur-Seine
加乌尔别墅 Maisons Jaoul
意大利好利获得公司 Olivetti company
[米兰卫星城]罗镇 Rho
[威尼斯]圣约伯区 San Giobbe
菲德尔·卡斯特罗 Fidel Castro
美洲联盟 America Union
联合平版印刷公司 Amalgamated Lithographers
尤素福·卡什 Yousuf Karsh
[巴黎]奥赛火车站 Gare d’Orsay
荣勋宫美术馆 Legion of Honor Museum
勒内·古龙 René Coulon
吉拉梅·吉莱 Guillaume Gillet
圣特罗佩 Saint Tropez
[纽约]晨边高地 Morningside Heights
雅克·安德梅耶 Jacques Hindermeyer
奥齐布洛 Ozieblo
“神圣自毁” sacred suicide
安德烈·马尔罗 André Malraux

## 跋 空谷回声

《勒·柯布西耶其人》 *Le Corbusier lui-même*
阿兰妮斯·莫利塞特 Alanis Morissette
海蒂·韦伯博物馆 Heidi Weber Museum
曼哈顿古根海姆博物馆 SolomonR. Guggenheim Museum in Manhattan
[美国宾夕法尼亚州地名]斯克兰顿 Scranton
简·雅各布斯 Jane Jocobs
《美国大城市的死与生》 *The Death and Life of Great American Cities*
东哈勒姆 East Harlem
“精明增长” smart growth
林肯中心 Lincoln Center
中央干线隧道工程 Central Artery

[ 密尔沃基 ] 公园东高速路　Park East Expressway
[ 洛杉矶 ] 内河码头高速　Embarcadero
[ 西雅图 ] 阿拉斯加快速路　Alaskan Way Viaduct
[ 芝加哥 ] 卡布里尼 - 格林住宅区　Cabrini-Green
[ 圣路易斯 ] 普鲁特艾格社会住宅　Pruitt-Igoe
詹姆斯·霍华德·昆斯特勒　James Howard Kunstler
[ 麻省理工学院 ] 斯塔特中心　Stata Center
诺曼·乔姆斯基　Noam Chomsky
丹尼尔·李布斯金　Daniel Libeskind
生物形态建筑学　biomorphic architecture
拉斯·斯波布鲁克　Lars Spuybroek
阿拉斯泰尔·帕尔温　Alastair Parvin
维基房屋　WikiHouse
众包建筑学　crowdsourced architecture
[ 美国大型零售商 ] 塔吉特公司　Target
国家历史遗产信托中心　The National Trust for Historic Preservation
安德烈·杜安尼　Andrés Duany
新城市主义协会　Congress for the New Urbanism，CNU
兰斯·菏西　Lance Hosey
《绿之形：美学、生态与设计》　*The Shape of Green：Aesthetics，Ecology，and Design*
林肯土地政策研究所　Lincoln Institute of Land Policy
什洛莫·安吉尔　Shlomo Angel
《城市星球》　*Planet of Cities*
《城市扩张地图集》　*Atlas of Urban Expansion*
“ 微型住居 ”　micro-housing
比贾克·英格尔斯　Bjarke Ingels
“8 字住宅区 ”　8 House
托马斯·西斯维克　Thomas Heatherwick

luminocity.cn

光明城

LUMINOCITY

“光明城”是同济大学出版社城市、建筑、设计专业出版品牌，由群岛工作室负责策划及出版，致力以更新的出版理念、更敏锐的视角、更积极的态度，回应今天中国城市、建筑与设计领域的问题。

图书在版编目（C I P）数据

勒·柯布西耶：为现代而生 /（美）弗林特著；
金秋野，王欣译. －上海：同济大学出版社，2017.8
书名原文：Modern man: the life of Le Corbusier, architect of tomorrow
ISBN 978-7-5608-6086-2
Ⅰ. ①勒… Ⅱ. ①弗… ②金，王… Ⅲ. ①柯布西耶
（1887～1965）－生平事迹 Ⅳ. ① K835.656.16
中国版本图书馆 CIP 数据核字 (2015) 第 284494 号

Published in the United States by Amazon Publishing, 2014.
This edition made possible under a license arrangement originating with Amazon Publishing, www.apul

勒·柯布西耶：为现代而生
（美）安东尼·弗林特 著
金秋野 王欣 译

出版人：华春荣
策 划：秦蕾 / 群岛工作室
责任编辑：杨碧琼
助理编辑：邹野
责任校对：徐春莲
封面设计：金秋野 王溪
装帧设计：王溪 朱梦夏
版 次：2017 年 8 月第 1 版
印 次：2018 年 11 月第 2 次印刷
印 刷：上海安兴汇东纸业有限公司
开 本：889mm×1194mm 1/32
印 张：10.75
字 数：289 000
书 号：ISBN 978-7-5608-6086-2
定 价：69.00 元
出版发行：同济大学出版社
地 址：上海市四平路 1239 号
邮政编码：200092
网 址：http://www.tongjipress.com.cn

光明城联系方式：info@luminocity.cn

北京未来城市设计高精尖创新中心
项目名称：城市设计理论方法体系研究
项目编号：UDC2016010100